新概念教材 "换代型"系列·高等职业教育旅游与饭店管理专业教材新系

U0648715

现代饭店财务管理

（第三版）

李红 韩力军 刘巍 编著

东北财经大学出版社
Dongbei University of Finance & Economics Press

大连

图书在版编目（CIP）数据

现代饭店财务管理 / 李红，韩力军，刘巍编著．—3版．—大连：东北财经大学出版社，2017.9（2018.12重印）

（高等职业教育旅游与饭店管理专业教材新系）

ISBN 978-7-5654-2909-5

Ⅰ．现…　Ⅱ．①李…②韩…③刘…　Ⅲ．饭店-财务管理-高等职业教育-教材　Ⅳ．F719.2

中国版本图书馆CIP数据核字（2017）第206127号

东北财经大学出版社出版

（大连市黑石礁尖山街217号　邮政编码　116025）

网　　址：http://www.dufep.cn

读者信箱：dufep@dufe.edu.cn

大连力佳印务有限公司印刷　东北财经大学出版社发行

幅面尺寸：185mm×260mm　　字数：399千字　　印张：17.5

2017年9月第3版　　　　　　2018年12月第6次印刷

责任编辑：许景行　韩敌非　　　　责任校对：齐　心

封面设计：冀贵收　　　　　　　　版式设计：钟福建

定价：36.00元

总　序

　　如今，中国的旅游管理教育已经走过了二十多年的历程。二十多年，对于人生而言，可以说已经走近成熟了。然而，对于一个学科的发展来说，这么短的时间恐怕只能够孕育学科的胚芽。万幸的是，这二十多年不同于历史进程中的一般二十多年。由于我们坚持了改革开放的政策，我们的视野由此而得到扩展，我们的信心由此而得到增强，我们的步伐也由此而得以加快。所以，虽然只有二十多年，但在中国的教育园地和学科家族中，旅游管理经过有效的分化与发展，已经形成了学科体系的基本雏形。如今，旅游管理专业把中等职业教育作为起点，并设有高职高专、普通本科和研究生教育（包括硕士和博士研究生教育）。这样完整的教育层次系统，展示了旅游管理教育发展的历程和成果，同时也提出了学科建设中的一些迫切需要解决和面对的问题，其中最重要的一点，就是如何在不同的教育层次和不同的教育类型上对教育目标和教学模式进行准确定位。当旅游管理高等教育领域中开始出现职业教育这种新的教育类型时，这一点就尤其显得突出了。

　　我国改革开放后得以重建的高等教育体系向来注重的是学科教育，一直没有给高等职业教育以足够的重视。困扰教育家们的问题似乎不是学科教育和职业教育的关系问题，而是在学科教育体系中如何区别普通专科教育与本科、研究生教育的层次和定位问题。二十多年的教育实践证明，人们在这三个层次上所做出的定位努力没有得到应有的效果。相反，在几乎所有的专业领域，都或多或少地存在着一种倾向，即专科教育仅仅是本科教育的简单压缩，而研究生教育仅仅是本科教育的有限延伸。这种状况导致了人才培养的低效率，也由于人才规格的错位而造成了人才使用上的浪费，甚至引起社会用人单位与教育机构之间在这个问题上的矛盾。

　　正是由于存在着这种带有普遍性的问题以及解决这种问题的动力，我国高等教育近年来的改革在这方面才有了比较大的突破：高等普通专科教育向高等职业教育转轨。这种转轨使高等职业教育在一定程度上提高了层次，引起了社会的重视，从而使高等职业教育成为高等教育体系中的重要类型。高等职业教育的登堂入室，创造了一种有效的社会氛围，也反过来促使普通专科教育不得不重新审视自己所一贯坚持的教育思想和教学模式，正视自己所面临的问题，并抓住历史的机遇。换言之，普通专科改弦更张的内力和外力都已经具备了。这种转型，是一种全方位的转换，而不是局部的调整。它涉及培养目标的重新定位、教学模式的重新选择和教学条件的有效变更。从培养目标上看，高等职业教育将更加突出人才规格的专业技能性和岗位指向性；从教学模式上看，要着力体现专业设置的职业性、教学内容的实用性和教学过程的养成性；而从教学条件上看，则必须实现教学主体的双元化（即产业部门和教育部门的有效合作）、教师队伍的"双师身份"，并拥有完备的实训手段。只有在以上几个层面实现全面转型，高等职业教育才能培养出合格的人才。在这方面，德国的双元制教学模式、加拿大的以能力培养为中心的 CBE 教学模式、澳大利亚的 TAFE 职业教育模式以及国际劳工组织的 MES（职业技能模块组合）教学模式，都有值得我们借鉴的东西。

然而，比较发达国家的高等职业教育实践，我国的高等职业教育近年来并没有完全摆脱传统的学科教育模式的束缚，有的专业领域的高等职业教育与原来的普通专科教育相比，可谓换汤不换药。目前的旅游管理专业高等职业教育在很大程度上就是这样一种情况。中国在旅游管理专业实行高等职业教育是在全国职业教育工作会议召开后，与其他一些专业同时步入职业教育领域的。由于中国旅游管理类专业的普通高等教育二十多年来所追寻的教育模式也一直是学科教育的模式，由于人们对旅游管理高等职业教育的性质认识不清，由于整个社会还不能建立起对旅游高等职业教育的有效支持机制，由于转型后的普通专科院校在实施职业教育时缺乏相应的软件和硬件条件，甚至由于一部分高等职业教育机构的办学动机错位等原因，脱胎于这种背景的职业教育，就自然难以脱离学科教育的定式，难免出现教育的低效率状况。其结果是导致这样一种局面：当前的旅游管理专业的高等职业教育不过是由一些"新生的"或"转型的"教育机构承办的传统的学科教育的翻版。这种翻版在教师的知识背景、教学设计的结构安排、教材的选择和使用以及实验室建设等方面都有所体现。这种教育模式的后果，不仅仅是教育资源的浪费和学生受教育机会的丧失，而且也是旅游产业发展机会的丧失。

解决这个问题，实际上是一个系统性的工程，非一朝一夕之功所能奏效。高等职业教育思想的改变，教师的培养，尤其是全社会的职业教育体制和机制的构建和完善，都需要一个过程。但是，这里也有可以马上做起的工作，那就是教材的建设。

教材是教育实施过程中的重要载体之一。尽管教材建设也同样需要有成果的积累，但在一定情况下，教材建设的先进性、前瞻性和科学性是可以实现的。尤其是第二次世界大战以后发达国家在旅游教育领域所积累的经验，如职业教育和普通学科教育间的差别以及实现这种差别教育的制度性建设，在职业教育领域已经取得的多方面成果，在职业教育的人才规格、培养目标、教育特色等方面形成的认识，在教材建设中所探索出的先进经验等，这些都可以成为今天我国旅游职业高等教育发展的基本参照和经验宝库。东北财经大学出版社现在推出的这套旅游与饭店管理专业高等职业教育教材，正是在这种认识和思想主导下完成的一个大动作。这套教材的问世，其意义将不仅仅局限在高职教学过程本身，而且还会产生巨大的牵动和示范效应，将对旅游管理与饭店专业高职教育的健康发展产生积极的推动作用。

目前推出的这套"高等职业教育旅游与饭店管理专业教材新系"，是在原"高等专科旅游管理专业系列教材"的基础上不断优化改版形成的。原专科教材由于定位准确、风格明显、作者队伍精干，已得到全国各大专院校的普遍认可。而为了适应蓬勃兴起的高等职业教育的需要，改版教材无论是在指导思想上还是在内容的组织上，又都做了彻底的调整。改版教材的相继编写，充分体现了全体编者对旅游与饭店高等职业教育规律和特征的认识，对旅游与饭店管理专业高等职业教育的规格、层次、教育对象的特点的把握，对职业教育与普通学科教育的区别的理解，以及对发达国家职业教育的借鉴。同时，这套教材也体现了我国高校教师在感受20世纪90年代世界范围内兴起的以满足旅游者个性化需求为导向的"新旅游"这一时代脉搏之后所做出的积极反应，从而使这套教材有了更超前的视野。这种独特而新颖的教材编写思路，最终还通过在教材形式建设上颇具匠心的处理而进一步得以体现，使这套教材成为一种能打破传统学科教学模式、适合高职教育的目标和学生特点，同时反映教材编写样式之世界潮流的全新的"换代型"教材。凡此种种，都足以说明这是一套有特殊奉献的高质量教材。坦率地说，这套教材的问世，应该是目前旅游管理类专业高等职业教育领域的一件幸事。

东财版"21世纪新概念教材：'换代型'系列·高等职业教育旅游与饭店管理专业教材新系"自20世纪90年代末全套推出到2015年，绝大部分已出五版，印刷20余次，其中有八种入选"普通高等教育'十一五'国家级规划教材"，两种分别入选"教育部普通高等教育精品教材"和"中国旅游协会旅游优秀教材"，四种入选"'十二五'职业教育国家规划教材"，深受广大高职院校师生的欢迎与喜爱。

为了将《国家中长期教育改革和发展规划纲要（2010—2020年）》中提出的"着力提高人才培养水平"，"坚持育人为本，德育为先"，"强化能力培养，创新人才培养模式"，"着重培育学生的主动精神和创造性思维"等新时期教育要求进一步落到实处，完成"十二五"起我国高等职业教育新型人才培养的阶段性目标，专业课程教材必须与时俱进，体现国内外先进的专业技术水平、教育教学理念和课改新趋势，同步实现课程教材建设的模式转换。为此，我们于2012年底启动了对第四版教材的全面修订，于2013年起推出全新的第五版，2016年起推出与时俱进的第六版。

第六版教材在研究和能动落实新时期国家教育部关于高等职业教育定位相关文件精神与要求的基础上，从以下方面沿着"21世纪新概念教材·'换代型'系列"的方向继续前行：

1.同步提升了高等职业教育旅游管理类专业的人才培养目标定位。借鉴发达国家高等职业教育关于"职业教育与学术教育有机结合"的课改经验，"克服高职各类专业的同质化倾向"，将高等职业教育旅游管理类人才培养目标由先前的"教高〔2006〕16号"（培养"面向生产、建设、服务和管理第一线高素质技能型专门人才"），经过"教职成〔2011〕9号"、"教高〔2012〕4号"和国发〔2014〕19号等文件的一般定位（培养"高端技能型人才"、"应用技术型人才"乃至"技术技能型人才"），提升到"职业知识"、"职业能力"与"职业道德"并重的"高等复合应用型"人才培养目标上来；同时，对照《国家中长期教育改革和发展规划纲要（2010—2020年）》关于"创新人才培养模式"，"着重培育学生的主动精神和创造性思维"等新时期教育要求，将"问题思维"和"创新意识"培养纳入新版教材的人才赋型机制中。

2.兼顾了"衔接"和"层次区别与提升"。在教学重点、课程内容、能力结构等方面，既细化了高职教材与中职教材的有机衔接，也研究和探索了前者不同于后者的层次区别与提升。

3.兼顾了"工学结合型"教育所要求的"双证沟通"与"互补"。在把国家职业资格标准融入专业课程内容与标准的同时，一方面着眼于高等职业学历教育与职业培训的重要区别，强化了对学生"职业学力"的全面建构，另一方面通过同步反映行业领域、国内外高职教育教学及课程改革新发展、新标准、新成果，弥补国家职业资格标准的相对滞后性。

4.兼顾了"理论"、"实务"、"案例"和"实训"等教学与训练环节。与只侧重"实务"的中职教材不同，六版教材依照"原理先行、实务跟进、案例同步、实训到位"的原则，循序渐进地展开高职教材内容。

5.扩展了"职业学力"建构的基本内涵。将学生"职业学力"基本内涵的建构，由先前的"职业知识"和"职业能力"两者并重，扩展到"职业知识"、"职业能力"和"职业道德"三者并重，致力于建构以"健全职业人格"为更高整合框架的教材赋型机制。

6.兼顾了各种教学方法。将"学导式教学法""案例教学法""问题教学法""讨论教学法""项目教学法""工作导向教学法"等诸多先进教学方法具体运用于专业课程各种教学活动、功能性专栏和课后训练的教材设计中。

联合国教科文组织的研究表明：进入21世纪，不少学科知识更新周期已缩短至2~3年，处于知识结构表层的应用类学科知识尤其如此。这意味着在高职院校学习的相当多知识在毕业后已经过时。为应对日益加速的"知识流变性"，自第六版起，本系列教材将"自主学习"视为与"实训操练"同等重要的能力训练：在奇数各章"学习目标"的"职业能力"中用"自主学习"子目标替换第五版"实训操练"述项，并相应调整了其章后"基本训练"中"能力题"的子题型。

教材改革与创新是一项系统工程，旨在培养"高等复合应用型人才"的高等职业教育旅游管理类专业教材的改革与创新更是如此。我们试图在深入调查研究、系统总结国内外教材建设先进经验的基础上，与时俱进地不断推出具有我国高等职业教育特色、优化配套的旅游管理类专业的新型教材。

期待广大专家、学者和读者们继续给我们以宝贵的关怀与支持，使本系列教材通过阶段性修订，与我国新时期高等职业教育旅游管理类专业教学及课程改革发展始终保持同步。

"高等职业教育旅游与饭店管理专业教材新系"项目组

第三版前言

本书自2011年出版以来，已走过了6个年头。承蒙广大读者的厚爱，我们进一步修订完善推出第三版。回顾写作历程，从最初的谨慎探索，到内容丰富以至于难以取舍的庞杂，而后的由繁入简，再到今天的更透彻理解和对内容相对娴熟的把握，这是一个不断学习、总结和提高的过程。本版既沉淀了中外带有共识性的成熟知识，又吸收了其他学者以及本人的诸多学术研究成果，在课程理念、学习目标、先进教学法运用、功能性专栏和基本训练的题型设计上，也都力求与时俱进；而其内容的相对稳定，则反映了学科和课程的成熟度。

为适应不断变化的环境，在本次修订中，编者根据近几年来财务管理理论与实践的发展、教学的实际需要和教学经验的积累，针对第二版的不足，订正了一些文字、数字，修改了部分示例，增补了部分内容。增补的内容包括：新增了第二章财务管理价值观念章节；第一章饭店财务管理概述中增加了财务管理的发展历史，将饭店财务管理目标进一步细化；第三章对自有资金和借入资金的优缺点进行了更为详尽的阐述，新增了债券发行价格的计算、杠杆原理和每股收益分析法在资本结构决策中的应用；第八章新增了财务报告分析的资料。同时，本教材还兼顾了"理论"、"实务"、"案例"和"实训"诸多教学与训练环节，新增了大量的课后练习。此外，还增列了一些新的参考书目，以供教学中参阅。

第三版教材由上海立信会计金融学院李红、浙江旅游职业学院韩力军和河北旅游职业学院刘巍编著，各章编写分工如下：第1章至第6章、第8章至第9章由李红和韩力军编写；第7章由李红和刘巍编写。全书最后由李红总纂、定稿。

为方便教学，与本书主教材配套使用的网上教学资源有"章后习题参考答案与提示"、"综合案例分析提示"、"综合实训教学建议"以及"电子教案"和"PPT电子教学课件"。使用本教材的任课教师可登录东北财经大学出版社的网站（www.dufep.cn）下载使用这些教学资源。

限于作者的写作水平，书中难免存在问题，恳请各位专家学者以及本书的使用者批评指正。

作　者
2017年5月30日于上海

第二版前言

本书自2009年出版以来，已走过了5个年头。承蒙广大读者的厚爱，现迎来了它的第二版。回顾写作历程，从最初的谨慎探索，到内容丰富以至于难以取舍的庞杂，而后的由繁入简，再到今天的更透彻理解和对内容相对娴熟的把握，是一个不断学习、总结和提高的过程。本版既沉淀了中外带有共识性的成熟知识，又吸收了其他学者以及本人的诸多学术研究成果，在课程理念、学习目标、先进教学法运用、功能性专栏和基本训练的题型设计上，也都力求与时俱进；而其内容的相对稳定，则反映了学科和课程的成熟度。

为适应不断变化着的环境，落实《国家中长期教育改革和发展规划纲要（2010—2020年）》以及教育部关于高等职业教育新近文件的精神与要求，本书第二版具有以下特色：

1. 同步提升了高等职业教育的人才培养目标定位。新版教材将人才培养目标由先前的"教高〔2006〕16号"和"教职成〔2011〕9号"文件定位，向内涵更为丰富的"培养高等职业复合型专业人才"的目标迈进。

2. 扩展了"职业学力"建构的基本内涵。为体现"人才培养立德为先"的教育理念，新版教材将学生"职业学力"基本内涵的建构，由先前版本的"职业知识"和"职业能力"两者并重，扩展到"职业知识"、"职业能力"和"职业道德"三者并重，并强化了"问题思维"和"创新意识"的训练，致力于建构以"健全职业人格"为更高整合框架的教材赋型机制。

3. 兼顾了"理论"、"实务"、"案例"和"实训"诸多教学与训练环节。新版教材着眼于"学术课程"与"职业课程"整合的当代世界职业教育主流课改趋势，依照"原理先行、实务跟进、案例同步、实训到位"的原则，循序渐进地展开高职专业课程教材内容。各章节平行设立引例、同步思考、同步业务、同步案例、教学互动、知识训练和能力训练等栏目，配合一定的图、表，强化了"讲、读、思、练、做"的"一体化"新型教材模式。

4. 兼顾了各种先进的教学方法。新版教材将"学导式教学法"、"案例教学法"、"互动教学法"、"问题教学法"、"讨论教学法"和"项目教学法"等诸多教学方法具体运用于专业课程的各种教学活动、功能性专栏和课后训练的教材设计中。

5. 体现了饭店财务管理学研究的最新进展与成果。新版教材更换了每一章的引例，力求使每个引例都更具有权威性、前沿性与代表性，并且使其与本章内容更加吻合，充分发挥引例对该章的"导读"作用。

为方便教学，与本书主教材配套使用的网上教学资源有"章后习题参考答案与提示"、"综合案例分析提示"、"综合实训教学建议"以及"电子教案"和"PPT电子教学课件"。使用本教材的任课教师可登录东北财经大学出版社的网站（www.dufep.cn）下载使用这些教学资源。

　　限于作者的学识和境界，书中难免存在问题，欢迎各位专家学者以及本书的使用者批评指正。

作　者
2014年4月6日于上海

目　录

饭店财务管理概述

● **学习目标**

通过本章学习，你应该达到以下目标：

职业知识：学习并掌握饭店财务管理的概念，饭店的财务关系，饭店财务管理的特点、原则、环境、目标、职能与体制等知识；能用其指导"饭店财务管理概述"中的相关认知活动，规范其相关技能活动。

职业能力：点评"饭店财务管理人员的工作要求"，训练专业理解力与评价力；运用本章专业知识研究相关案例，培养"饭店财务管理概述"业务情境中分析问题与决策设计能力；通过"财务预测在财务管理中的应用"的实训操练，培养相关专业技能。

职业道德：结合本章"善恶研判"等教学内容，依照行业道德规范或标准，分析在"饭店财务管理概述"业务情境中企业或从业人员服务行为的善恶，强化职业道德素质。

引例：饭店财务管理的核心能力

背景与情境：

1）财务能力

这是一种战略管理能力，饭店从财务系统设计到资本运作的过程均需要充分考虑内外部环境因素的影响；饭店不要轻易进入那些与其核心优势缺乏较强战略关联的产业领域，因为只有建立在现有优势基础上的战略才会引导饭店获取或保持持久的战略优势。基于核心竞争力的财务管理认为：与外部的合作伙伴分担风险，饭店可以变得更有柔性，更能适应变化的外部竞争环境。例如：饭店的纵向发展可以是与旅行社合作，饭店的横向发展可以是加入某一个饭店集团。因此，饭店财务部门应在核心能力及饭店战略分析的基础上，提供决策参考。

2）及时反馈能力

财务管理作为一种价值管理，客观存在着灵活性与综合性的特点。服务于饭店核心竞争力的建设，它必须具有迅速反映、及时反馈的能力，其中要特别注重对核心竞争力的相关要素的财务敏感度、财务杠杆效应的分析与研究。

3）服务能力

服务于饭店核心技术的能力是饭店核心竞争力发展的重要前提。财务管理工作要加强对创新活动阶段的预算控制、资金支持、员工激励和财务资源规划，实行有效的财务调控和风险监控。

4）成本管理能力

成本管理能力是形成饭店核心能力的关键。这项能力主要包括以下几项内容：（1）应用现代成本管理技术与方法，加强作业成本与战略成本管理在饭店生产经营环节中的运用。（2）基于成本与功能的优化，充分体现生产经营的核心能力，如成本整合效应。（3）确立成本控制目标，应充分考虑其与饭店经营活动、管理措施与战略选择之间的相互关系，即成本控制。目标定位应当考虑以下四个问题：一是配合饭店取得竞争优势；二是在既定的战略模式下，利用成本、质量、价格、销量等因素之间的联动关系，促使饭店最大限度地获取利润；三是在资源有限的条件下，通过成本控制提高资源的利用效率；四是降低成本。

5）销售管理能力

销售管理能力是饭店营销管理能力的货币体现，是形成饭店核心营销能力的保证。其主要做法是：（1）将饭店营销部门作为利润中心进行管理，以加强责任指标的考核与评价；（2）将价值链与营销环节的贡献联系起来加以分析；（3）从战略角度考察饭店现有的营销模式，评价营销对饭店创新能力（如市场创新能力、顾客价值实现能力等指标）的贡献。

6）财务组织能力

构建饭店的核心组织管理能力必须建立在高效的财务组织管理能力的基础之上，优化财务资源配置是提高财务核心竞争力的重要条件，也是饭店核心竞争力的内在要求。其具体内容包括：（1）参与更大范围的财务指导与控制；（2）实施财务重整和优化，如开展ERP等；（3）网络业务的财务调控与管理；（4）创建学习型组织，实施饭店组织能力的综合评价等。

问题：对饭店财务管理有哪些要求？

案例表明： 由于饭店更多地由间接融资转向直接融资以及金融中介自身的债务负担和风险，金融中介机构正在转变传统的角色，面临着金融工具创新的压力，整个金融市场也向"无中介化"或"市场中介化"发展。如何使用金融工具是饭店财务管理的重要内容，这一点关系到饭店的资金成本及资金运作的效率。为此，我们必须正确把握饭店财务管理的内涵，科学地进行财务管理。

1.1　饭店财务管理的概念

财务管理萌芽的产生可追溯到15、16世纪，当时地中海沿岸一带的城市商业得到了迅猛的发展，这要求企业做好筹集资金、股利分配和股利回收等工作。只是当时这些活动尚未从商业经营中分离出来且具备独立的财务管理职能，因此可视为财务管理的萌芽。

现代财务管理学产生于19世纪末的西方发达资本主义国家。1897年，美国著名经济学家格林出版了专著《公司财务》，标志着财务管理学科的初步形成。

20世纪以来，西方国家财务管理职能的发展和财务管理理论的逐步成熟主要经历了四个阶段，具体内容见表1-1。

表1-1　　　　西方国家财务管理职能的发展和财务管理理论发展简表

阶段	管理重心	时间	管理目标
第一阶段	筹资	20世纪初期	合理预计公司资金需要量和筹集公司所需要的资金，尽量降低资本成本
第二阶段	内部控制	20世纪30年代	合理运用企业拥有或控制的经济资源，加强财务分析和规划，提高资本的使用效率
第三阶段	投资管理	第二次世界大战以后	投资决策程序科学化，并逐步建立科学的风险投资决策理论和方法，为正确进行风险投资决策提供了科学的依据
第四阶段	资本运作	20世纪80年代以后	财务管理被视为企业管理的中心，资本运作被视为财务管理的中心，财务管理广泛关注以资本运作为重心的资本筹集、资本运用和资本收益分配，追求资本收益的最大化；财务管理方式综合化，预测、决策、计划、控制、分析和评价等在实践中得以综合应用；财务管理的视野不断拓展，新的财务管理领域不断出现，如通货膨胀财务问题、跨国经营的国际财务问题、企业并购财务问题、网络财务问题等；财务管理的定性和定量方法不断得到创新，计算模型在财务管理中的运用变得越来越普遍；计算机的应用促进了财务管理手段的重大变革，极大地提高了财务管理的效率

我国财务管理理论与实践同样也有一个逐步演变的过程。中华人民共和国成立后，企业财务管理的发展大致经历了三个阶段，具体内容见表1-2。

表1-2   我国企业财务管理理论发展阶段简表

阶段	发展背景	时间	管理状况
第一阶段	国家对企业实行统收统支的财务体制	20世纪50年代初到70年代后期	明显具有很强的政府干预色彩。由于受财务体制限制，财务管理的职能没有得到应有的发挥
第二阶段	企业的所有权与经营权已实现适当分离，但并没有实现真正的自主经营、自负盈亏	20世纪70年代末到90年代初	资金的筹集和使用不能由企业自主决定，加之企业产权关系不清、分配关系不顺，企业财务管理仍处于初级阶段
第三阶段	随着我国市场经济和资本市场的不断发展和日益完善，财务管理在企业管理中的地位越来越重要，必将引起财务管理思想、管理理论和管理方法的重大变革	20世纪90年代起至今	这些变革为财务管理注入新的思想和活力，不断拓展和延伸财务管理的职能，使财务管理朝着现代化方向迈进

饭店是为人们提供住宿、餐饮和其他娱乐服务的独立核算的经济组织。自从中国加入WTO后，财务管理在饭店经营中的地位和作用越来越重要，有时甚至成为饭店生存和发展的关键所在。**饭店财务管理**是依照国家法律和各项制度的规定合理组织饭店财务活动以及处理饭店财务关系的一项经济管理工作，是饭店管理的重要组成部分。

1.1.1 饭店的财务活动

饭店的财务活动是以现金收支为主的资金收支活动的总称。饭店的经营者通过各种方式，以最低的价格筹集一定数量的资金，用于各项必要的投资和经营，以谋求最佳的资金使用效果，并对实现的收益进行合理的分配，以保证饭店资金的不断积累和投资者的合法权益。饭店经营活动顺利进行的先决条件是解决资金筹集问题，如果不能从一定渠道筹集到资金，就不能购置经营所需的各类设备设施，经营活动也就无法进行。饭店的经营者将筹集到的资金根据经营计划的要求加以合理的运用，在运用过程中必然会发生一定量的资金耗费，形成成本费用支出，再通过销售活动获得营业收入，使耗费掉的资金得到补偿和回收。因此，资金筹集活动、资金投放活动、资金营运活动和收益分配活动是饭店财务活动的主要内容。

同步思考1-1

饭店的资金有的用于购买食材，食材经过加工烹饪成为产品，产品出售后收回资金；有的用于购买固定资产，固定资产在使用中逐渐磨损，其价值转移到成本费用中去，再陆续通过服务性产品的销售变为资金的抵补。营业收入抵减成本费用后的差额就是饭店的利润。

问题：饭店的资金应如何进行分配？

理解要点：饭店的资金要在流动成本、固定成本之间进行分配。

1.1.2 饭店的财务关系

饭店的财务关系是指饭店在组织财务活动过程中与各有关方面发生的一系列经济利益

关系。这些关系表现为以下八个方面：

1）饭店与国家财税部门之间的财务关系

饭店在取得营业收入后必须按国家的法律规定缴纳所得税、增值税及其他税款，并上缴规定的有关费用，从而在饭店和国家之间形成一种经济利益关系。饭店缴纳的各项税款是国家财政收入的一个稳定来源，随着饭店的蓬勃发展，饭店的经济效益也不断提高，国家的财税收入也稳步增长，从而保证社会经济及其他事业发展的需要。因此，饭店与国家财税部门之间的财务关系可概括为纳税与收税的关系。

同步业务1-1

在抑制"三公消费"等多重因素的影响下，星级酒店的需求疲软、业绩大幅下滑的趋势愈演愈烈。通常，酒店房间出租率的保本线是60%。

上海财经大学旅游管理专业何建民教授在接受采访时说，2013年上半年在中国旅游饭店业协会调查范围内的全国多个城市的2 000多家三星级及以上星级酒店的平均出租率已经跌破了"保本线"。

2）饭店与其所有者之间的财务关系

饭店的所有者（如国家、法人、个人、外商）向饭店投入资金，饭店向其所有者支付投资报酬。双方必须按照合同章程的规定履行各自的权利和义务，以便及时形成饭店的资本，并进行资本的有效配置，实现利润并向其所有者分配利润。所有者的目标是不断积累饭店的财富，而经营者的目标是获得自身的报酬（如工资、奖金、提高荣誉和社会地位）、增加闲暇时间和避免风险。所以，经营者可能为自身的目标而背离所有者的利益。这种背离表现为道德风险（指经营者认为没有必要为提高股价而冒险）和逆向选择（如装修豪华的办公室、买高档汽车、蓄意压低股价再以自己的名义借款赎回并从中渔利）两个方面。为此，应采取督导和激励的办法来防止经营者背离所有者的目标，其监督成本、激励成本和偏离饭店所有者目标的损失之间此消彼长、相互制约。饭店的所有者要权衡轻重，力求找出使三项之和最小的解决办法。因此，饭店与所有者之间的财务关系可概括为经营权与所有权的关系。

3）饭店与其债权人之间的财务关系

饭店向债权人（如金融机构、债券持有人、商业信用提供者、其他出借资金给饭店的单位或个人）借入资金。债权人的目的在于获取固定的利息收入并回避投资风险，因此饭店要合理调度资金，按合同规定到期还本付息，以保证债权人的权益不受侵害，只有这样饭店才能顺利筹集到债务资金，以满足经营活动的需要。因此，饭店与其债权人之间的财务关系可概括为债务与债权的关系。

同步思考1-2

问题：饭店的债权人包括哪些？请举例说明。

理解要点：饭店的债权人包括金融机构、债券持有人、商业信用提供者、其他出借资金给饭店的单位或个人。

4）饭店与其被投资单位之间的财务关系

饭店将闲置的资金以购买股票或直接投资的形式投向其他企业。随着经济体制改革的不断深化和横向经济联合的积极开展，这种关系将会越来越广泛，而且直接关系到饭店资金的周转速度及饭店的信誉等方面。饭店应按约定履行出资义务，参与被投资单位的利润分配。因此，饭店与被投资单位之间的财务关系可概括为投资与受资的关系。

5）饭店与其债务人之间的财务关系

饭店将闲置资金以购买债券、提供借款和商业信用等形式出借给其他单位后，有权要求其债务人按约定的条件支付利息并归还本金，使双方按合约办事，促进市场经济的健康发展。因此，饭店与其债务人之间的财务关系可概括为债权与债务的关系。

6）饭店与其内部各部门之间的财务关系

为加强饭店内部的管理并分别考核各部门成本费用及利润计划的执行情况，饭店的各部门之间在相互提供产品、材料或劳务时也要进行内部计价结算，以明确各自的经济责任。饭店内部资金的分配、使用、调拨、核算等关系较为复杂，解决不好会挫伤内部各部门的积极性。因此，饭店与其内部各部门之间的财务关系可概括为责权利的关系。

7）饭店与其职工之间的财务关系

饭店应根据按劳分配的原则和社会劳动保险制度的规定支付给职工相应的工资、奖金、津贴以及职工应享受的福利基金。饭店职工的劳动强度都很大，而且越是节假日越辛苦。饭店的管理者应妥善地解决职工的食、住、通勤和家庭等各方面问题，以此调动职工的工作积极性。因此，饭店与其职工之间的财务关系可概括为劳动成果的分配关系。

8）饭店与顾客之间的财务关系

顾客在饭店消费了各项产品及服务后，根据等价交换的原则，要按一定价格进行支付。饭店一方面要保障顾客的各项消费利益，同时饭店还应与顾客建立长久稳定的业务关系，以保证饭店的经营持久不衰。因此，饭店与顾客之间的财务关系可概括为货币的结算关系。

以上各财务关系如图1-1所示：

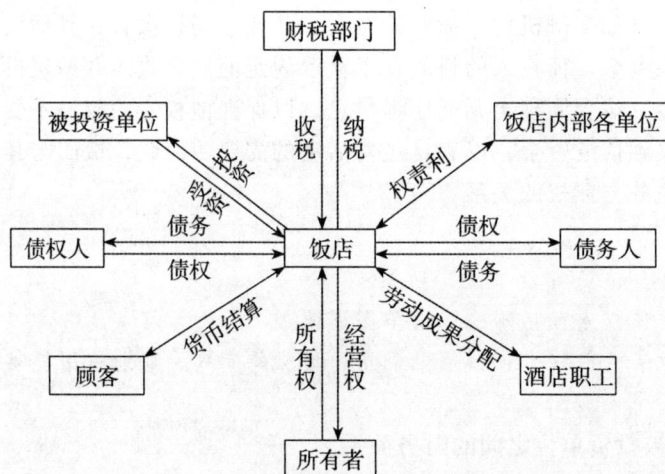

图1-1 饭店的财务关系示意图

1.2 饭店财务管理的特点和原则

饭店向顾客提供的服务性产品多数为无形产品，因而应从饭店的实际情况出发，根据饭店财务管理的特点有的放矢地进行科学的财务管理。

1.2.1 饭店财务管理的特点

1）反馈信息迅速

在经营中，饭店应及时获得市场信息并制订相应的决策方案。例如，旅游产品生产与消费的同步性决定了旅游产品的不可贮存性，尤其是将饭店的客房作为旅游产品，如果没有顾客租用，则其当天的价值就会丧失。因此，饭店在进行财务管理时必须抓住时机，及时反馈各种信息，不断地根据市场的要求进行调整和完善，积极支持营销部门开展各种宣传促销活动，以减少由于空销而造成的损失。另外，由于饭店的经营有明显的淡旺季特点，在旺季时每天的收益结算十分繁忙，特别是营业收入的管理要求记账准确、走账及时、结账清晰，避免跑账和漏账现象给饭店带来不可挽回的损失，进而增强饭店参与市场竞争的能力。

2）牵涉范围广泛

饭店是为顾客提供饮食、住宿、购物、娱乐等多方面服务的行业，其服务项目和范围越来越广泛。因此，饭店财务管理涉及饭店经营的各个方面。每一个部门都会通过资金的使用与财务部门发生联系，并在合理使用资金和节约资金支出等方面接受财务部门的指导，受到财务制度的约束，从而保证饭店经济效益的提高。

3）提高效益显著

饭店财务管理是对饭店经营活动进行控制和调节，以利于维护财经法纪，提高经济效益，其内容包括合法性检查和合理性检查。饭店通过财务管理对各项财务收支指标进行检查，可以及时发现并制止不当行为，使饭店的财务行为规范化，进而达到提高饭店经济效益的目的。

同步思考1-3

问题： 饭店财务管理的合法性检查和合理性检查各指什么？

理解要点： 合法性检查指是否遵守国家财经法纪；合理性检查指是否讲求资金使用效果。

1.2.2 饭店财务管理的原则

饭店财务管理的原则是饭店组织财务活动和处理财务关系的准则。国家经济管理的要求和饭店财务管理的特点决定了财务管理必须遵循以下6项原则：

1）财务自理原则

财务自理有两层含义：一是在市场经济条件下，饭店作为独立的商品经营者，应独立组织其财务活动并处理财务关系；二是饭店对财务成果和财务安全负责。不同性质的饭店，理财主体各不相同。对股份制饭店而言，股东大会、董事会、经理层等是其理财主体，各自承担不同的理财责任。特别重大的财务决策问题必须经股东大会讨论通过，重大财务决策问题由董事会决定，一般日常的财务决策问题及财务决策方案的执行等则由经理层负责。对国有饭店而言，其必须拥有自理财务的基本权利，同时又必须以利益为诱导。如果饭店的财务决策权基本由政府控制，饭店只是按政府的集中决策所下达的计划来组织日常的财务活动，那么饭店就只能进行不完全的财务自理，这样做的后果往往是责任不清。

2）动态弹性平衡原则

饭店财务管理要在动态过程中保持现金流入与流出在时间上和数量上的协调平衡，即：

期末预计现金余额＝期初现金余额＋预算期预计现金流入－预算期预计现金流出

可见，财务管理所要求的收支平衡并不是静态上的收支相等，而是保持财务的合理弹性。因为有限量的现金余额给饭店带来的资金成本负担是有限的，而现金短缺对饭店而言则是绝不允许的。由于饭店经营环境的多变性决定了财务预算只能是一种大致的估算，因此，只有保持动态弹性平衡原则，才能使饭店出现财务拮据乃至破产的风险降低到最低限度。

3）兼顾风险与利益原则

饭店财务管理既要追求较高的利益，又要避免太大的风险。一般来讲，为追求较大的利益，饭店往往需要承担较大的风险。如果饭店盲目冒进会因风险过大而有可能遭受重大损失，而过于保守又会使饭店坐失良机。此外，兼顾风险与利益原则建立在预测和概率估算的基础之上，这里所讲的收益并非实际的收益。

同步思考 1-4

在社会主义市场经济条件下，由于外部环境复杂多变、市场竞争加剧和经营活动日益国际化，旅游饭店作为独立自主的经济主体，在经营管理过程中会面临各种各样的风险，风险管理日益受到管理者重视。资金是旅游饭店的血液，资金的运动即财务活动贯穿于饭店经济活动全过程，是资金筹集、投放、使用、收回和分配各环节的有机统一。而财务活动各环节由于受内外多种因素的影响，都有可能使饭店实际收益与预期收益发生偏离，产生蒙受损失的可能，进而影响饭店的盈利水平和所有者利益。因此，必须加强旅游饭店的财务风险管理。

问题： 财务风险管理是怎样一种管理行为？

理解要点： 财务风险管理就是运用风险管理的基本理论和方法，以最小的成本对财务风险进行识别、预测、控制和处理的一种管理行为。财务风险管理是旅游饭店风险管理的重要组成部分，将为饭店进行全面、有效的控制和管理其他风险提供条件和可能性。财务风险管理可以最大限度地减少财务风险的发生机会和损失扩大的可能性，提高饭店资金运动的连续性、稳定性和效益性，减少收益的波动性，为饭店提高经济效益、实现财务目标打下坚实的基础。财务风险机制的建立，有利于饭店树立良好的公共形象，促进饭店与客户、供应商、债权人、投资人之间的互信合作，减少由于外部因素对财务活动造成的不利影响，为饭店提供相对安全、稳定的理财环境和经营环境，增强饭店自身决策的科学性，提高决策质量。

（1）旅游饭店财务风险分析

造成旅游饭店的财务风险的原因是多方面的，一般可分为外部因素和内部因素两类。外部因素是指由于外部宏观环境（如政治、经济、社会文化等因素）的变动对旅游饭店理财活动造成不利影响。内部因素主要是指由于旅游饭店自身经营不善、理财不当、决策失误而产生风险。财务活动一般分为筹资活动、投资活动、资金回收和收益分配4个方面。相应地,饭店财务风险就分为筹资风险、投资风险、资金回收风险和收益分配风险。

①筹资风险。**筹资风险是指由于负债筹资使饭店到期不能偿还债务的可能性。**目前我国饭店既存在现金性风险,又存在收支性风险。现金性风险是由于理财不当和资本结构不合理引起的,主要表现为筹资成本费用过大、负债比例高(许多饭店超过50%)、从资本市场上筹资能力差、筹资渠道单一(过分依赖银行贷款,资金结构、期限结构和债务规模不合理)等。收支性风险主要是源于经营不善,主要表现为管理水平低、市场竞争力弱、亏损严重,如不加强管理,就会给饭店再筹资和经营带来困难。

②投资风险。**投资风险是指由于投资不能达到预期效益从而遭受损失的可能性。**投资风险源于旅游饭店缺乏信息以及经营效率低下。饭店的固定资产投资标准高,资金占用量大,回收期长,经济效益的季节性和波动性强,再加上宏观经济因素的影响,投资的风险性不言而喻。我国的饭店业在投资决策过程中,由于缺乏全面、准确的决策信息,造成市场预期不正确,投资不能获得预期的收益,从而为饭店带来巨大的财务风险。旅游饭店的经营具有经营范围广、营业项目多、提供的产品时间性和季节性强的特点。我国大多数旅游饭店的管理水平低、经营不善、竞争力弱,再加上债务负担沉重,经营风险大,而经营风险最终会表现为财务风险。另外,缺乏回避风险和控制风险的能力,也是导致旅游饭店实际投资收益与预期相比相差甚远的重要原因。

③资金回收风险。旅游饭店资金的回收风险主要表现为应收账款风险。从实质上看,应收账款是饭店流动资金的投放,其风险主要是收回时间及金额不确定所导致的现金流量风险。它会严重影响饭店的获现能力和收益质量。应收账款风险的产生与信用政策和信用环境有关。目前,由于竞争的压力,在我国旅游饭店的业务销售中赊销所占比重大,而不合理的信用政策常使饭店对应收账款缺乏应有的控制和管理,造成追讨欠款工作困难重重。在宏观上,我国信用环境差,缺乏社会化的信用中介服务机构,信用风险大,再加上结算方式落后,使得旅游企业间拖欠欠款的问题日益突出,严重影响饭店的实际收益。

④收益分配风险。**收益分配风险是指由于收益分配而可能给饭店今后的生产经营活动带来的不利影响。**这种风险有两个来源:一方面是收益确认的风险,即由于会计方法的不当,虚增当期利润,导致提前纳税,大量资金提前流出饭店而引起财务风险,或者虚减当期利润,影响饭店声誉。另一方面是对投资者分配收益的形式、时间和金额的把握不当而产生风险。对饭店而言,如果过多地以货币资金的形式对外分配收益,会降低自身的偿债能力;但如果饭店的投资者得不到一定的投资回报,又会挫伤他们的积极性,降低饭店的信誉。因此,饭店无论是否进行收益分配,也无论在什么时间、以什么方式进行收益分配,都具有一定的风险。

(2)旅游饭店财务风险管理的对策

①宏观策略。政府有关部门应为饭店的财务风险管理创造良好的外部环境。具体而言,必须进一步深化旅游饭店改革,通过建立现代企业制度,明晰产权,建立法人治理结构,建立健全旅游饭店的财务风险机制。市场经济是法制经济,也是信用经济。政府应继续深化金融、投资、外汇、财税体制改革,完善相应的法律法规,优化信用环境,为饭店的发展创造公平的竞争环境。针对目前的信用状况,政府应从税收和政策上鼓励社会化信

用中介服务机构的建立，完善信用评估指标体系。饭店行业协会应加强行业监管，规范企业的信用行为，反对不正当竞争，为饭店的经营和理财创造良好的信用环境，使其尽量规避外部风险。

建立旅游行业的风险预警和防范机制。旅游业是一个敏感性行业，易受外部宏观环境因素的影响。政府、行业协会和企业应共同努力，建立旅游行业的风险预警和防范机制。行业主管部门应设立专业机构，建立并完善行业的预警、监测和管理信息系统，对全行业进行不间断的景气监测，保证信息收集、分析、公布渠道畅通，及时向旅游饭店和其他旅游企业传递市场信息和环境信息，提高全行业的风险防范能力，最大限度地规避风险。另外，政府应从财政上引导并支持建立相关的旅游行业风险基金。设立旅游行业风险基金既可以减少危机发生时政府的财政负担，又可以帮助旅游饭店建立风险防范机制，使其在发生经营危机和财务危机时能够通过风险基金渡过难关。

②微观策略。强化风险意识，设立专门的财务风险管理机构。在饭店的经营管理过程中，各种风险是客观存在的，饭店的所有员工都应有风险意识。树立正确的风险观念，就是既要重视风险的存在又不畏惧风险，管理人员必须将风险防范意识贯穿于经营管理工作的始终，寻求最优的管理方法，减少财务风险给饭店带来的损失。饭店内部应成立专门从事风险管理的机构，从组织上保证风险管理的顺利进行。大中型饭店企业可设立风险经理，或者由财务总监兼任；中小型饭店可以在财务部门设专人负责该项工作。其主要职责是对饭店风险管理的整个过程实施有效监督和控制；合理运用风险管理技术，促使风险管理制度化；认真分析理财环境及其变化情况，适时调整财务管理政策并改变管理方法，提高饭店对理财环境变化的适应能力和应变能力。另外，风险管理部门的人员应加强财务部门与销售部门、人事部门和各个服务部门之间的协调。

建立风险预警系统，完善风险防范机制，加强对风险的预测和监测。第一，应建立财务风险预警系统，加强对饭店财务风险的监测。风险预警系统是对风险进行识别、监测、评价和预测的信息系统，其内容包括外部环境和企业内部的相关信息，可分为内部报告子系统、市场信息子系统、风险分析子系统和风险预警子系统。前三个系统主要负责有关信息的收集、加工和分析；风险预警子系统则通过建立预警模型，监测反映财务状况的各项财务指标的变化情况，对未来可能发生的风险类型及其危害程度做出评价、预测，并在必要时发出警报。正是通过这种不间断的跟踪监测，饭店才可以随时了解并掌握自己的财务风险情况。饭店内部的预警系统在建立和运行的过程中，要保持与行业预警系统的协调、沟通，实现信息资源的共享。第二，应完善风险防范机制。首先，饭店应规范并完善财务制度，加强财务基础工作，保证会计信息的真实性。推行全面的预算管理，严格控制事前、事中资金支出，保证资金的有序流动。以现金流量监控为切入点，通过实施全面预算管理，切实提高资金使用效益，防范财务风险。其次，建立科学的决策程序。对有风险的财务活动，明确风险的责任者，加强对财务活动的各环节风险的防范。对于众多的饭店业务部门，实行集中领导、分级归口管理的财务制度。因此，饭店应建立健全必要的原始记录，加强定额管理制度，加强计量工作，理顺内部财务关系，做到责、权、利相统一，减少人为因素带来的财务风险。

运用风险管理技术和方法，强化对财务风险的控制和处理。风险控制的实质，就是在风险分析的基础上，针对饭店存在的各种风险因素，采取控制技术减少或消除风险损失。饭店控制和处理财务风险主要有四种方法可供选择:一是回避法,这种方法是指设法避免损失发生的可能性,从根本上远离风险源,从而消除风险损失。饭店在选择理财方案时,应综合评价各种方案可能产生的财务风险,在保证财务管理目标实现的前提下,选择风险较小的方案,以达到回避财务风险的目的。二是分散法,这种方法是指通过饭店之间联营、多种经营及对外进行多元化投资等方式分散投资风险。同时企业可以通过改变资金结构、负债期限等方法以达到降低债务风险的目的。三是转移法,风险转移就是饭店以某种方式将所面临的某些风险转移给他方。具体的方法包括购买保险将风险转移给保险公司、通过契约的形式将风险损失转移给他人、通过各种形式的经济联合将风险进行横向转移。采取上述转移风险的方式可以大大降低饭店的财务风险。四是自留法,这种方法是指饭店自己承担风险,风险损害后果自负。饭店可根据国家财务会计制度的规定,按照稳健性原则,在饭店内部建立风险基金,如偿债基金、坏账准备金、短期投资跌价准备、长期投资减值准备等,预防风险损失,从而增强对风险的抵抗力。

重视饭店管理信息化建设,提高风险管理水平。管理信息化是指饭店广泛应用信息技术,不断改善生产、经营、管理决策的水平,以提高企业经济效率和竞争力的过程。管理信息化可实现财务系统与销售、供应、生产等系统的信息集成和数据共享,保证资金流、物流和信息流处于严密监控之下,尽量减少内部因素对财务活动的影响。财务管理信息化是管理信息化的重要组成部分,可使饭店随时汇集财务会计信息,通过对财务信息高效有序的管理和应用,保障财务会计信息传递的效率和质量,提高财务管理决策的水平;管理信息化可使预算、结算、监控等财务管理工作规范化、高效化,有利于加速资金周转速度,节约占用资金,提高资金的利用率。现阶段,我国大多数饭店可以考虑在会计电算化的基础上,把财务信息化作为突破口,加快信息化建设的步伐。

加强对饭店信用风险的管理。目前,我国饭店业由于赊销业务而产生的信用风险巨大。为了防范信用风险,饭店应制定科学的信用政策。信用政策是饭店财务政策的一个重要组成部分,主要包括信用标准、信用期限和收账政策等内容。饭店应根据自己的实际经营情况和客户的不同信誉情况来制定信用政策,以加强信贷管理,应做好以下三项工作:一是设立信贷部,认真做好赊销对象的资信调查工作。针对会议、旅游团队、旅游代理人和个人的不同信用情况,制定合理的赊销方针,实行分级管理,建立科学的赊销审批制度,将风险控制在合理的限度内。二是强化应收账款的单个客户管理和总额管理。饭店应对与自己有经常业务往来的客户进行单独管理,通过付款记录、账龄分析表及平均收款期判断个别账户是否存在账款拖欠问题。信用管理人员应定期计算应收账款周转率,编制账龄分析表,按账龄分类估计潜在的风险损失,以便正确估量应收账款的价值,并相应地调整信用政策。三是建立销售-回款责任制,加强对应收账款的管理。根据客户按约付款的可能性,选择不同的销售方式和结算方式;制定合理的收账政策,对应收账款实行严格的监控,及时催收货款,并把回款情况与相关责任人的经济收入挂钩,从而将应收账款的风险降至最低程度;在已有应收账款档案的基础上,建立坏账准备金制度,正确核算坏账损失。

风险管理的最终目的是提高饭店的盈利能力和竞争力,资金运行和业务经营是饭店在经营过程中最重要的两个方面。良好的资金运行能促进业务经营活动向实现高效益的方向发展，高效益的经营活动能使资金运行向着有效循环的方面转化。因此，饭店应提高管理人员的素质，加强并改善内部经营管理，强化风险管理的职能，通过信息化建设将饭店建设成学习型组织，构筑科学的内部组织机构，不断提高自身的创新力和市场竞争力。

4）目标统一原则

饭店财务管理要做到财务目标与经营目标相统一，财务子目标与财务总目标相统一。只有这样，财务才可能发挥积极的作用。由于饭店经营目标的确定受到内外因素的制约，不同的饭店及同一饭店的不同阶段所追求的经营目标是不同的。为此，财务目标也应随着经营目标的改变而调整，否则财务管理就会对饭店总体经营目标的实现产生不良影响。另外，饭店的管理也要划分为若干个层次，因为总目标只有被划分为若干子目标才能得到具体落实。当各子目标的任务与总目标相一致时，各子目标的实现才能保证总目标的相应实现。

5）优化原则

饭店财务管理在不断进行分析、比较和选择的过程中寻求最优，如多方案的最优选择问题、最优总量的确定问题、最优比例关系的确定问题等。优化原则是财务管理的重要原则。财务管理的全过程从实质上讲就是一个取优的过程。

6）国际惯例原则

中国加入WTO后，饭店除了应遵守我国现行的法律和法规外，还必须遵循国际惯例，如外商投资的饭店可以在当地和国际金融市场筹集资金，可以自主灵活地使用资金；总经理有权采取自己认为最有效的经营管理方式以及国际上先进的财务管理方法；在费用管理和会计核算等实际工作中可以执行国际公认的会计准则等。

1.3　饭店财务管理的环境

饭店财务管理的环境是指影响和制约饭店财务管理活动的各种因素的总和。这些因素按其对饭店财务管理影响和制约的范围不同可分为宏观环境和微观环境。

1.3.1　宏观环境

饭店财务管理的宏观环境是指对饭店财务管理有重要影响和制约的宏观方面的各项因素。

1）政治环境

政治环境是指国家的政治经济形势以及国家各种方针政策对饭店财务工作的影响，如政治稳定性、民族和睦性、社会安定性、经济繁荣性、国际交往频繁性等。

2）经济环境

经济环境是指国家的各项经济政策以及经济发展水平对饭店财务工作的影响，如经济周期、经济政策、经济发展水平、居民消费结构等。

3）金融市场环境

金融市场环境是指资金供应者和需求者融通资金的环境，如利息率、通货膨胀率、外汇利率、证券价格、金融信息、金融市场及金融机构的完善程度等。饭店财务管理人员要认真研究金融市场，并善于从事筹资和投资活动，通过金融市场使长短期资金互相转化，为饭店财务管理提供有意义的信息，并获得理想的资金供给和投资报酬。

4）法律环境

法律环境是指国家或地方政府颁布的各项法规、法令和条例。饭店的一切经济活动都要以法律为依据，并受法律的制约。饭店的财务管理人员必须熟悉并遵守法规制度，以此来完成财务管理的任务。

同步思考1-5

问题： 你认为饭店受哪些法律的制约？

理解要点：《中华人民共和国公司法》《中华人民共和国证券法》《中华人民共和国金融法》《中华人民共和国合同法》《企业财务通则》《企业财务制度》等。

5）社会文化环境

社会文化环境是指教育、科技及观念等对财务管理的影响，如社会总体的教育水平、教育制度导向以及教育适应性等。科技发展为财务管理提供了理论指导和管理手段，同时也丰富了财务管理的内容，新的市场观念、经济效益观念、资本保值增值观念和价值观念的确立提高了财务决策的实施效果，对提高财务管理水平有重要作用。

1.3.2　微观环境

饭店财务管理的微观环境指对财务管理有重要影响和制约作用的饭店内部的各项因素。

1）饭店组织形式

饭店组织形式是指饭店资本的构成方式，通常有独资、合资和股份制三种。独资饭店容易开办，管理方便，利润独享，限制较少，但需承担无限责任，在扩大规模时筹资较困难。合伙饭店也比较容易开办，合伙者共同经营，利润按合伙比例分配，但是管理权力分散，经营决策缓慢，尤其是在合伙人发生变动时对合伙饭店的发展极为不利。股份制饭店的股东只承担有限责任，并且可以通过发行股票和债券等形式筹集大量资金，对饭店发展极为有利，但其财务关系相当复杂。

2）饭店管理体制

饭店管理体制是指饭店管理组织体系及权责划分制度。饭店的经营规模、经营范围、人员素质及管理要求等决定着饭店的管理体制；而饭店管理体制又对饭店财务管理组织和财务运行方式有着重要的影响。在旅游集团总公司管理下的饭店、饭店管理公司下的饭店与独立经营的饭店，其财务管理体制是不同的。

3）饭店市场营销环境与科技生产环境

饭店与市场的关系极为密切，受营销环境与科技生产环境等因素的影响。饭店在进行财务管理时要认真分析有利和不利因素，科学地决策、正确地指挥和周密地组织。

4）饭店员工素质

饭店员工素质的高低，财务管理知识的多少，以及管理理论和方法掌握的程度都对饭店财务管理的效果产生影响。

5）会计职业道德与企业伦理

会计职业道德一般是指以通俗、具体的职业守则、章程、职权条例、岗位责任制等表示的会计职业行为规范。会计伦理道德规范要求会计人员做到爱岗敬业、勤奋工作、当好参谋、参与管理、客观反映、正确核算、遵纪守法、严格监督、坚持准则、提高技能、勤俭理财、保守秘密、内外协调、强化服务、追求效益。饭店的会计伦理道德自律建设主要体现在树立会计伦理道德信念、履行会计伦理道德义务、培养会计伦理道德良心、注重会计伦理道德荣誉、捍卫会计伦理道德尊严、坚守会计伦理道德节操等方面。

同步业务1-2

颜洁雯：高素质酒店人才的国际化进程

2013年4月12日，由中国酒店餐饮业第一招聘品牌——最佳东方主办的"2013最佳东方高峰论坛暨第二届酒店餐饮业最具吸引力雇主颁奖盛典"在杭州西溪宾馆盛大开幕。万豪国际集团中国北区区域人力资源总监颜洁雯女士做了"高素质酒店人才的国际化进程"的主题演讲。

1）我国人才资源现状的2个"5"现象值得警惕

首先，颜洁雯解释了国际化人才的定义：国际化人才是指具有国际化意识和胸怀以及国际一流的知识结构，视野和能力达到国际化水准，在全球化竞争中善于把握机遇并争取主动的高级人才。

颜洁雯表示，虽然我国的人力资源总量很大，但是人才资源中存在2个"5"的现象值得警惕：一是人才资源占人力资源总量的5%；二是高层次人才占人才资源总量的5.5%左右，而在高级人才中的国际化人才则更少。

根据国际化标准，人才应具备以下7种素质：宽广的国际化视野和强烈的创新意识；熟悉掌握本专业的国际化知识；熟悉掌握国际惯例；较强的跨文化沟通能力；独立的国际活动能力；较强的运用和处理信息的能力；必须具备较高的政治思想素质和健康的心理素质，能经受多元文化冲击，在做国际人的同时不至于丧失中华民族的人格和国格。

2）万豪的人才培养从基层做起

说起万豪的人才培养，颜洁雯坦言，没有酒店不能公开的秘诀。要培养国际化人才，她认为要做到5点：

（1）保留。留住人才很重要，因为现在愿意沉下心来从事酒店行业的人不多，如何将愿意来酒店工作的人留下来是非常重要的。从长远发展来看，第一步就是要把人才留下来。例如，在万豪酒店有一张平衡表，除了看收入，还有一个重点就是人才流失率。颜洁雯说："很高兴地告诉大家，我们这个指标已经连续用了3年，每一年我们都有一个硬性的要求，就是流失率要比去年减少。我们已连续3年做到每一年的人才流失率数字减少10%。在流失率高的酒店行业，我们怎么样存活下来？能做到保留人才很重要。"

（2）识别。识别就是挖掘人才。万豪集团有人才培养的专门机构。如何找到人才？这个发言权不只属于集团总部，而是将权力下放到每一家酒店，有员工360度评估等方式，让酒店告诉你谁是人才，因为酒店最清楚这个人有没有发展的潜力。当然，集团会向酒店提供专门的工具和标准，让每个人才在其事业生涯的不同阶段能够有不同的发展机会。

（3）氛围。每一家酒店，每一个集团都有自己独特的氛围。颜洁雯在现场播放了一个短片，以"万豪中国领导人的故事"为主题，采访在万豪工作的酒店高管，告诉观众他们是如何在万豪成长的。在采访中他们都非常认同万豪的核心价值，这个价值就是：以人为本、追求卓越、迎接变化、崇高的道德操守及服务世界。

（4）机遇。在视频中出现的万豪酒店的高管都是集团一手培养的人才，他们有两个共同点。首先，他们都是从基层做起，多年的工作经历使他们成长为现在的高级管理者。其次，他们的工作都不在一个地方长期停留。在不同的城市工作，他们就会吸收到不同的地方文化，获取更多的外来信息。所以，不仅是外国人来中国，我们中国人也可以走出去。这是万豪在管理方面的优势：可以深入当地，增加他们的机会；给他们空间去学习不同层面的文化，吸收不同文化的要素。

（5）支持。现在酒店行业发展速度很快，管理速度该如何跟上？颜洁雯表示，酒店要长远发展，要用本地人。因为他们更了解当地的文化，更熟悉当地的人和事。当然，酒店高管年轻化也是一个挑战。颜洁雯介绍了万豪的管理方式，在万豪有专门的基金来培养新高管。在高管去新地方上任前，集团会将其派送到万豪资深的经理身边，学习1~2个月，然后再正式派往待开业的酒店。

最后，颜洁雯表示，对国内酒店的发展，提高整体的人才素质，不是一两天能做到的，需要所有酒店人的共同努力。

资料来源　佚名. 颜洁雯：高素质酒店人才的国际化进程［EB/OL］. ［2013-05-03］. http://www.lvmama.com/info/hotel/2013-0503-164342.html.

1.4　饭店财务管理的目标和内容

饭店在进行财务管理时，要分析形式与任务，根据工作对象的客观规律提出自身需要解决的主要问题。脱离财务活动客观规律而提出的主观愿望只能是空想，是不可能实现的。但是，完全应付日常财务的具体业务而不树立自己的预期目标，也是不符合现代饭店管理要求的。因此，在充分研究财务活动客观规律的基础上明确财务管理的目标，是饭店财务管理的一个重要理论问题。

1.4.1　饭店财务管理的目标

饭店财务管理的目标是指饭店进行财务管理的目的，即在一定时期内饭店财务管理的奋斗目标。该目标的确定受财务管理的宏观环境和微观环境的制约，因此，在不同的历史时期各不相同。

1）产量最大化

产量最大化是指在传统高度集权的管理模式下，饭店的财产所有权与经营权高度集中，饭店的主要任务就是完成预定的产量指标。产量最大化，这是中国、苏联以及东欧各个社会主义国家在计划经济体制下产生的管理目标。在传统的集权管理模式下，饭店的财产所有权与经营权高度集中，饭店的主要任务就是执行国家下达的总产量目标，饭店领导人职位的升迁，职工个人利益的多少，均由完成的产量计划指标的程度来决定，这就决定了饭店必然要把总产量作为饭店经营的主要目标。在社会主义建设初期，人们不自觉地把总产量最大化当作财务管理的基本目标。不可否认，在当时的条件下，采用总产量最大化为目标对尽快恢复生产，恢复经济，发展经济，满足人民基本生活需求起了非常重大的作用。同时，这也是符合计划经济体制的一种财务管理目标。但是，随着经济的发展，计划经济体制对经济发展产生了极大的束缚作用，以市场作为资源配置的主要方式的市场经济推动了经济的极大发展。同时，产量最大化目标也越来越暴露出其自身的特点：只讲产量，不讲效益。只要能增加产量，饭店不管投入的新增产量是否小于新增成本，即使造成亏损，减少利润，饭店仍愿意增加投放，不求质量，只求数量。追求产量最大化导致了饭店在生产经营活动中只重视数量而轻视产品质量和花色品种，只抓生产，不抓销售。饭店只重视自身产品的产出，增加产量，而对于产品是否适销对路却不加注意。显然，这种目标已经不符合市场经济的要求。于是，新的目标又被提出来。

2）利润最大化

利润最大化目标就是假定在投资预期收益确定的情况下，财务管理行为将朝着有利于饭店利润最大化的方向发展。由于利润最大化目标在实践中没有考虑资金时间价值和风险因素，也没有考虑所获利润与投入资本之间的关系，片面追求利润最大化，可能导致饭店财务决策带有短期行为的倾向，与饭店发展的战略目标相背离，所以不是财务管理的最优目标。

3）每股收益最大化

每股收益是指归属于普通股的净利润与发行在外的普通股股数的比值，它的大小反映了投资者投入资本获得回报的能力。由于这种观点仍然没有考虑资金时间价值与风险因素，也不能避免饭店的短期行为，可能会导致与饭店的战略目标相背离，所以也不是财务管理的最优目标。

4）股东财富最大化

在股份公司，股东财富由其所拥有的股票数量和股票市场价格两方面来决定。在股东持有股份数既定的情况下，股票价格最高时，股东的财富也就达到最大。由此，股东财富最大化又演变为股价最大化。股东财富最大化目标考虑了资金时间价值和风险因素，在一定程度上能够克服公司在决策时的短期行为，但它由于只适用于上市公司，并且未对其他关系人的利益给予足够重视，所以也不是财务管理的最优目标。

5）饭店价值最大化

饭店价值最大化是指通过饭店财务上的合理经营，采用最优的财务决策，充分考虑资金的时间价值和风险与报酬的关系，在保证饭店长期稳定发展的基础上使饭店价值达到最大。

该目标强调风险与报酬的均衡，将风险限制在可以承受的范围内；强调股东的首要地位，创造饭店与股东之间利益的协调关系；加强对饭店代理人即饭店经理人或经营者的监督和控制，建立有效的激励机制以便饭店战略目标的顺利实施；关心本饭店一般职工的利益，创造舒适和谐的工作环境和合理恰当的福利待遇，激励职工长期努力地为饭店工作；不断加强与债权人的关系，请债权人参与重大财务决策，培养可靠的资金供应者；关心顾客的长期利益，以便保持销售收入长期稳定的增长；加强与供应商的合作，共同面对市场竞争，并注重饭店形象的宣传，遵守承诺，讲究信誉；保持与政府部门的良好关系。由于以饭店价值最大化作为财务管理的目标充分考虑了资金的时间价值和风险价值，有利于选择投资方案，统筹安排长短期规划，有效筹措资金，合理制定股利政策等，反映了对饭店资产保值增值的要求，有利于克服管理上的片面性和短期行为，有利于社会资源的合理配置，所以饭店价值最大化是财务管理的最优目标。目前，大多饭店以饭店价值最大化为财务管理的目标。

同步思考 1-6

我国的饭店在十一届三中全会以后以利润最大化为财务管理的目标。从 1995 年起，对饭店的考核侧重于盈利能力和资本保值增值情况，强调在饭店价值增长过程中满足各方面的利益关系，促进饭店的改革和发展，进而提出以价值最大化为目标。

问题： 为什么以价值最大化为饭店财务管理的最优目标？

理解要点： 此目标克服了以利润最大化为目标的短期行为问题，充分考虑了利润取得的时间、所获利润与投入资本额的关系、所获利润与承担风险的关系等。

目前，大多饭店以价值最大化为财务管理的目标。价值最大化是指饭店通过合理经营，采用最优的财务决策，在考虑资金的时间价值和风险报酬的情况下不断增加饭店的财富，使饭店总价值达到最大。

同步思考 1-7

问题： 你认为，饭店财务管理的最优目标是什么？

理解要点： 饭店价值最大化已成为饭店财务管理的最优目标。

1.4.2　饭店财务管理的内容

饭店财务管理的基本出发点是在市场经济条件下，按照资金运动的客观规律，对饭店的资金运动及其引起的财务关系进行有效的管理。饭店财务管理的内容主要包括筹资管理、投资管理、营运资金管理、收益及分配管理 4 个方面。

1）筹资管理

饭店在进行筹资管理时应考虑：预测资金的需要量，估计筹资额度；规划筹资渠道和资本结构，合理筹集和节约使用资金；选择适合的筹资方式，使资金符合实际的需要；确定资金成本和筹资风险，使饭店获得最佳收益，并防止因决策失误造成的损失；保持举债能力，为饭店的稳定和发展创造条件；遵守国家有关规定，维护公民的合法权益。

2）投资管理

饭店在进行投资管理时应考虑：预测投资的规模，使之符合饭店的需要和偿债能力；确定投资结构，分散资金投向，提高资产的流动性；分析投资环境，正确选择投资机会和投资对象；研究投资风险，并把风险控制在一定的范围内；评价投资收益和风险，进行不同的投资组合；选择最佳的投资方案，实现饭店的整体目标。

3）营运资金管理

饭店在进行营运资金管理时应考虑：确定最佳现金持有量，保证资金供给；挖掘资金潜力，节约使用资金；加速资金周转，提高资金使用效果；合理安排流动资产和流动负债的比例。

4）收益及分配管理

饭店在进行收益及分配管理时应考虑：预测营业收入，不断开拓市场和扩大销售，确保货款回笼；预测成本费用，编制成本预算，采用适当的方法降低成本；按法律规定如期缴纳各种税费；分析盈利情况和资金变现能力，确定股利政策和股利支付方式，并按期进行收益分配。

1.5　饭店财务管理的职能

饭店财务管理的职能是指饭店为实现财务管理目标和执行财务管理原则所运用的各种技术和手段。

1.5.1　财务预测

财务预测是在认识饭店财务活动的过去和现状的基础上，发现财务活动的客观规律，参考同行业的情况，并考虑饭店预测期的条件和要求，运用科学的预测方法，对饭店未来的财务活动和财务成果做出科学的预计和测算。它是进行财务决策的基础，是编制财务预算的前提，也是实施财务控制的依据。财务预测具有综合性强、涉及面广的特点，如国家政策的稳定性、经济周期的变化、气候变化以及顾客心理因素的变化等都会对饭店的财务活动产生直接影响，因此财务预测的作用也就日益突出。

1）财务预测的主要内容

确定财务预测的内容是进行财务管理的基础。

财务预测具体包括：资金预测，如资金需要量预测、资金成本预测、投资效益预测、最佳现金持有量预测、存货资金需要量预测等；收入预测，如对外投资收益预测、商品价格预测、证券价格预测、营业收入预测等；成本费用预测，如营业成本预测、营业费用预测、管理费用预测、财务费用预测等；利润预测，如经营利润预测、利润总额预测等。

同步思考1-8

问题：利润预测包括哪些内容？

理解要点：利润预测包括经营利润预测、利润总额预测等。

2）财务预测的程序

首先确立预测目标，其次收集、分析和分类整理资料，再次选择合适的预测方法，最后检查并修正预测结果。

3）财务预测的基本方法

采用正确的财务预测方法不仅能够为财务管理提供完整可靠的数据资料，还能大大缩减财务工作量。其方法有定性预测法和定量预测法两种。**定性预测法**又称德尔菲法，主要是依靠个人的经验主观地对事物的未来情况做出预测。其优点是在资料不足的情况下可以加快预测速度，但由于其科学依据不足而导致其预测结果的可靠性较差。**定量预测法**又称指标集分析法，是根据变量间的关系建立数学模型来进行预测的方法。定量预测法具体又分为趋势预测法和因果预测法。趋势预测法主要是根据时间顺序排列的历史资料和事物发展的连续性进行预测的方法，包括算术平均法、几何平均数、加权平均法、回归趋势法（直线和曲线）等。因果预测法主要是根据历史资料进行分析，找出预测目标与其他因素之间的因果关系进而建立数学模型并进行预测的方法，包括资金最佳持有量模型、存货经济批量模型、量本利分析模型和筹资无差别点模型等。

同步思考1-9

问题：算术平均法属于趋势预测法吗？

理解要点：属于。

1.5.2　财务决策

财务决策是指根据财务目标的要求，在财务预测的基础上，从多个财务可行方案中选择最优方案的分析判断过程。财务决策是财务管理的核心，也是饭店经营管理决策的中心内容。

1）财务决策的程序

财务决策不能仅由专职的财务管理人员一次完成，而应更多地了解饭店经营的具体内容，并尽可能吸收业务部门的有关人员参与财务决策。首先是选择决策目标，如决策原因、决策目的、决策标准等，要求确定目标的依据要可靠，目标的需要与实现的可能要统一，目标必须明确具体；其次是拟订多种可行方案，即从实际出发，借鉴同行业的先进经验和本饭店以往的历史资料，或者根据新的科研成果，拟订出适合本目标的多种可行方案；最后是选择最优方案，即通过分析、评价和对比的方法，从多种可行方案中选取最佳方案，并以此作为财务决策的最终结果。

2）财务决策的组织

由于财务决策涉及饭店的各个方面，并且具有较大的不确定性，所以财务决策不仅要根据客观资料做出判断，很多时候还需要决策者做出主观判断。决策者个人的价值取向、知识、经验等素质差异对决策结果会产生直接影响。因此，只有较低层次和比较简单的财务决策问题才可以由个人决策，而较高层次的财务决策问题则尽可能由集体决策。

3）财务决策的方法

饭店应以财务决策的内容为前提，同时还需要考虑资料的性质及数量等具体情况，选择正确的财务决策方法。

同步业务1-3

财务决策方法

财务决策方法通常有5种。

一是优选对比法，即把各种不同方案排列在一起，按照其经济效益的好坏进行优选对比的决策方法。按照其对比方法的不同，优选对比法又可以分为总量对比法、差量对比法、指标对比法等。在财务决策中，收入决策、成本决策、利润决策及投资方案决策等都要用到优选对比法。

二是数学微分法，即根据边际分析的原理，运用数学微分的方法，对具有曲线联系的极值问题进行求解的决策方法，如现金最佳余额决策、存货经济批量决策等都要用到数学微分法。

三是线性规划法，即根据运筹学原理，对具有线性联系的极值问题进行求解的决策方法。在有若干个约束条件（如资金供应、人工工时数量、产品销售数量）的情况下，这种方法能帮助管理人员对合理组织人、财、物做出最优决策。

四是决策树法，即在进行风险决策时用概率法计算各方案的期望值和标准离差并以此确定风险程度的决策方法。

五是损益决策法，即对不确定性决策采用在最大收益值中取最小或在最小后悔值中取最大的折中方法进行决策的方法。

资料来源　李红. 酒店财务管理简明教程［M］. 上海：上海财经大学出版社，2008.

1.5.3　财务预算

财务预算是根据饭店过去的业务经营活动状况和财务预测、决策的结果，对未来财务活动的各个方面及投入产出预先进行科学计算，编出财务预算，作为饭店财务活动的指导性和纲领性文件，预先对饭店财务活动进行控制。

1）财务预算的内容

从财务活动的角度出发，财务预算主要包括资金筹集预算、资金使用预算、成本费用预算、收益及其分配预算等方面的内容。

2）财务预算的编制程序

财务预算是财务预测和财务决策的具体化，是控制财务活动的依据，因此财务预算必须严格按以下的编制程序进行：首先根据财务决策的要求，分析主、客观条件，全面安排预算的指标；其次在需要与可能之间权衡利弊，进而实现综合平衡；最后调整各种指标，并编制出预算表格。

3）财务预算指标的确定方法

一是平衡法，即利用有关指标客观存在的内在平衡关系计算确定预算指标的方法，具有便于分析计算、工作量小、结果较准确等优点，但运用时平衡关系的每一个因素都不能发生重复和遗漏，并且计算口径一定要一致。二是因素法，即根据影响某项指标的因素推算该指标预算数的方法，其计算结果较准确，但计算过程较复杂。三是比例法，即根据已形成而又比较稳定的各项指标之间的比例关系，计算预算指标的方法，其优点是计算简便，但所使用的比例必须恰当，否则会出现偏差。四是定额法，即在定额管理基础比较好的饭店，以定额作为预算指标的一种方法，具有切合实际，利于定额管理与预算管理相结合等优点，但需要根据实际变化情况不断修订定额指标。

教学互动1-1

互动问题： 财务预算指标有多种确定方法。

1）在财务预算的多种方法中，哪一种方法最好？

2）因素法属于定性还是定量方法？

要求：

1）教师不直接提供上述问题的答案，而是引导学生结合本节的教学内容就这些问题进行独立思考、自由发表见解，组织课堂讨论。

2）教师把握好讨论节奏，对学生提出的典型见解进行点评。

1.5.4　财务组织

为组织好财务活动，必须建立恰当的财务管理组织结构和组织体制。根据《企业会计准则》《企业财务通则》《小企业会计准则》及国家财务政策和饭店财务决策方案，制定和修订一系列饭店的财务管理办法，对未来的财务活动进行约束。财务组织要具有严肃性和科学性，建立时要进行认真调查研究，不断调整，并根据需要补充新的管理方法，但一经批准就要保持相对稳定，不能因饭店负责人的变更而变动。

1.5.5 财务控制

财务控制是运用有关信息和特定手段，以财务预算指标和各项定额为依据，进而把各项指标控制在预定目标之内的一项工作。财务控制要求在实施财务预算和组织财务活动的过程中，根据会计信息和金融市场信息等的反馈信息，及时判断财务活动的进展情况，并与财务预算的要求相对照，发现差异，分析原因，采取措施，以保证财务活动顺利进行。

1.5.6 财务分析

财务分析是为了说明财务活动的实际结果与财务预算、历史业绩等之间的差异及产生差异的原因，进而为编制下期财务预算以及财务管理提供参考依据的一项工作。

1）财务分析的一般程序

财务分析首先是确立题目，明确目标；然后需要收集资料，掌握情况，并运用适当的分析方法揭示问题；最后提出改进措施。

2）财务分析的常用方法

首先采用比较分析法，发现有利的或不利的差异；然后采用比率分析法，进一步分析差异产生的原因；最后采用综合分析法，把各因素对财务活动实际结果的影响程度按顺序排列在一起，分析饭店的财务状况和经营成果。

1.6 饭店的财务管理体制

饭店的财务管理体制是饭店财务管理组织体系及其权责划分等制度的总称，是整个饭店管理体制的重要组成部分。

1.6.1 饭店财务管理组织系统

1）饭店财务管理的层次

饭店的每个管理层都有自身的财务管理任务，但不是每个管理层都设置专职的财务管理岗位并配备专业的财务管理人员。

同步思考1-10

问题：饭店财务管理组织一般从上至下划分为哪几个层次？

理解要点：饭店财务管理组织一般从上至下划分为总经理、财务总监、财务部经理、财务会计主管和财务会计职员五个层次。

2）饭店财务管理的形式

建立健全饭店财务管理的形式是有效开展财务活动以及调整各项财务指标的重要条件，同时也是对财务预算执行过程实施控制的保证。饭店财务管理的形式包括财务管理规范、制定财务预算和负责财务评价三个方面的内容。

3）饭店财务管理的信息传递形式

整个饭店财务管理组织系统的运行需要准确及时地传递财务信息。财务信息的传递形式通常有横线传递、纵线传递和斜线传递三种。横线传递是各部门之间的财务信息沟通，搞好财务配合；纵线传递是上下级之间的财务信息沟通，保证决策正确及时；斜线传递是各项工作之间的财务信息沟通，以便及时做好本职工作，如饭店应及时传递客人的离店信息，以便加快结算，防止漏账。

4）饭店财务管理的组织形式

饭店财务管理的组织形式没有固定的模式，应按照不同饭店的规模、等级和内部管理的需要进行设置。饭店财务管理的组织形式一般有三种：第一种是财会采供一体式，即财务工作、会计工作、物资采购供应工作均由财务部门负责完成。其优点是有利于控制资金使用，但其对财务部经理的素质要求较高，人员规模也很大。这种组织形式一般适用于财务及采供工作量不大的饭店。第二种是财会一体式，即财务工作和会计工作统一由财务部门负责，物资采购供应工作由另一个职能部门负责。其优点是管理专业化较强，财务部经理可集中精力搞好本职工作，但对采购环节的资金占用就难以控制。第三种是财会分立式，即分设财务管理和会计核算管理机构。财务管理部负责资金管理，包括现金及有价证券的管理、资本管理、财务预算、应收账款管理等；会计核算部则负责会计核算和统计核算，包括财务会计、税收会计、数据处理等。其优点是财务与会计分工明确，有利于专业化发展，但需要做好财务与会计之间的协调，以保证会计信息的质量和财务决策的正确。这种组织形式一般适用于财务和会计业务量都相当大的大型饭店。

1.6.2 饭店财务管理的权责

为了使饭店的各级各部门做好财务管理工作，必须根据各级各部门的工作性质、资金占用量、耗费和回收等方面的特点以及职工素质等明确规定各级各部门的财务管理权责。

1）总经理财务管理的权责

总经理是饭店的法人代表，对饭店的财务成果负责。其权责应包括遵守国家的法律法规，根据饭店的财务预算方案组织饭店的业务经营，具体确定饭店的财务管理体制，组织拟定饭店财务管理的办法，接受饭店内部审计的财务检查以及财政、税务和审计机关的监督等。

2）财务总监财务管理的权责

财务总监的财务管理权责包括宣传贯彻国家有关的财务政策，审核重要财务事项，协调各部门、各单位之间与财务部门的关系，组织制定财务预算，负责预算方案的实施并监督饭店财务预算的执行情况，研究解决在执行中存在的问题，负责组织饭店的财务核算，审核财务决算等。

3）财务部门财务管理的权责

财务部门财务管理的权责包括负责财务预算的编制、执行、检查和分析，具体制定饭店内部财务管理办法，组织并指导各部门的财务管理和经济核算，如实反映各部门的财务状况及经营成果，监督财务收支，依法计算缴纳国家税收并向有关方面报送财务决算，参与饭店的经营决策，统一调度资金，统筹处理在财务工作中出现的各种问题等。

4）管理部门财务管理的权责

管理部门财务管理的权责包括配合财务部门落实财务预算，检查分析财务预算的执行情况，指导基层单位的财务管理工作，填报各种原始记录和报表，做好各项基础工作。

5）营业部门财务管理的权责

营业部门财务管理的权责包括根据财务部门下达的指标制定营业部门的财务预算并检查和分析财务预算的执行情况，组织基层单位的财务管理工作，建立基层单位的财务控制制度，填报各种原始记录，做好各项基础工作等。

同步业务1-4

对健全酒店内部财务管理体制的思考

在市场经济条件下，现代酒店的经营管理以提高自身的经济效益为目标。要提高酒店自身的经济效益，必须加强酒店的内部财务管理。现代酒店面临着日益激烈的竞争以及严峻的挑战，为了能在市场竞争中站稳脚跟，实现成本领先，取得竞争优势，必须进行内部财务管理的变革，进行管理上的创新，以促进现代酒店成本管理效益的整体提升，从而提升酒店的核心竞争力。

1）建立一套财务决策分析系统

酒店的经营决策关系到企业的总体发展方向以及重要的经营活动，如投资方向和投资规模、价格水平、成本目标、盈利目标等。它涉及酒店的资金、成本和利润等重要的财务指标。如果酒店的决策正确，就能使其沿着既定的方向发展，取得预期的效果；如果出现决策失误，就会造成巨大的损失，甚至破产倒闭。总经理在做出经营决策前，应由财务总监或财务经理对各项决策方案的可行性进行分析，选择最优方案，从而保证酒店经营目标的实现，提高决策的经济效益。财务总监或财务经理应充分发挥财务部门综合性强、联系面广和信息反馈灵敏的长处，建立起一套财务决策分析系统。

2）建立一套成本费用指标的归口分级管理系统

酒店房间数目的固定性，决定了酒店销售量的有限性，在这种情况下，酒店要取得较好的经济效益，关键是要降低各种成本费用的消耗，制定各种消耗定额，开展增产节约、增收节支活动，处处精打细算，减少各种各样的浪费。要实现这些功能，财务总监或财务经理应建立一套成本费用指标的归口分级管理系统。例如，菜肴成本率指标由餐饮部门负责管理，工资总额指标由劳资部门负责管理，客房宾客的用品消耗指标由客房部门负责管理，动力用电、空调用电和煤（煤气）等有关指标由工程部门负责管理。酒店应建立健全成本费用管理制度，从而保证成本费用指标的归口分级管理系统的正常运行。

3）建立一套固定资产的归口分级管理系统

酒店的固定资产应由总经理亲自管理，具体由财务总监或财务经理负责，建立一套固定资产的归口分级管理系统，把固定资产的日常管理权限与责任落实到有关部门和使用单位，如将机器设备归口给工程部门管理，客房家具、电器归口给客房部门管理，餐厅桌椅归口给餐饮部门管理等，并在此基础上按照固定资产的使用地点，由各部门负责进一步落实到各班组及职工个人，充分调动各部门、各班组及职工个人的积极性和主动性。建立使用单位及职工个人的责任制，同时会同有关部门制定固定资产的管理办法，并监督有关部门执行，协助各归口分管部门做好固定资产的各项基础工作，组织财产清查，正确核定固定资产的需要量，组织固定资产的核算与分析。

4）建立一套流动资金的归口分级管理系统

目前财务部门对流动资金的管理主要是确定流动资金定额并制订流动资金计划，而对怎样实施流动资金计划则无能为力。酒店应在总会计师的领导下，建立流动资金的归口分级管理系统，如储备资金归口采购供应部门管理，在用餐具归口餐饮部门管理等。建立健全流动资金的管理制度，认真做好流动资金的统筹安排以及平衡调节，加速流动资金的周转，以保证完成流动资金定额和流动资金计划。

5）建立一套物资供应管理系统

酒店是一个综合性的服务企业，它所需的原材料、物料用品、低值易耗品、商品等品种繁多、规格复杂、质量要求高；同时为了保持其规格水准，大量的经营物资都要委托外单位特别制作，如客房用的毛巾、浴巾、地巾，餐厅用的瓷器等都标有店徽店名，需要从特殊的渠道采购供应。在这种情况下，总经理应要求采购供应部门制订出切实可行的物资供应方案，建立一套适合本企业和市场情况的库存模型，既要保证酒店经营所需要的材料物资按时供应，又要避免增加库存费用以及积压流动资金。

▶ 本章概要

□ 内容提要

本章介绍了饭店财务管理的概念，认为饭店财务管理是依照国家法律和各项制度的规定合理组织饭店财务活动以及处理饭店财务关系的一项经济管理工作，是饭店管理的重要组成部分。饭店的财务活动是以现金收支为主的资金收支活动的总称，资金筹集活动、资金投放活动、资金营运活动和收益分配活动是饭店财务活动的主要内容。饭店的财务关系是指饭店在组织财务活动的过程中与各有关方面发生的一系列经济利益关系，如饭店与国家财税部门之间的财务关系可概括为纳税与收税的关系，饭店与其所有者之间的财务关系可概括为经营权与所有权的关系，饭店与其债权人之间的财务关系可概括为债务与债权的关系，饭店与被投资单位之间的财务关系可概括为投资与受资的关系，饭店与其债务人之间的财务关系可概括为债权与债务的关系，饭店与其内部各部门之间的财务关系可概括为责权利的关系，饭店与其职工之间的财务关系可概括为劳动成果的分配关系，饭店与顾客之间的财务关系可概括为货币的结算关系等。

饭店财务管理的特点是反馈信息迅速、牵涉范围广泛、提高效益显著。饭店财务管理的原则是饭店组织财务活动以及处理财务关系的准则。国家经济管理的要求和饭店财务管理的特点决定财务管理必须遵循一定的原则，包括财务自理原则、动态弹性平衡原则、兼顾风险与利益原则、目标统一原则、优化原则、国际惯例原则等。

饭店财务管理的环境是指影响和制约饭店财务管理活动的各种因素的总和。这些因素按其对饭店财务管理影响和制约的范围不同可分为政治、经济、金融市场、法律和社会文化等宏观环境以及饭店的组织形式、饭店的管理体制、饭店的市场营销环境和科技生产环境、饭店的员工素质等微观环境。

饭店财务管理的目标是指饭店进行财务管理的目的，即在一定时期内饭店财务管理的奋斗目标，价值最大化已成为饭店财务管理的最优目标。饭店财务管理的内容主要包括筹资管理、投资管理、营运资金管理、收益及分配管理4个方面。

饭店财务管理的职能是指饭店为实现财务管理目标以及执行财务管理原则所运用的各种技术和手段，包括财务预测、财务决策、财务预算、财务组织、财务控制、财务分析等。饭店财务管理的体制是饭店财务管理的组织体系及其权责划分等制度的总称，是整个饭店管理体制的重要组成部分。

饭店财务管理的组织系统包括财务管理的层次、财务管理的形式、财务管理的信息传递形式和财务管理的组织形式等内容。饭店财务管理的权责包括总经理财务管理的权责、财务总监的财务管理权责、财务部门财务管理的权责、管理部门财务管理的权责和营业部门财务管理的权责等。

　　□ 主要概念和观念

　　▲ 主要概念

饭店财务管理　饭店的财务活动　饭店财务管理的原则　筹资风险　投资风险　收益分配风险　饭店财务管理的目标　定性预测法　定量预测法　财务决策　财务预算　财务控制　财务分析　饭店的财务管理体制

　　▲ 主要观念

饭店财务管理的最优目标是价值最大化　饭店财务决策是财务管理的核心

　　□ 重点实务

饭店财务管理原则的运用　饭店财务管理方法的运用

▶ 基本训练

　　□ 知识训练

　　▲ 复习题

1）饭店财务管理的特点主要表现在哪些方面？

2）饭店财务管理的原则主要表现在哪些方面？

　　▲ 讨论题

1）会计人员如何遵循财务管理的原则？

2）如何实现企业价值最大化的最优财务管理目标？

　　□ 能力训练

　　▲ 理解与评价

如果你是饭店的财务管理人员，应做好哪些方面的工作？

　　▲ 案例分析

华光饭店的财务机构设置

背景与情境：华光饭店下设客房部、餐饮部、商品部和娱乐部四个部门。该饭店的财务机构设置分为两个管理层次：第一个层次是饭店财务部门；第二个层次是各部门的财务机构，并且按业务功能进行划分。其财务机构各部门的职能划分情况如下：

（1）出纳科。该部门负责统管饭店各部门的现金、银行存款的收支；编制银行存款余额调节表，并对各部门的现金和银行存款的余额提出建议。

（2）资金管理科。该部门负责编制饭店的资金预算，审核饭店各部门的收支凭证并确定是否应予以收支，统一管理各部门的应收账款和大宗其他应收款，并且编制应收账款的账龄分析表，制定饭店的赊销方针、收账方针和收账方法，确定大宗销售条件的审查及付款方针和付款方法，执行饭店内部资金调拨指令的任务，当各部门的银行存款余额达到警戒线时应及时提醒其采取措施。

（3）资金筹集和还贷科。该部门负责根据资金管理部门编制的资金预算、基建预算和证券管理科的金融投资预算确定并选择适当的筹资方式，根据有关融资契约编制还款计划，交资金部门统筹安排，编制欠款余额调节表。

（4）证券科。该部门负责处理公司上市、发行股票和债券、分红派息等一切与有价证券相关的事宜；负责发布股份公司的有关信息，并寻找有利的金融投资机会。

（5）成本控制科。该部门负责审核、调整、控制各经济核算单位的成本计算、成本预算和费用支出，编制汇总成本和费用报表，进行成本和费用分析，并负责整个饭店的成本核算。

（6）税务科。该部门负责研究饭店纳税的最好方式和方法，计算并确定饭店各部门的应交税费，编制税费支出预算并交给资金管理部门，编制纳税申请表。

（7）基建科。该部门负责核算与饭店基本建设项目有关的一切经济活动，并根据基建预算编制出资金需要预算，交付资金管理部门。

（8）综合报表科。该部门负责汇总、编制、合并财务报表，并进行饭店的综合财务分析。

问题：

1）评价华光饭店的财务机构设置是否合理。

2）分析说明科学设置财务机构的意义在哪里。

分析要求： 学生分析案例提出问题，拟出"案例分析提纲"；小组讨论，形成小组"案例分析报告"；班级交流，教师对各小组"案例分析报告"进行点评；在校园网的本课程平台上展出经过修订并附有教师点评的各组"案例分析报告"，供学生借鉴。

▲ 实训操练

【实训项目】财务预测在财务管理中的应用

【实训要求】通过本模块的实训，使学生掌握财务预测的基本内容、程序和方法，能够运用所学的财务预测的知识以及市场调查和预测的相关知识，对一个投资项目的可行性进行分析，并提出分析论证报告。

【实训步骤】

1）拟定投资项目可行性分析计划书。每个小组在老师的指导下提出本组拟定的投资项目，并制定投资项目可行性分析计划书，交老师审核。投资项目可行性分析计划书的内容包括：投资目的或投资动机或投资的起因，项目可行性分析拟采取的方法和步骤等。

2）按照通过审核的投资项目可行性分析计划，遵循以下步骤完成投资项目可行性分析：

第一步：搜集资料。可以通过互联网也可以进行市场调查来获取一手资料。

第二步：投资项目的市场可行性分析。例如项目前景、目标市场、开发市场的举措等。

第三步：投资项目的政策分析。例如政策优惠、税收优惠等。

第四步：财务分析。运用财务预测的方法计算项目的预计投资额、各年现金流量、成本、利润、投资评价指标等。

3）小组交流讨论。

4）完成投资项目可行性分析报告。

5）班级交流。

6）老师评定并总结。

□ 善恶研判

潘序伦先生的会计生涯

背景与情境： 潘序伦先生，江苏宜兴人，生于1893年7月14日，故于1985年11月8日。他是中国现代杰出的会计学家和著名的教育家。潘先生生前历任立信会计师事务所主任会计师、立信会计专科学校校长、立信会计图书用品社社长、中国会计学会和上海市会计学会顾问、上海市社联顾问、上海市审计学会名誉会长、上海公正会计师事务所董事长、立信会计编译所主任和上海市高级会计技术职称评定委员会副主任等职，他是发展我国会计事业和培养我国会计人才的先驱。

尽管被后世称为"中国现代会计之父"，但在30岁之前，潘序伦先生甚至不知道"会计"是什么。那时，这个失业的中学教师游手好闲，和一群赌徒终日厮混，输掉了家中的大部分田产。妻子不忍见他如此堕落，每次都扯着他的衣襟不让其出门，但他总是扯断衣襟，夺门而出。不过，一个要去法国留学的友人惊醒了他。潘序伦先生于1919年破格进入圣约翰大学旁听。他整日埋头书本，并以全校第二名的成绩，于1921年提前毕业，获得学士学位后被学校保送至哈佛大学企业管理学院就读。他先后获得哈佛大学管理学硕士和哥伦比亚大学经济学博士学位，他是当时中国仅有的在美国取得经济学博士学位的几个人之一。

20世纪20年代，正值中国民族工商业的快速发展时期，用毛笔书写的那种上收下支，科目颇为简单的中式簿记已不适应日趋繁复的财务活动，会计革新在当时已势在必行，潘序伦先生决意推进这一工作。1924年，潘序伦先生回到祖国，在"国立暨南大学"、上海商科大学等校任教，致力于引进并传授西方先进的会计知识和技术。他在1927年创办了"潘序伦先生会计师事务所"，后借用《论语》中"民无信不立"之意，将其更名为"立信会计师事务所"，以"公正服务、建立信用"为宗旨。他在业务活动中特别注重信誉和公道，加上他学兼中西，因而承办业务的效率和质量俱佳。立信会计师事务所迅速在社会上确立起良好的声誉，承接的各类业务大增。自1939年始，潘序伦先生在桂林、南京、广州、天津等地陆续设立了分所。由此开始，潘先生一直从事会计事业，成为中国现代会计学界的泰斗。

潘序伦先生身先士卒，勤勉工作，他总是上午8时到办公室。某日他上班后，见当天报载北方水灾，上海各界成立"黄河水灾委员会"，下有稽核一科拟请会计师担任，公开招聘。他立即打电话与其联系，并获得该职。事后他听说，数小时后，另一家有名的会计师事务所才打电话来求任。这事让潘序伦先生得意了好久。

抗战期间，上海各界为马占山的东北义勇军募捐钱物，当时，社会上有谣言散播，称上海群众共募捐法币2 000余万元，但东北方面只收到数十万元。潘序伦先生得悉后便找上门去，认真稽核了13个有关单位的收支账目，并出具证明，公之于众。这样，指责和谣言便不攻自破。

这家名为"立信"的会计师事务所，便在中国的会计史上留下了光彩夺目的一页。在潘序伦先生的一手操持下，它一跃成为中国规模最大的一家会计师事务所，服务对象包括当时中国顶级的大企业，如荣氏企业、永安公司、南洋烟草公司、可口可乐公司、华纳兄弟影片公司等。

随后，潘序伦先生又开办了一所立信会计学校。为了扩大学生的视野，提高教学质量，潘序伦先生聘请黄炎培、马寅初、黎照寰、章乃器等专家学者来立信会计学校任教。

1940年12月，经济学家马寅初因抨击当局而被关押，获释后潘序伦先生便邀马寅初到立信会计学校上课。当局得知后，警告潘序伦先生，但他一笑置之。对这件事，马寅初非常感谢，他曾对人说："潘序伦先生对开拓中国的新式会计有功，不要说来教书，就是要我替他倒夜壶，我也愿意。"

在一次学校的大会上，时任民国教育部长的陈立夫受邀前来，他看轻会计事业，大谈军工与科学。潘序伦先生按捺不住性子，顶撞道："国家好比一架飞机，一翼是军工科技，一翼是财经会计，只有这样，国家才能腾飞于世界民族之林。"

在潘序伦先生的感召下，这所学校毕业的学生，大多勤奋苦学、成绩优良，得到工作单位的普遍好评，学校的信誉日隆。有一组数据显示，到1953年止，立信会计学校培养的毕业生已超过10万人，学生遍布全国各地，远达美、德、日等20多个国家和地区。

这个会计学家与钱打了一辈子交道，但自己的生活极其简朴，斗室中一床一几一柜，一桌四椅，除外别无他物，唯书成堆。他的丰厚收入，大多捐给学校修建馆舍，以及用作奖学金。

有一个冬日，潘序伦先生到一家高级饭店会见外宾，饭店里的暖气开得很足，他穿着棉袄，里面是补丁加补下的衬衫，他怕脱了棉袄丢人，硬着头皮不脱，结果汗流浃背，颇为狼狈。

会计一生，潘序伦先生最为看重"真诚"与"信用"两词，他曾自言："我认为会计师的信誉很要紧，可以说是会计师业务的生命力……有个别会计师以造假账或出具不真实的证明书以迎合某些委托人的要求，来取得业务。我是绝对不接受的，这样，当时看起来似乎是吃亏了，但日子一久，人们认为'立信'是信得过的，是可靠的，反而会引来大批的业务。"潘序伦先生在设立会计师事务所的初期，就深深感到革新会计制度，非训练专业会计人员不可。为此，他一面创立会计学校，一面印行《立信会计丛书》，把开展会计师业务、培养会计专门人才、编辑会计著作教材三者融合起来，为以后形成事务所、学校、出版社三位一体的立信会计事业创造了良好的开端。

经过60多年的风雨历程，凭着潘序伦先生坚韧不拔、锐意进取的敬业精神，以及立信全体同仁的齐心协力，立信会计师事务所在国内外有着良好的信誉和广泛的业务联系，立信会计各级各类学校先后共培养了10多万名会计人才。广大立信校友分布于中国的各个省市以及世界20多个国家和地区，有相当多的校友学有专长，他们勤奋工作，成为财经工作的中坚力量，还有相当多的校友卓有建树，被公认为会计专业方面的知名专家、学者、教授。经潘序伦先生主持编辑的"立信会计丛书"，先后出版专著、教材300多种，累计印刷发行800多万册，有多种被列入当时颇负盛名的商务印书馆的"大学丛书"。

潘序伦先生从事会计工作60多年，开创了三位一体的立信会计事业，他的名字已载入中国会计发展的史册。潘序伦先生于1985年逝世后，为永远纪念缅怀老校长的业绩，1987年11月，在新落成的立信校园内，潘序伦的青铜塑像屹然矗立，供后人瞻仰。1993年秋天，潘序伦先生的骨灰移存于立信校园。

作为中国现代会计之父的潘先生对会计学术做出了巨大的贡献。会计人员的职业道德和执业操守，是潘序伦先生毕生关注的问题。

1933年，潘序伦先生在为《立信会计季刊》撰写的"中国之会计师职业"一文中从多方面论述了会计师的职业道德，罗列了"消极方面之职业道德"，"积极方面之职业道德"。前者包括：（1）会计师在登录后，不得兼任他职，但临时名誉公职及学校讲师，不在此限。（2）不得兼管工商。（3）会计师对于本身及其亲属，有利害关系事件所应办之会计事项，不得以会计师名义行使职务。（4）会计师担任清算人、破产管财人、遗嘱执行人及其他信托人等职务时，不得以会计师名义办理与其所任职务无关之会计事项。（5）会计师对于当事人之委托，公务机关之命令，办理事件时，非有正当理由，不得拒绝。（6）会计师不得与非会计师共同行使职务，或非会计师用本人名义行使职务。（7）会计师不得受债权人专任之委托。（8）会计师不得为职务以外之保证人。（9）会计师不得在合法约定报酬及实际费用之外索要报酬或与委托人订立成功报酬之契约。（10）会计师不得收买职务上所管理的动产和不动产。（11）会计师未得公务机关命令或委托人许可，不得宣布职务上所得之秘密。（12）会计师对于受命委托事件，不得有不正当行为，或违背废弛其职务上应尽之义务。后者则归纳为4条："一曰公正，二曰诚信，三曰廉洁，四曰勤奋。"从这些转述中，我们不难发现，潘先生对会计人员的职业道德的要求，倾注了颇多精力，其方式方法具有一定的操作性，为会计人员指明了道德规范和处世哲学。

对会计人员的职业道德问题的探讨，直至晚年，潘序伦先生仍然没有停滞，而且见解更加深刻。1983年，在上海会计学会年会上，他深有体会地指出，会计人员必须树立职业道德，他认为会计人员的职业道德应该包括品德、责任和业务技术三个方面的内容。他说，品德方面应该做到遵纪守法，以身作则，坚持原则，廉洁奉公，忠诚老实，毋忘立信。责任方面是指要按政策办事、按计划办事。业务技术方面的要求是记账、算账、报账都做到百分之百的正确。后来，这篇演讲发表在同年的《会计研究》第四期上，引起很大反响。之后，他又在《武汉财会》上撰文，充实了这一内容。

资料来源　李红. 会计伦理［M］. 上海：上海财经大学出版社，2012.

问题：

1）潘序伦先生有关会计职业道德的思想应该如何表述？

2）我们作为年轻的会计人应该怎样学习潘序伦先生那些优秀的道德品质？

研判要求： 学生分析案例提出问题，拟出"善恶研判提纲"；小组讨论，形成小组"道德研判报告"；班级交流，教师对各小组"道德研判报告"进行点评；在校园网的本课程平台上展出经过修订并附有教师点评的各组"道德研判报告"，供学生借鉴。

财务管理的价值观念

● **学习目标**

通过本章学习，你应该达到以下目标：

职业知识： 学习并掌握饭店资金时间价值、风险报酬等知识；能用其指导"饭店财务管理"的相关认知活动，规范其相关技能活动。

职业能力： 运用本章的专业知识正确解答"基本训练"中的各种计算题，训练与"财务管理价值观念"相关的计算能力；通过"时间价值方案决策"的实训操练，训练学生的相关专业技能。

职业道德： 结合本章"风险报酬"理论和"善恶研判"等教学内容，依照风险管理的判定标准，让学生分析在"饭店风险管理"的业务情境中企业或从业人员服务行为的善恶，强化其职业道德意识。

引例：兴凯饭店设立奖学金

背景与情境：

兴凯饭店于 2017 年 8 月拟在上海某大学设立一笔奖学基金。奖励计划：每年特等奖 1 人，金额为 10 000 元；一等奖 2 人，每人的金额为 5 000 元；二等奖 3 人，每人的金额为 3 000 元；三等奖 4 人，每人的金额为 1 000 元。目前银行存款年利率为 2%。

问题：分析兴凯饭店为设立此项奖学基金，应一次存入银行多少钱？

上述案例告诉我们什么？

案例表明：正确地进行时间价值分析是饭店科学合理地运用资金的前提。

2.1 货币时间价值

2.1.1 货币时间价值的含义

资金的时间价值与资金成本既有联系，又有区别。联系在于两者的计算基础都是资金；区别在于着眼角度不同，时间价值是从通过投资或借出资金所得报酬的角度而言，而资金成本则是从使用他人资金所花费的代价角度而言。**时间价值**指货币经历一定时间的投资或再投资所增加的价值。它有两种表现形式：其相对数即时间价值率，指扣除风险报酬和通货膨胀后的平均资金利润率或平均报酬率；其绝对数即时间价值额，指资金在经营过程中带来的真实增值额，也就是一定数额的资金与时间价值率的乘积。在饭店财务管理中资金时间价值的计算有现值计算和终值计算。现值是指起点值，终值是指到期值。计算资金的时间价值可以按单利计算，还可以按复利计算和按年金计算。时间价值的现值与终值的关系见图 2-1。

现值　　　　　　　　　　　　→　　　　　　　　　　　　终值

图 2-1　时间价值的现值与终值

2.1.2 单利的终值与现值

单利指在使用年限中不论时间长短均按本金计算利息，前期的利息不计入本金内生息。

1）单利终值的计算

单利终值为本金与利息之和。其计算公式为：

$s = p(1 + i \times n)$

其中：s 为单利终值；p 为单利现值；i 为利率；n 为期限。

即：单利终值＝单利现值×（1+利率×期限）

同步业务 2-1

某饭店持有一张带息期票，面额为 1 200 元，票面利率为 4%，出票日为 6 月 20 日，8 月 19 日到期，则该票据的到期值为：

$s = p(1 + i \times n)$

　＝1 200×（1+4%×60÷360）

　＝1 208（元）

2）单利现值的计算

单利现值的计算是单利终值的逆运算，主要是计算票据的贴现值。饭店在使用未到期的期票向银行融通资金时，银行按一定贴现率从票据的到期值中扣除自贴现日至票据到期日的贴现息，将贴现净额支付给饭店。其计算公式为：

$$p = s - I$$
$$= s - s \times i \times n$$
$$= s \times (1 - i \times n)$$

其中：p 为单利现值；s 为单利终值；I 为利息；i 为利率；n 为期限。

即：单利现值=单利终值×（1-利率×期限）

同步业务2-2

某饭店因急需用款，凭上述期票于7月2日到银行办理贴现，银行规定的贴现率为6%，则贴现净额为：

$$p = s \times (1 - i \times n)$$
$$= 1\ 208 \times (1 - 6\% \times 48 \div 360)$$
$$= 1\ 198.34\ (元)$$

2.1.3　复利的终值与现值

1）复利终值

复利指在每经过一个计息期后，都要将所生利息加入本金，以计算下期的利息。终值是指若干期以后复利计息下本金和利息的本利和。复利终值的计算公式为：

复利终值=复利现值×复利终值系数i, n

复利终值系数可以表述为（1+i）n，其中 i 为利息率，n 为计息期。为了简化计算，可编制复利终值系数表，该表见书后附表一。表中 i 和 n 的范围及详细程度可视情况而定。教学用表中的系数，一般只取3或4位小数，实际工作中，位数要多一些。

同步业务2-3

某人将10 000元投资于一项事业，年报酬率为6%，则第三年末的金额为：

复利终值=10 000×复利终值系数6%, 3=10 000×1.1910=11 910（元）

2）复利现值

复利现值是指未来一定时间的特定资金按复利计算的现在价值，或者说是将来特定本利和所需要的本金。复利现值的计算公式为：

复利现值=复利终值×复利现值系数i, n

复利现值系数可以表述为（1+i）-n，其中 i 为利息率，n 为计息期。为了简化计算，可编制复利现值系数表，该表见书后附表二。

由此可见，复利终值系数和复利现值系数互为倒数关系。

同步业务2-4

某人拟在5年后获得本利和20 000元，若投资报酬率为8%，则他现在应投入的资金为：

复利现值=20 000×复利现值系数8%, 5=20 000×0.6806=13 612（元）

2.1.4　年金的终值与现值

上面计算的是一次支付本利和的情况。而在现实生活中，本金与利息的支付通常都是分期的，即把借款期分成 n 期，每期均可发生收益或费用的一系列现金流。在实际业务中，分期支付一般都是有规律的，最常见的支付方式有等额系列现金流、等差系列现金流和等比系列现金流三种。由于等差系列现金流与等比系列现金流在实际业务中并不多见，因此本书仅就等额系列现金流做进一步研究。等额系列现金流又称**年金**，是指一定时期内每期相等金额的收付款项，如折旧、利息、租金、保险费等。年金按付款方式可分为普通年金、即付年金、延期年金和永续年金。**普通年金**又称后付年金，是指每期期末等额发生的收支款项，这种年金在现实经济生活中最为常见。**即付年金**又称先付年金，是指在一定时期内各期期初等额发生的系列收付款项。**延期年金**是指在最初 m 期没有收付款项的情况下，后面 n 期等额发生系列收付款项。**永续年金**是指无限期支付的年金。年金的计算实际上是复利计算的简便算法，但不同的年金形式计算方法也各不相同。

1）年金终值的计算

（1）普通年金的终值计算

某人每年年末存银行 1 000 元，年利率为 8%，则 3 年后的到期值见图 2-2：

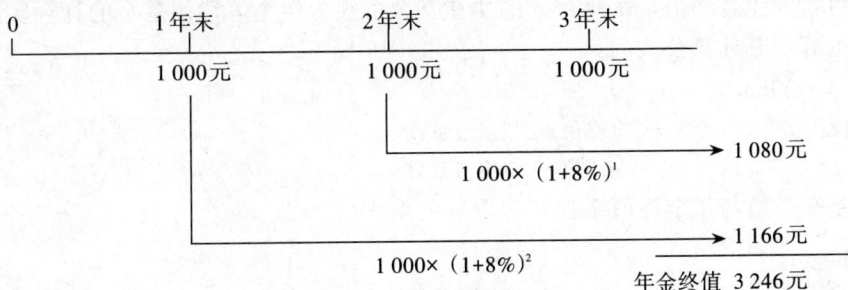

图 2-2　3 年后的到期值

图 2-2 的计算过程可用公式表示：

设：FVA_n 为年金终值；A 为每期的年金；i 为利率。

$$FVA_n = A(1+i)^0 + A(1+i)^1 + A(1+i)^2 + A(1+i)^3 + \cdots + A(1+i)^{n-2} + A(1+i)^{n-1}$$

$$= A\sum_{t=1}^{n}(1+i)^{t-1}$$

$$= A \cdot \frac{(1+i)^n - 1}{i}$$

上式的推导过程：

由于 $FVA_n = A(1+i)^0 + A(1+i)^1 + (1+i)^2 + \cdots + A(1+i)^{n-2} + A(1+i)^{n-1}$ ……（2.1）

将（2.1）式两边同乘以（1+i）得：

$FVA_n(1+i) = A(1+i)^1 + A(1+i)^2 + (1+i)^2 + \cdots + A(1+i)^{n-1} + A(1+i)^n$ ……（2.2）

将（2.2）−（2.1）得：

$$FVA_n(1+i) - FVA_n = -A + A(1+i)^n$$

$$FVA_n(1+i) = A + \frac{(1+i)^n - 1}{i}$$

式中的 $\sum_{t=1}^{n}(1+i)^{t-1}$ 称为年金终值系数，记作 $FVIFA_{i,n}$。

由此可见，年金终值的计算公式为：

$FVA_n = A \times FVIFA_{i,n}$

其中：FVA_n 为年金终值；A 为年金；$FVIFA_{i,n}$ 为年金终值系数，是 n 个复利终值系数之和。

即：年金终值=年金×年金终值系数

为了简化和加速 $FVIFA_{i,n}$ 的计算，可编制年金终值系数表。该表见书后附表三。

同步业务2-5

某饭店在五年中每年年底存入银行100万元，存款利率为2%，则第5年末的年金终值为：

$FVA_5 = A \times FVIFA_{2\%,5}$
$= 100 \times 5.204$
$= 520.4$（万元）

偿债基金是为了约定在未来某一时点清偿某笔债务或积聚一定数额的资金而必须分次等额形成的存款准备金。这种等额的准备金类似年金存款，可以得到以复利计算的利息，因而债务可视为年金终值，每年存入的偿债基金可视为年金。偿债基金的计算实际为年金终值的逆运算。其计算公式为：

$A = FVA_n \div FVIFA_{i,n}$

即：偿债基金（年金）=年金终值×偿债基金系数
　　　　　　　　　=年金终值÷年金终值系数

偿债基金系数与年金终值系数互为倒数关系。

同步业务2-6

某饭店拟在5年后还清10 000元债务，从现在起每年等额存入银行一笔款项。假设银行存款利率为4%，则每年需存入的金额为：

$A = 10\ 000 \div 5.416$
$= 1\ 846.38$（元）

（2）即付年金的终值计算

由于即付年金与普通年金相比提前一期，所以其计算公式为：

$V_n = A \times FVIFA_{i,n} \times (1+i)$

其中：V_n 为即付年金终值；A 为普通年金；$FVIFA_{i,n}$ 为普通年金的终值系数；i 为利率。

即：即付年金终值=普通年金×普通年金终值系数×（1+利率）

同步业务2-7

某饭店每年年初存入银行1 000元作为10年后的职工福利基金，若银行存款利率为2%，则10年后的终值为：

$V_n = 1\ 000 \times FVIFA_{2\%,10} \times (1+2\%)$
$= 1\ 000 \times 10.95 \times 1.02$
$= 11\ 169$（元）

（3）延期年金的终值计算

延期年金在计算终值时可按 n 期计算，而无须考虑前 m 期的情况。

（4）永续年金的终值计算

永续年金由于期限趋近于无穷，不存在到期值的问题，所以无法计算永续年金的终值。

2）年金现值的计算

（1）普通年金的现值计算

某人每年年末存银行 1 000 元，年利率 8%，连续存 3 年，则这些钱相当于最初一次性存入银行的金额见图 2-3：

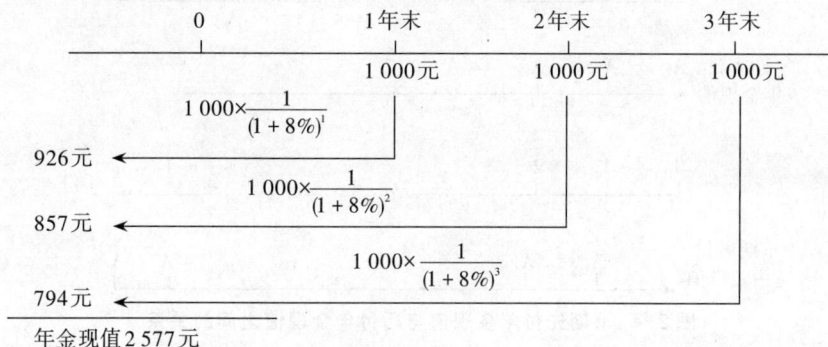

图 2-3　最初一次性存入银行的金额

由此可见，普通年金现值的计算公式为：

$$PVA_n = A \times PVIFA_{i,n}$$

其中：PVA_n 为普通年金现值；A 为普通年金；$PVIFA_{i,n}$ 为普通年金现值系数，是 n 个复利现值系数之和。

即：普通年金现值＝普通年金×普通年金现值系数

为了简化和加速 $PVIFA_{i,n}$ 的计算，可编制年金终值系数表。该表见书后附表四。

同步业务 2-8

某饭店现在存入一笔钱，准备在以后 5 年中每年末得到 100 万元，利息率为 2%，则现在存入的金额为：

$$PVA_5 = A \times PVIFA_{2\%,5}$$
$$= 100 \times 4.713$$
$$= 471.3（万元）$$

年投资回收额是指在约定年限内等额回收初始投入资本或清偿所欠债务的金额。年投资回收额是年金现值的逆运算。其计算公式为：

$$A = PVA_n \div PVIFA_{i,n}$$

即：投资回收基金（年金）＝年金现值×投资回收系数

＝年金现值÷年金现值系数

投资回收系数与年金现值系数互为倒数关系。

同步业务2-9

某饭店以10%的利率借得20 000元，投资于某个寿命为10年的项目，则每年至少要收回的现金为：

$A = 20\ 000 \div 6.145$

$= 3\ 254.68$（元）

（2）先付年金的现值计算

n期先付年金现值与n期后付年金现值之间的关系可用图2-4来表示。

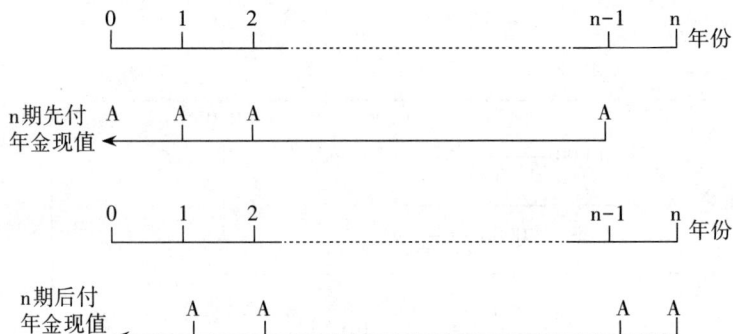

图2-4 n期先付年金现值与后付年金现值之间的关系

n期先付年金与n期后付年金的付款次数相同，但付款时间不同，n期后付年金是期末付款，n期先付年金是期初付款，计算现值时，n期后付年金比n期先付年金现值多贴现一期利息。所以，可以先求n期后付年金现值，然后再乘以（1+i），便可求出n期先付年金的现值。其计算公式为：

$V_n = A \cdot PVIFA_{i,\ n} \cdot (1+i)$

或：$V_n = A \cdot PVIFA_{i,\ n+1} - A$

其中：PVA_n为先付年金现值；A为普通年金；$PVIFA_{i,\ n}$为普通年金现值系数；i为利率；$PVIFA_{i,\ n+1}$为n+1期的普通年金现值系数。

即：先付年金现值=普通年金×普通年金现值系数×（1+利率）

=普通年金×n+1期的普通年金现值系数-普通年金

同步业务2-10

某饭店现在存入一笔钱，准备在以后5年中每年初得到100万元，如果利息率为2%，则现在应存入的金额为：

$V_0 = A \times PVIFA_{2\%,\ 5} \times (1+i)$

$= 100 \times 4.713 \times (1+2\%)$

$= 480.73$（万元）

（3）递延年金的现值计算

公式推导过程见图2-5。

从图2-5中可以看出，先求出递延年金在n期期初（m期期末）的现值，再将其作为终值贴现至m期期初，便可求出递延年金的现值。

其计算公式为：

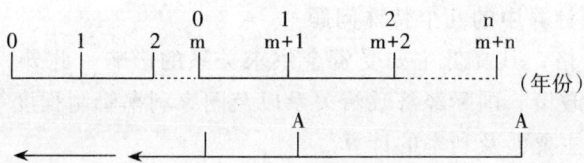

图2-5　延期年金现值的计算

$V_0 = A \times PVIFA_{i,\,n} \times PVIF_{i,\,m}$

$\quad = A \times PVIFA_{i,\,m+n} - A \times PVIFA_{i,\,m}$

其中：V_0 为递延年金现值；A 为普通年金；$PVIFA_{i,\,n}$ 为后 n 期的年金现值系数；$PVIF_{i,\,m}$ 为前 m 期的复利现值系数；$PVIFA_{i,\,m+n}$ 为 m+n 期的年金现值系数；$PVIFA_{i,\,m}$ 为前 m 期的年金现值系数。

即：递延年金现值=普通年金×后 n 期的年金现值系数×前 m 期的复利现值系数

　　　　　　　=普通年金×m+n 期的年金现值系数-普通年金×前 m 期的年金现值系数

同步业务2-11

某饭店向银行借入一笔款项，银行贷款的年利息率为5%。银行规定前5年不用还本付息，但从第6年至第20年每年年末偿还本息1 000万元，则这笔款项的现值为：

$V_0 = A \times PVIFA_{5\%,\,15} \times PVIF_{5\%,\,5}$

$\quad = 1\ 000 \times 10.38 \times 0.784$

$\quad = 8\ 137.92$（万元）

（4）永续年金的现值计算

永续年金的现值系数 $PVIFA_{i,\,\infty}$，可按下式计算：

$PVIFA_{i,\,\infty} = \dfrac{1}{i}$

其推导过程为：

$PVIFA_{i,\,n} = \dfrac{1 - \dfrac{1}{(1+i)^n}}{i}$

iv　n→∞ 时，$\dfrac{1}{(1+i)^n} \to 0$

故　$PVIFA_{i,\,\infty} = \dfrac{1}{i}$

由此可见，利用函数极值理论，永续年金的现值计算公式为：

$V_0 = A \div i$

其中：V_0 为永续年金现值；A 为普通年金；i 为利率。

即：永续年金现值=普通年金÷利率

同步业务2-12

某饭店打算在以后每年年底拿出10 000元作为职工的奖励基金，若利息率为2%，则该项永续年金的现值为：

$V_0 = 10\ 000 \div 2\%$

$\quad = 500\ 000$（元）

2.1.5 时间价值计算中的几个特殊问题

利率是资金的价格，其高低主要受资金供求关系的影响。此外，经济周期、通货膨胀、货币政策、财政政策、国际经济政治关系以及国家利率管制程度等也对利率的变动有影响。在财务管理中主要涉及利率的计算。

1）名义利率与实际利率的换算

复利的计息期不一定总是一年，有可能是季度、月或日。当利息在一年内要复利几次时，给出的年利率叫作名义利率。此时实际利率要比名义利率高。两者之间的关系是：

$$i = (1 + r \div m)^m - 1$$

其中：i为实际利率；r为名义利率；m为每年复利次数。

即：实际利率＝（1+名义利率÷每年复利次数）^{每年复利次数}－1

同步业务2-13

某饭店存入本金1 000元，期限5年，年利率8%，每季复利一次，则实际利率为：

$$i = (1 + 8\% \div 4)^4 - 1$$
$$= 8.24\%$$

2）已知计息期数、终值和现值求利率

首先要计算出换算系数，然后再根据换算系数和有关系数表求利率。

（1）直接计算法

如把100元存入银行，按复利计算，10年后可获本利和为121.9元，则复利终值系数为1.219。查复利终值系数表，与n＝10相对应的利率中，2%的系数为1.219，因此利息率应为2%。

（2）插值法

同步业务2-14

现在向银行存入5 000元，按复利计算，为保证在以后7年中每年得到570元，则利率应为多少？

依据上例资料，计算得出年金现值系数为8.772。查年金现值系数表得：当利率为2%时，年金现值系数是8.983；当利率为3%时，年金现值系数是8.53。所以利率应在2%~3%之间，假设x%为超过2%的利息率。其关系如图2-6所示：

	利率	年金现值系数
第①行	2%	8.983
第②行	2%+x%	8.772
第③行	3%	8.53
②-①	2%+x%-2%	8.772-8.983
	——————	=
③-①	3%-2%	8.53-8.983

图2-6　利率与年金现值系数关系图

即根据插值法得：

x%÷1%＝(8.772－8.983)÷(8.53－8.983)

x＝0.47

i＝2%＋0.47%

　＝2.47%

2.2　风险报酬

饭店的财务管理活动是在存在风险与不确定情况下进行的。因此，要从市场整体来分析不同资产的风险，以及与该项资产相对应的必要报酬。

2.2.1　风险报酬的概念

资金时间价值是在不存在风险和通货膨胀条件下的投资报酬率。但是风险是客观存在的，财务决策不能不考虑风险问题。风险是指在一定条件下和一定时期内可能发生的各种实际结果偏离预期结果的程度。当人们承担风险时都相应要求取得预期收益，冒的风险越大，收益预期越高。风险报酬包括风险报酬额和风险报酬率。**风险报酬额**指投资者因冒风险进行投资而获得的超过时间价值的那部分额外报酬额；**风险报酬率**指投资者因冒风险进行投资而获得的超过时间价值率的那部分额外报酬率，即风险报酬额与原投资额的比率。在财务管理中风险报酬的多少通常用风险报酬率来加以计量。

2.2.2　单一投资的风险报酬

风险报酬的计算过程较为复杂，现举例加以说明。

同步业务 2-15

某饭店拟投资 1 000 万元购买 A 公司和 B 公司的股票。这两个公司的报酬率及其概率分布情况见表 2-1：

表 2-1　　　　　　　　　　　**A 公司和 B 公司的股票报酬率及概率分布**

经济情况	该种经济情况发生的概率（p_i）	报酬率（K_i）%	
		A 公司	B 公司
较好	0.2	40%	70%
一般	0.6	20%	20%
较差	0.2	0%	－30%

1）确定概率分布

概率指一个事件发生的可能性大小。在财务管理中人们可以借助于分析投资的可能结果及其出现的可能概率来度量风险。在这里不同经济情况下的概率视为已知资料。如某股票投资报酬为 20% 的概率是 0.3，就意味着该股票投资报酬率为 20% 的可能性为 30%。通过考察，无论随机事件的发生有多少种可能，各种可能发生概率之和为 1。

2）计算期望报酬率

期望报酬率是各种可能的报酬率按其概率进行加权平均得到的报酬率，是反映集中趋势的一种量度。其计算公式为：

$$K = \sum_{i=1}^{n} K_i P_i$$

其中：K 为期望报酬率；K_i 为第 i 种结果的报酬率；P_i 为第 i 种结果的概率；n 为结果的个数。

上例中：

K_A = 40%×0.2 + 20%×0.6 + 0%×0.2

    = 20%

K_B = 70%×0.2 + 20%×0.6 +（−30%）×0.2

    = 20%

由图 2-7 可知，两个公司股票的期望报酬率都是 20%，但 A 公司各种情况下的报酬率比较集中，而 B 公司却比较分散，所以 A 公司的风险较小。

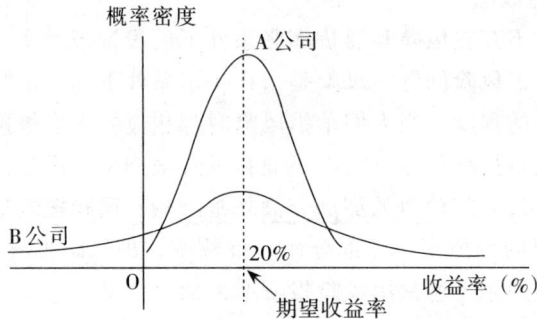

图 2-7　A 公司与 B 公司收益率连续概率分布图

3）计算标准离差

我们可以从统计方法上衡量风险，并利用收益数频数分布的离散程度来显示其风险的大小。收益分布的离散程度所表示的是某一具体收益与平均收益之间的距离。统计上有三种常用方法可用于衡量这种离散程度：方差、标准差、标准离差率。方差与标准差是量度变动程度或离散程度的指标。标准离差是方差的平方根，是各种可能的报酬率偏离期望报酬率的综合差异，是反映离差程度的一种量度。其计算公式为：

$$\delta = \sqrt{\sum_{i=1}^{n} (K_i - \bar{K})^2 \cdot P_i}$$

其中：δ 为期望报酬率的标准离差；K 为期望报酬率；K_i 为第 i 种可能结果的报酬率；P_i 为第 i 种可能结果的概率；n 为可能结果的个数。

上例中：

$\delta_A = \sqrt{(40\% - 20\%)^2 \times 0.2} + \sqrt{(20\% - 20\%)^2 \times 0.6} + \sqrt{(0\% - 20\%)^2 \times 0.2}$

    = 12.65%

$\delta_B = \sqrt{(70\% - 20\%)^2 \times 0.2} + \sqrt{(20\% - 20\%)^2 \times 0.6} + \sqrt{(-30\% - 20\%)^2 \times 0.2}$

    = 31.62%

可见，投资于 B 公司的风险要大于投资于 A 公司的风险。

4）计算标准离差率

标准离差率是标准离差同期望报酬率的比值，反映随机变量的离散程度。其计算公式为：

V = δ÷K×100%

其中：V 为标准离差率；δ 为标准离差；K 为期望报酬率。

$V_A = 12.65\% \div 20\% \times 100\%$

　　$= 63.25\%$

$V_B = 31.62\% \div 20\% \times 100\% = 158.1\%$

可见，投资于 B 公司的风险要大于 A 公司的风险。

标准离差率在期望值相同而标准离差不同时更能进一步比较风险的大小。

5）计算风险报酬率

计算风险报酬率，还必须借助风险报酬系数。风险报酬系数表示不同行业因承担风险投资而获得的风险报酬率与其风险程度的比重。其可以根据以往的同类项目加以确定，也可以由饭店领导或饭店组织有关专家确定，还可以由国家有关部门组织专家确定。风险报酬率的计算公式为：

$R_R = b \times V$

其中：R_R 为风险报酬率；b 为风险报酬系数；V 为标准离差率。

上例中，假设 A 公司的风险报酬系数为 5%，B 公司的风险报酬系数为 8%，则：

$R_{RA} = 5\% \times 63.25\% = 3.16\%$

$R_{RB} = 8\% \times 158.1\% = 12.65\%$

6）计算风险报酬额

风险报酬率求出后，再计算风险报酬额。其计算公式为：

$P_R = C \times R_R$

其中：P_R 为风险报酬额；C 为投资额；R_R 为风险报酬率。

上例中，假设投资总额为 1 000 万元，则：

$P_{RA} = 1\ 000 \times 3.16\% = 31.6$（万元）

$P_{RB} = 1\ 000 \times 12.65\% = 126.5$（万元）

需要指出，A 和 B 两个方案的优劣不可一概而论，而要针对具体情况经过分析后再做决策。如果是一个稳健的投资者，愿意回避风险，则应选择购买 A 公司的股票；如果是一个喜欢冒险的投资者，则应选择购买 B 公司的股票；如果是一个持中庸之道的投资者，则会认为 A 和 B 没有什么差别。总之，承担的风险越大，风险报酬也应越多。

2.2.3　证券组合投资的风险报酬

1）证券组合的风险

同时投资于多种证券的组合叫证券的投资组合。证券组合的风险可分为可分散风险和不可分散风险。

可分散风险又称非系统性风险或公司特别风险，指某些因素对单个证券造成经济损失的可能性，如个别公司工人的罢工、公司在市场竞争中的失败等。这种风险可通过证券持有的多样化来抵消。

不可分散风险又称系统性风险或市场风险，指某些因素给市场上的所有证券都带来经济损失的可能性，如宏观经济状况的变化、国家税法的变化、国家财政政策和货币政策的变化、世界能源状况的改变等。在西方国家，通常是通过 β 系数来衡量风险大小。其计算公式为：

β = 某种证券的风险报酬率÷证券市场上所有证券平均的风险报酬率

β 系数也可用直线回归方程计算，即：

$$Y = \alpha + \beta_x + \xi$$

其中：Y 为证券的收益率；x 为市场平均收益率；α 为与 Y 轴的交点；β 为回归线的斜率；ξ 为随机因素产生的剩余收益。

上述公式是一个高度简化的公式，实际计算过程非常复杂。在实际工作中，β 系数一般不由投资者自己计算，而由一些机构定期计算并公布。作为整体的股票市场的 β 系数为 1，如果某种股票的风险情况与整个股票市场的风险情况一致，则这种股票的 β 系数也等于 1；如果某种股票的 β 系数为 2，说明该股票的风险是整个市场股票风险的 2 倍。

以上说明了单个股票 β 系数的计算方法，而证券组合的 β 系数的计算公式为：

$$\beta_p = \sum_{i=1}^{n} X_i \beta_i$$

其中：β_p 为证券组合的 β 系数；X_i 为证券组合中第 i 种股票所占的比重；β_i 为第 i 种股票的 β 系数；n 为证券组合中股票的数量。

同步业务 2-16

某饭店持有由甲、乙、丙三种股票构成的证券组合，它们的 β 系数分别是 2.0、1.0 和 0.5，它们在证券组合中所占的比例分别为 60%、30% 和 10%，则证券组合的 β 系数为：
$$\beta_p = 60\% \times 2.0 + 30\% \times 1.0 + 10\% \times 0.5 = 1.55$$

2）证券组合的风险报酬

证券组合的风险报酬是投资者因承担不可分散风险而要求得到的超过时间价值的那部分额外报酬。其计算公式为：

$$R_p = \beta_p \times (K_m - R_F)$$

其中：R_p 为证券组合的风险报酬率；β_p 为证券组合的 β 系数；K_m 为市场报酬率；R_F 为无风险报酬率。

同步业务 2-17

某饭店股票的市场报酬率为 14%，无风险报酬率为 10%，证券组合的 β 系数为 1.55，则这种证券组合的风险报酬率为：
$$R_p = 1.55 \times (14\% - 10\%) = 6.2\%$$

可见，在其他因素不变的情况下，风险报酬取决于证券组合的 β 系数。系数越大，风险报酬就越大；反之亦然。

同步业务 2-18

接【同步业务 2-16】、【同步业务 2-17】资料，某饭店为降低风险售出部分甲股票，买进部分丙股票，使甲、乙、丙三种股票在证券组合中所占的比重变为 10%、30% 和 60%，则：
$$\beta_p = 10\% \times 2.0 + 30\% \times 1.0 + 60\% \times 0.5 = 0.8$$
$$R_p = 0.8 \times (14\% - 10\%) = 3.2\%$$

3）风险和报酬率的关系

在西方金融学中，有许多模型论述风险和报酬率的关系，其中一个最重要的模型为资本资产定价模型，这一模型为：

$$K_i = R_F + \beta_i (K_m - R_F)$$

其中：K_i 为第 i 种股票或第 i 种证券组合的必要报酬率；R_F 为无风险报酬率；β_i 为第 i 种股票或第 i 种证券组合的 β 系数；K_m 为所有股票的平均报酬率。

资本资产定价模型是建立在投资者是理性的、资本市场是完全竞争和有效的基础之上的，其阐述的是充分多元化的组合投资中风险与要求报酬率之间的均衡关系。

同步业务2-19

NHK 公司股票的 β 系数为 1.50，无风险利率为 7%，市场上所有股票的平均报酬率为 10%，则该公司的股票报酬率应为：

$$K_i = R_F + \beta (K_m - R_F)$$
$$= 7\% + 1.50 \times (10\% - 7\%) = 11.5\%$$

即，NHK 公司股票的报酬率达到或超过 11.5% 时，投资者方才愿意进行投资。如果低于 11.5%，投资者应该不会购买该公司股票。

本章概要

□ 内容提要

本章介绍了资金时间价值和风险报酬的概念。资金时间价值是指货币经历一定时间的投资或再投资所增加的价值。在饭店财务管理中资金时间价值的计算有现值计算和终值计算。计算资金的时间价值可以按单利计算，还可以按复利计算和按年金计算。年金是指在一定时期内每期相等金额的收付款项，如折旧、利息、租金、保险费等。年金按付款方式可分为普通年金、即付年金、延期年金和永续年金。年金的计算实际上是复利计算的简便算法，但不同的年金形式计算方法也各不相同。风险报酬额指投资者因承担风险进行投资而获得的超过时间价值的那部分额外报酬额。风险报酬分为单一投资的风险报酬和证券组合的风险报酬两种形式。

□ 主要概念和观念

▲ 主要概念

时间价值　单利　复利　普通年金　即付年金　延期年金　永续年金　风险报酬　可分散风险　不可分散风险　证券组合的风险报酬

▲ 主要观念

风险报酬额　风险报酬率　资本资产定价模型

□ 重点实务

资金时间价值的计算　风险报酬的确定

基本训练

□ 知识训练

▲ 复习题

1）年金主要有哪几种？

2）先付年金与普通年金的区别是什么？

▲ 讨论题

1）单利计算与复利计算的区别是什么？

2）递延年金的现值如何计算？

□ 能力训练

▲ 计算题

（1）兴凯饭店于 2011 年 1 月 1 日向哈尔滨信托投资公司融资租赁 1 台汽车，双方在租赁协议中明确规定：租期截止到 2016 年 12 月 31 日，年租金 5 600 元，于每年年末支付一次利息，手续费率为 5%。利用已掌握的数学基础，推导出各种年金终值、现值的计算公式，计算系列租金的现值和终值，如果年租金改按每年年初支付一次，要求再计算系列租金的现值和终值。

（2）兴凯饭店于 2012 年年初向工商银行哈尔滨分行借入一笔 8 年期的款项，贷款年利率为 6%，同时兴凯饭店与哈尔滨分行约定：前 3 年不用还本付息，从 2015 年起至 2019 年 12 月 31 日止，每年年末需偿还本息 2 万元。分析兴凯饭店当初向工商银行哈尔滨分行借入了多少本金？至 2019 年年末共向工商银行哈尔滨分行偿还的本息是多少？

（3）李东今年 30 岁，距离退休还有 30 年，为使自己在退休后仍然享有现在的生活水平，李东认为退休当年年末他必须攒够至少 70 万元存款。假设利率为 10%，为达成目标，计算从现在起的每年年末李东需要存多少钱。

（4）某饭店全部用银行贷款投资兴建一个工程项目，总投资额为 5 000 万元，假设银行借款利率为 16%。该工程当年建成。请问该工程建成投产后，分 8 年等额归还银行借款，每年年末应还多少？

（5）某人将 10 000 元投资于一项事业，年报酬率为 6%。第三年的期终金额是多少？

（6）李林出国 6 年，请你代付租金，每年末租金 10 000 元。银行存款利率为 5%。现在他应当为你在银行存入多少钱？

（7）A 饭店购买了一套生产设备，销售商提出的付款方案是：第 1 年年末支付 20 万元，第 2 年年末支付 25 万元，第 3 年年末支付 30 万元，第 4 年年末支付 50 万元。假定目前银行利率为 5%，这套设备价款的现值为多少？

（8）张华每年年末定期存款 20 000 元，存款年利率为 8%，经过 3 年，该笔存款的终值为多少？

（9）某饭店在五年中每年年底存入银行 100 万元，存款利率为 2%，则第 5 年末的年金终值为多少？

（10）某饭店拟在 5 年后还清 10 000 元债务，从现在起每年等额存入银行一笔款项。假设银行存款利率为 4%，则每年需存入的金额为多少？

（11）某饭店现在存入一笔钱，准备在以后 5 年中每年末得到 100 万元，利息率为 2%，则现在存入的金额为多少？

（12）某饭店以 10% 的利率借得 20 000 元，投资于某个寿命为 10 年的项目，则每年至少要收回的现金为多少？

（13）某饭店计划在 3 年以后得到 400 万元，利息率为 2%，则现在应一次存入本金为多少？

（14）华泰饭店年初存入一笔资金，从第4年年末起，每年取出3万元，至第8年年末取完，年利率为8%，计算最初时一次存入银行的款项为多少万元？

（15）某饭店要建立一项永久性帮困基金，计划每年拿出20万元帮助失学儿童，年利率为5%，现在应筹集的资金数额为多少万元？

（16）东方饭店欲租用一机器设备，租期6年，每年年初需付租金20 000元，若市场利率为10%，这笔租金的现值是多少元？终值是多少元？

（17）南华饭店投资A债券，金额100万元，期限5年，票面利率8%。若该债券每年计息一次，问5年后的本利和是多少万元？若该债券每季度计息一次，5年后的本利和是多少万元？

（18）安源饭店在第1年年初向银行借入300万元购买设备，银行要求从第1年开始，8年内每年年末偿还55万元，则这笔借款的利率是多少？

（19）华仪饭店投资一项目，投资额500万元，期限10年，若资金成本率为5%，则每年年末至少获取收益多少万元该项目可行？

（20）A方案在3年中每年年初付款200元，B方案在3年中每年年末付款200元，若利率为10%，则二者在第3年年末时的终值相差多少元？

（21）某饭店发行一种3年期债券，每张面值1 000元，票面利率5%，该债券每年付息，到期还本。假定发行当时市场利率为6%。则计算该债券的发行价格为多少元？

（22）北方饭店向银行借款1 000元；年利率为16%

请计算：①每年计息一次，两年后应向银行偿付本利多少？②如果每季度计息一次，两年后应向银行偿付本利和多少？

（23）某基金会准备在第5年年末获得2 000元，年利率为12%

请计算：①每年计息一次，问现在应存入多少款项？②每半年计息一次，问现在应存入多少款项？

（24）饭店某项目的投资情况如表2-2所示，如果年利率是8%，全部投资的现值是多少？

表2-2　　　　　　　　　　　　　**项目投资情况表**

时间（年）	0	1	2	3	4	5	6	7
金额（元）	100 000	50 000	50 000	70 000	40 000	40 000	40 000	40 000
PVIF	1	0.9259	0.8573	0.7938	0.725	0.6806	0.6302	0.5835

（25）某饭店要建立一项永久性帮困基金，计划每年拿出20万元帮助失学儿童，年利率为5%，现在应筹集的资金数额为多少万元？

（26）某饭店需用一台设备，买价为9 000元，使用年限为8年。若改为租用，每年年初需要支付租金1 500元。假设利率为8%，问租用和购买哪个方案更划算？

（27）某汽车销售饭店推出一款25万元车的两个促销方案：A方案是消费者现付10万元，余款两年后付清；B方案是全款付现提供3%的商业折扣。若利率为10%，消费者选择哪个方案买车更划算？

（28）某人打算从现在开始每年年末存银行一笔钱，以在30年后积攒70万元周游世界。若利率为10%，该人每年需存入银行多少钱？

(29) 某项永久性债券，每年年末均可获得利息收入 20 000 元，债券现值为 250 000 元，则该债券的年利率为多少？

(30) 某饭店用银行贷款投资兴建一项工程，总投资额为 5 000 万元，假设银行利率为 16%，该项目当年建设投产。若投产后分 8 年等额偿还银行借款，每年年末应还多少？若投产后每年可获净利 1 500 万元，全部用来归还借款的本息，需要多少年才能还清借款？

(31) 某饭店持有甲、乙、丙、丁四种股票组成的证券组合，其 β 系数分别为 1.92、2.1、1.7、1.5，它们在证券组合中所占的比重分别为 55%、62%、38%、18%，股票的市场报酬率为 12%，无风险报酬率为 8%，则这个组合的风险报酬率为多少？

(32) 某人将 10 000 元投资于一项事业，年报酬率为 6%，第三年的终值是多少？

(33) 某饭店向某金融机构借入一笔款项，借款的年利率为 8%，借款合同规定前 5 年不用还本付息，但从第 6 年至 10 年每年年末偿还本息 80 000 元，问这笔款项的现值为多少？

(34) M 饭店从现在起建立一项基金，计划每年底存入该基金一笔固定金额用于偿还一批 5 年后到期的债券，到期值为 210 万元。假设该基金的年收益率为 12%，则该饭店每年提存的基金金额为多少？

(35) 某饭店将 100 万元存入银行，利息率为 2%，则 5 年后的终值为多少？

(36) 某饭店拟投资 5 000 万元购买 A 公司和 B 公司的股票。这两个公司的报酬率及其概率分布情况见表 2-3。若 A 公司和 B 公司的风险报酬系数分别为 4% 和 6%，请你计算风险报酬额并做出投资决策。

表 2-3　　　　　　　　**A 公司和 B 公司的股票报酬率及概率分布**

经济情况	该种经济情况发生的概率（p_i）	报酬率（K_i）%	
		A 公司	B 公司
较好	0.3	30%	35%
一般	0.5	15%	10%
较差	0.2	0	-10%

▲ 案例分析

背景与情境：某饭店全部用银行代款投资兴建一个工程项目，总投资额为 1 000 万元。假设银行借款利率为 7%，该工程当年建成，请问该工程建成投产后，分 10 年等额归还银行贷款。

问题：每年年末应还多少？

分析要求：同第 1 章本题型的"分析要求"。

【实训项目】时间价值方案决策

【实训要求】通过本模块实训，使学生进一步掌握饭店时间价值的计算方法，提出正确的财务管理方案。

【实训步骤】

1）划分实践教学小组；

2）各小组针对一个 2 000 万元的项目进行时间价值分析；

3）分工调查每组方案的难易程度和可行性；

4）根据上述调查，写出计划书；

5）针对不同的计划书，由各小组代表进行论证，全班展开每个方案优劣的课堂讨论；

6）教师对计划书进行评阅。

□ 善恶研判

背景与情境：某企业于 2015 年 3 月向上海农商银行借款 500 000 元用于投资股票，经过半年时间损失 70%。

问题：请对该公司行为进行评判。

研判要求：同第 1 章本题型的"研判要求"。

▲ 实训操练

第3章 饭店筹资管理

● **学习目标**

通过本章学习，你应该达到以下目标:

职业知识: 学习并掌握饭店资金的筹集与管理、资金成本和筹资风险的控制方法等知识;用其指导"饭店筹资管理"的相关认知活动,规范其相关技能活动。

职业能力: 运用本章的专业知识正确解答"基本训练"中的各种计算题,训练与"饭店筹资管理"相关的计算能力;运用本章的专业知识研究相关案例,培养学生在"饭店筹资管理"的业务情境中分析问题与决策设计的能力;通过"筹资方案决策"的实训操练,训练学生的相关专业技能。

职业道德: 结合本章教学内容,依照行业道德规范或标准,分析"李嘉诚的成功经验"善恶研判中企业或从业人员服务行为的善恶,强化职业道德素质。

引例：饭店如何进行筹资管理

背景与情境：

饭店投入流动资产及部分固定资产的资金，往往是依靠短期或中期筹资的方法获得的，但是饭店用短期筹资的方法得到的固定资产越多，其风险往往就越大，因此饭店一般很少为购买经济寿命超过 1 年以上的固定资产而利用短期负债进行筹资。短期筹资一般是指偿还期限在 1 年以下的负债。某些短期筹资，如银行短期贷款，其偿还期限也可能超过 1 年。经济寿命在 1 年以上的固定资产，其投入资金大多由中、长期筹资来担负。所谓中期筹资一般是指偿还期限在 1~5 年的负债，5 年以上的负债视为长期筹资。

商业信用

商业信用是指在商品交易中由于延期付款或预收货款所形成的企业间的借贷关系。商业信用产生于商品交换之中，属于"自发性筹资"。它运用广泛，在短期负债筹资中占有相当大的比重。商业信用具体表现为以下几种形式：

1. 应付账款。应付账款是企业由于购买货物暂未付款而欠对方的账款，是卖方允许买方在购货后一定时期内支付货款的一种形式。卖方用这种方式促进销售，而买方利用卖方的资金购入商品，可以满足短期的资金需要。

应付账款与应收账款对应，有付款期、折扣等信用条件。它分为：免费信用（买方在卖方规定的时间内付款）；有代价信用（买方放弃卖方规定的折扣而获得的信用）；展期信用（买方超过卖方规定的时间付款强制获得的信用）。

（1）应付账款的机会成本。倘若买方购买货物后在卖方规定的折扣期内付款，便可以享受免费信用，这时企业没有因为享受信用而付出代价。

例：某企业以（1/10，N/30）的条件购入 10 万元的货物。如果在 10 天内付款，便可享受 10 天的免费信用期，并获得折扣 0.1 万元（10×1%），免费信用额为 9.9 万元。

如果买方放弃折扣，在 10 天后（不超过 30 天）付款，那么买方便要承受因放弃折扣而付出的代价（机会成本）。放弃现金折扣的资金成本的计算公式为：

放弃现金折扣的资金成本=折扣百分比÷（1−折扣百分比）×360÷（信用期−折扣期）

可以计算出，买方放弃折扣所负担的资金成本为：

1%÷（1−1%）×360÷（30−10）=18.18%

买方在放弃折扣的情况下，推迟付款的时间越长，其成本便会越小，如买方将信用期延长至 40 天，则资金成本为：

1%÷（1−1%）×360÷（40−10）=12.12%

（2）折扣策略。在附有信用条件的情况下，由于获得不同的信用条件要负担不同的代价，买方要决定选择哪种信用条件。一般说来：①如能在以低于放弃折扣的隐含资金成本（机会成本）的利率借入资金，则应在现金折扣期内用借入的资金支付货款，享受现金折扣。②如在折扣期内将应付账款用于短期投资，所得的投资收益率高于放弃折扣的隐含资金成本（机会成本），则应放弃折扣而去追求更高的收益。③如企业因缺乏资金欲展期付款，则需要在降低了的放弃现金折扣的资金成本与展期付款带来的损失之间做出选择。展期付款带来的损失主要是指企业由于信誉恶化而丧失供应商和其他贷款人的信用，或日后招致苛刻的信用条件。

2. 应付票据。应付票据是企业在进行延期付款时开具的反映债权债务关系的票据。应付票据的资金成本低于银行借款成本，但到期必须归还，如若延期便要交付罚金，其风险较大。

3.预收账款。预收账款是卖方在交付货物之前预先收取部分或全部货款的信用形式。

此外，企业在非生产商品交易中还会产生自发性筹资的应付费用，如应付职工薪酬、应交税费、其他应付款等。

短期贷款

餐饮和饭店业的短期贷款主要来自于商业银行和其他类似的金融机构。这类贷款有些有担保，有些则没有担保。许多信誉良好的企业，往往通过商业信用的方法，为其自身的存货和应收账款进行筹资，这类企业只是在现金收入进入低谷时，才向银行申请短期贷款。

定期贷款

饭店获得定期贷款的渠道主要是银行和其他金融机构。饭店筹集定期贷款的目的主要是增加饭店的运营资金以及购置家具、设备等固定资产。定期贷款的本金和利息通常由饭店分期偿还。这类贷款的期限一般短于所购资产的经济寿命。

商业银行是企业获得定期贷款的一个重要渠道，它向企业提供的定期贷款期限通常为1~5年。企业还可向保险公司、信用社等金融机构申请定期贷款。

定期贷款一般由借款方在贷款期限内，分期向债权人或债权机构偿还贷款的本金及其利息。定期贷款的利率通常比短期贷款的利率高出1%以上。定期贷款的利率根据各借款方的不同情况而有所不同，一般来说，与财务状况良好的企业（如集团化管理的大型联营企业）相比，小型独家经营的企业所要付出的贷款利息往往要高出几个百分点。

分期付款

有些生产或销售家具、餐饮设施的厂商，采取分期付款的方式向饭店提供资金帮助。也有一些厂商先售给某家金融公司，再由金融公司向购买这些产品的饭店提供分期付款的业务。还有不少的厂商在购货方和金融公司之间充当中间人，帮助他们达成一项双方都能接受的分期付款协议。

饭店采用分期付款的方式购买的资产，其经济寿命一般在5~10年。由于第二手家具和设备的价值很低，难以充当抵押品，所以在采用分期付款方式售货时，提供资金的一方所承担的风险很大。在一般情况下，分期付款的还款期限要短于资产的经济寿命，首期付款的数额往往是全部货款额的20%~50%，而且利息较定期贷款要高出许多，分期付款的利率一般比优惠利率高5~6个百分点。

由上述分期付款的筹资方式给饭店带来的资金，一般都采用动产抵押的形式进行担保，即贷款机构对该动产拥有留置权，一旦饭店不能如约偿还全部贷款及其利息，贷款机构就有权出售这些资产。分期付款在供货方是促销手段，在购货方是筹资手段，因为购货方在支付首期货款之后就已经得到并使用了自己所需要的资产，相当于自己只出部分资金并且于借到钱款之后购买了所需的资产。

资料来源　根据有关资料整理.

问题：上述案例告诉我们什么？

案例表明：正确地进行筹资决策是饭店科学合理地筹措资金的前提。除此之外，饭店还有哪些筹资动机呢？

3.1 饭店筹资概述

资金是饭店进行生产经营活动的必要条件。饭店的创建，开展日常生产经营业务，购置设备、材料等生产要素，不能没有一定的生产经营资金；扩大生产规模，开发新产品，提高技术水平，更要追加投资。筹集资金是饭店资金运动的起点，是决定饭店的资金运动规模和生产经营发展程度的重要环节。

3.1.1 资金筹集的概念及筹资动机

1）资金筹集的概念

资金筹集是指饭店根据经营、对外投资和调整资金结构的需要，通过各种筹资渠道，运用合适的筹资方式，经济、有效地筹措资金的过程。按照不同的标准对筹资进行分类，其结果也各不相同。各种筹资分类间的关系，见表 3-1。

表 3-1 **各种筹资分类间的关系**

性质	时间	负债及所有者权益		筹资方式	筹资渠道
借入资金	短期资金	流动负债：			外部融资
			应付账款	商业信用	
			应付票据		
			预收货款		
			应付职工薪酬	自然融资	
			应交税费		
			应付利润		
			短期借款		
	长期资金	长期负债：		银行信用	
			长期借款		
			长期应付款	租赁融资	
			应付债券	证券融资	
		所用者权益：			
			发行股票筹资形成的实收资本		
自有资金			法人联合经营形成的实收资本	联营融资	
			转增资本等其他形式筹资形成的实收资本	留用利润	内部融资
			资本公积		
			盈余公积		
			未分配利润		

2）饭店筹集资金的动机

饭店筹集资金有的是出于扩大经营规模而需要增加资产的扩张性动机，有的是出于偿还某些债务而筹集资金的偿债性动机，还有的是出于同时需要长期资金和现金而形成的混合性动机。饭店筹集资金时要分析和评价影响筹资的各种因素，讲求筹资的综合效果。

3.1.2 资金需要量的预测方法

1）定性预测法

定性预测法是指在饭店缺乏完备和准确的历史资料的情况下利用有关材料，依靠人为的主观判断和分析预见能力对饭店未来的财务状况和资金需要量进行测定的方法。其预测过程为：首先由熟悉财务情况和经营情况的专家根据以往所积累的经验进行分析判断，提出初步预见；然后通过召开座谈会或发出各种表格的形式对初步预见的结果进行有根据的修正；如此经过一次或数次修正，最后得出预测结果。

2）趋势预测法

趋势预测法是指根据事物发展变化的趋势和有关资料推测未来资金需要量的方法。采用这种方法必须具备以下两个前提条件：一是假定事物目前发展变化的趋势已经掌握，它将持续到拟要预测的未来，例如产品具有生命周期，不同周期的资金需要量不同；二是假定相关财务变量虽有变化，但并不改变这种趋势。

同步应用3-1

某饭店2012—2016年平均每年的资金需要量以15%的幅度增长，2016年的资金需要数为500万元，则2017年的资金需要量预测为多少万元？

答：575万元。

3）销售百分比法

销售百分比法是指根据销售与选定的资产负债表和利润表项目之间的固定关系进行预测的方法。其优点是满足短期预计财务报表和外部筹资的要求，并且易于使用，但如果有关财务关系的假定失实，则会对饭店的决策产生不利影响。

同步思考3-1

某饭店的商品部每年销售100万元的旅游纪念品，必须有20万元存货，存货周转次数为每年5次。预计明年销售额将增至200万元，则该饭店应有40万元存货。

问题：存货与销售的比率为多少？

理解要点：存货与销售的比率为20%。

教学互动3-1

互动问题：资金需要量有多种预测方法。

1）在资金需要量的多种预测方法中，哪一种方法最好？

2）趋势预测法属于定性还是定量方法？

要求：同"教学互动1-1"的"要求"。

3.1.3　筹资的动机

企业筹资的具体动机是多种多样的，归纳起来有四类：新建筹资动机、扩张筹资动机、调整筹资动机和混合筹资动机。

1）新建筹资动机

新建筹资动机是在企业新建时为满足正常生产经营活动所需的铺底资金而产生的筹资动机。

同步业务 3-1

某公司新建，经核定资金，确定固定资产 320 万元，存货 110 万元，货币资金 70 万元，共计 500 万元；筹建时实收资本金 300 万元，向银行取得长期借款 200 万元，共计 500 万元。新建筹资后的资产负债状况见表 3-2。

表 3-2　　　　　　　　　　　**资产负债状况**　　　　　　　　　　金额单位：万元

资产	初始金额	负债及所有者权益	初始金额
货币资金	70	短期借款	
应收账款		应付账款	
存货	110	长期借款	200
长期股权投资		应付债券	
固定资产	320	股东权益	300
合计	500	合计	500

2）扩张筹资动机

扩张筹资动机是企业因扩大生产经营规模或追加对外投资而产生的筹资动机。

上述公司扩张筹资前的资产负债状况如表 3-2 所示。该企业根据扩大生产经营和对外投资的需要，现追加筹资 200 万元。其中，发行债券 80 万元，发生应付账款 20 万元，股东投入资本 100 万元；用以增添设备价值 60 万元，增加流动资金 90 万元，追加长期股权投资 50 万元，其他项目没有变动。扩张筹资后的资产负债状况见表 3-3。

表 3-3　　　　　　　　**扩张筹资后的资产负债状况**　　　　　　　金额单位：万元

资产	扩张筹资后	负债及所有者权益	扩张筹资后
货币资金	40	短期借款	
应收账款	80	应付账款	20
存货	150	长期借款	200
长期股权投资	50	应付债券	80
固定资产	380	股东权益	400
合计	700	合计	700

将表 3-2 和表 3-3 进行比较可以看出，该企业扩张筹资后，资产总额从筹资前的 500 万元扩大为 700 万元，负债及股东权益总额亦同样增长。

扩张筹资动机所产生的直接结果是企业的资产总额和资本总额的增加。

3）调整筹资动机

调整筹资动机是企业在不增减资本总额的条件下为了改变现有资本结构而形成的筹资动机。资本结构是指企业各种筹资方式的构成及其比例关系。一个企业的资本结构需要随着经营情况的变化予以调整，使之趋于合理。其方式主要有：借新债还旧债，以债转股，以股抵债。

该公司应付账款中有10万元到期，长期借款中有40万元到期，该企业决定向银行借入短期借款50万元清偿到期债务。企业调整筹资后的资产负债状况见表3-4。

表3-4　　　　　　　　　　　调整筹资后的资产负债状况　　　　　　　金额单位：万元

资产	调整筹资后	负债及所有者权益	调整筹资后
货币资金	40	短期借款	50
应收账款	80	应付账款	10
存货	150	长期借款	160
长期股权投资	50	应付债券	80
固定资产	380	股东权益	400
合计	700	合计	700

在此业务发生前，企业有400万元货币资金可用于偿还债务，但为了保持一定额度的货币资金，故决定举新债还旧债。这种筹资的结果并没有扩大企业的资产总额和资本总额，只是改变了企业的资本结构。

4）混合筹资动机

企业同时既为扩张规模又为调整资本结构而产生的筹资动机，可称为混合筹资动机。即这种筹资动机中兼容了扩张性筹资和调整性筹资两种筹资动机。

该公司欲投资一新项目，经研究决定采用发行公司债券的方法筹集资金100万元，用于新项目开发。企业混合筹资后的资产负债状况见表3-5。

表3-5　　　　　　　　　　　混合筹资后的资产负债状况　　　　　　　金额单位：万元

资产	混合筹资后	负债及所有者权益	混合筹资后
货币资金	70	短期借款	50
应收账款	80	应付账款	10
存货	150	长期借款	160
长期股权投资	50	应付债券	180
固定资产	450	股东权益	400
合计	800	合计	800

将表3-4和表3-5进行比较可以看出，在混合筹资动机的驱使下，企业通过筹资，既扩大了资产和资本的规模，又调整了资本结构。

3.1.4　筹资的渠道

筹资渠道是指企业筹集资金来源的方向与通道。目前我国企业筹资渠道主要包括以下几种：

1）国家财政资金

国家对企业的直接投资历来是国有企业特别是国有独资企业获得资金的主要渠道之

一。现有国有企业的资金来源中，其资本部分大多是由国家通过中央和地方财政部门以直接拨款方式形成的。从产权关系来看，财政资金属于国家投入的资金，产权归国家所有。

2）银行信贷资金

银行信贷资本是各类企业筹资的重要来源。银行一般分为商业性银行和政策性银行。在我国，商业性银行主要有中国工商银行、中国农业银行、中国建设银行、中国银行以及交通银行等；政策性银行有国家开发银行、农业发展银行和中国进出口银行。商业性银行是以盈利为目的、从事信贷资金投放的金融机构，它主要为企业提供各种商业贷款。政策性银行主要为特定企业提供政策性贷款。

3）非银行金融机构资金

非银行金融机构也可以为企业提供一定的资金。在我国，非银行金融机构主要有信托投资公司、保险公司、租赁公司、证券公司以及企业集团的财务公司等。它们有的集聚社会资本，融资融物；有的承销证券，提供信托服务。这种筹资渠道的财力虽然比银行要小，但具有广阔的发展前景。

4）其他企业资金

其他企业资金也可以为企业提供一定的资金来源。企业在日常的生产经营过程中，有时也可能形成部分暂时闲置的资金，为了让其发挥一定的效用，也需要相互融通和投资。另外，企业间的购销业务可以通过商业信用方式来完成，从而形成企业间的债权债务关系。企业间的相互投资和商业信用的存在，是使其他企业资金成本为企业资金的重要原因。

5）民间资金

民间资金也可以为企业提供一定的资金。我国企业和事业单位的职工及广大城乡居民持有的结余货币，作为"游离"于银行及非银行金融机构等之外的个人资金，可用于对企业进行投资，形成民间资金来源，从而为企业所用。

6）企业自留资金

企业自留资金，也称企业内部留存，主要是指企业通过提留盈余公积和保留未分配利润而形成的资金。这是企业内部形成的筹资渠道，比较便捷，有盈利的企业通常都可以加以利用。

3.1.5　筹资的方式

筹资方式是指企业筹集资金所采取的具体形式。目前我国企业的筹资方式主要有以下几种：

1）吸收直接投资

吸收直接投资，即企业直接吸收国家、法人、自然人等直接投入的资金，形成企业资本金的一种筹资方式。这种筹资方式不以股票为媒介，适用于非股份制企业，是非股份制企业取得权益性资金的基本方式。

2）发行股票

发行股票，即股份公司按照公司章程依法发行股票筹措权益性资本的一种筹资方式。

3）利用留存收益

留存收益是指企业按规定从税后利润中提取的盈余公积金和留存的应分配给投资者的未分配利润。利用留存收益筹资是指企业将留存收益转化为投资的过程，它是企业筹集权益性资本的一种重要方式。

4）向银行借款

向银行借款，即企业根据借款合同从银行或非银行金融机构借入各种款项的筹资方式。

5）发行债券

发行债券，即企业通过发行债券筹措债务性资本。

6）利用商业信用

商业信用是指商品交易中的延期付款或延期交货所形成的借贷关系，它是企业筹集短期资金的重要方式。

7）融资租赁

融资租赁，也称资本租赁或财务租赁，是企业按照租赁合同向租赁公司等机构租入固定资产而形成的债务，它是企业筹集长期债务性资本的一种方式。

3.2　饭店自有资金的筹集和管理

自有资金又称自有资本或权益资本，是饭店依法长期拥有并可自主调配使用的资金，包括吸收直接投资、发行股票、资本公积和留存收益。

3.2.1　吸收直接投资

吸收直接投资是指企业直接吸收国家、法人、个人投入资金的筹资方式。

1）吸收直接投资的方式

（1）以现金投资。以现金投资是吸收直接投资中最主要的一种方式，可用于购置资产、支付费用，比较灵活方便。

（2）以实物投资。以实物投资就是投资者以厂房、建筑物、机器设备等固定资产和原材料、商品等流动资产进行的投资。

（3）以工业产权投资。工业产权是指专有技术、专利、商标权等无形资产。

（4）以土地使用权投资。投资者也可以用土地使用权来进行投资。土地使用权是指土地经营者对依法取得的土地在一定期限内有进行建筑、生产等活动的权利。企业吸收土地使用权投资应考虑生产销售活动需要、地理条件、作价是否公平合理等因素。

2）吸收直接投资的程序

（1）确定筹资数量。企业应根据新建或扩大经营的需要事先确定所需筹集资金的数量，筹资数量过多会造成资金的浪费，筹资数量不足会错过投资的最佳时机。

（2）寻找投资伙伴。筹资企业应主动宣传自己的经营状况和盈利能力，以便寻找合适的投资伙伴。

（3）签署合同或协议。企业吸收直接投资，相关方都应当签署合同或协议等书面文件，以明确各方的权利和义务。

（4）取得筹集资金。如果出资方采用现金投资方式，需要编制拨款计划，确定拨款期限、每期数额和划拨方式，企业可以按拨款计划取得现金；如果出资方采用实物或无形资产等方式投资，应当首先进行评估，然后办理产权转移手续取得资产。

3）吸收直接投资的优缺点

（1）吸收直接投资的优点。首先，吸收直接投资能够增强企业的信誉。吸收直接投资所筹集的资金属于权益资金，属于企业的永久性资本，能增强企业的信誉和借款能力。其次，吸收直接投资有利于尽快形成生产能力。吸收直接投资不仅可以筹集现金，还可以直接获取投资者的先进设备和技术，有利于尽快形成生产能力，尽快开拓市场。最后，吸收直接投资有利于降低财务风险。吸收直接投资可以根据企业的经营业绩和财务状况向投资者分配利润，因此财务风险较小。

（2）吸收直接投资的缺点。首先，吸收直接投资的资本成本较高。一般说来，采用吸收直接投资方式筹集资金在企业经营状况好时会在缴纳所得税之后支付给投资人的利润，因此所负担的资金成本较高。其次，吸收直接投资的企业控制权容易分散。采用吸收直接投资方式筹集资金，投资者一般都要求获得与投资数量相适应的经营管理权。如果外部投资者的投资较多，则投资者会有相当大的管理权，甚至会对企业实行完全控制。

3.2.2 发行股票

1）股票的种类

股票是股份有限公司为筹措权益资金而发行的有价证券，是公司签发的证明股东持有股份的权利和承担义务的凭证。

（1）股票按股东权利和义务的不同可分为普通股和优先股。普通股是股份公司依法发行的享有普通权利、股利不固定的股票。普通股是最基本的股票，具备股票的一般特征，是股份公司资本的最基本部分。普通股股东享有公司管理权、分享盈利权、出售或转让股份权、优先认股权和剩余财产要求权。优先股是股份公司依法发行的具有一定优先权的股票。这种优先权主要体现在优先分配股息权和优先分配剩余财产。优先股股东一般无表决权，通常也无权过问公司的经营管理，仅在涉及优先股股东权益的相关事项时享有表决权。

（2）股票按股票票面是否记名可分为记名股票和无记名股。记名股票是指在股票上载有股东姓名或名称并将其记入公司股东名册的股票。记名股票要同时附有股权手册，只有同时具备股票和股权手册，才能领取股息和红利。记名股票的转让、继承都要办理过户手续。无记名股票是指在股票上不记载股东姓名或名称，也不将股东姓名或名称记入公司股东名册的股票，凡持有无记名股票者，都可成为公司股东。无记名股票的转让、继承无须办理过户手续，只要将股票交给受让人，就可发生转让效力，移交股权。我国《公司法》规定，公司向发行人、国家授权投资的机构和法人发行的股票应当为记名股票；向社会公众发行的股票，可以是记名股票，也可以是无记名股票。

（3）股票按发行对象和上市地区可分为A股、B股、H股和N股。在我国内地上市交易的股票主要有A股和B股。A股是以人民币标明票面金额并以人民币认购和交易的股票。B股是以人民币标明票面金额，以外币认购和交易的股票。H股为在香港上市的股票，N股是在纽约上市的股票。

2）普通股筹资的优缺点

（1）普通股筹资的优点。第一，无到期日，无固定股利负担，筹资风险较小。这对保证公司对资本的最低需要、维持公司长期稳定发展极为有益。股利是否支付和支付多少均视公司有无盈利和经营需要而定，经营波动给公司带来的财务负担相对较小。第二，能够增强企业信誉。发行普通股筹集的资本是公司最基本的资金来源，它反映了公司的实力，能增强公司的信誉和举债能力。

（2）普通股筹资的缺点。第一，资本成本较高。由于普通股的股利是在税后利润中支付的，与负债筹资方式相比，不具有抵税作用，资本成本较高。从投资者的角度讲，投资普通股风险较高，相应地要求有较高的投资报酬率。此外，普通股的发行费用一般也高于其他证券。第二，公司控制权易分散。以普通股筹资会增加新股东，会分散公司的控制权，削弱原有股东对公司的控制。

3）优先股筹资的优缺点

（1）优先股筹资的优点。第一，无固定到期日，不用偿还本金，筹资风险相对较小。第二，股息支付既固定又有一定的灵活性，对公司经营管理有利。第三，保持普通股股东对公司的控制权。由于优先股股东不参与公司的经营管理，所以一般优先股股东没有表决权，优先股的发行不会导致普通股股东对公司控制权的分散。第四，有利于增强公司信誉和举债能力。优先股扩大了权益基础，可增强公司的资金实力。

（2）优先股筹资的缺点。第一，筹资成本高。由于优先股支付的股利是从税后净利中支付的，与债券利息、借款利息可以在税前支付相比，优先股的资本成本虽低于普通股，但一般高于债务资本。第二，筹资的限制因素较多。发行优先股，通常有许多限制条款，如对普通股股利支付的限制、对公司借款的限制等，不利于公司的自主经营。第三，财务负担重。优先股需要支付固定的股利，又不能税前列支，当公司盈利下降时，会成为公司一项较重的财务负担。

4）股票上市对上市公司的影响

股票上市指股份有限公司公开发行的股票经批准在证券交易所挂牌交易。股票上市不仅能够促进公司资本社会化，分散风险，还可以提高股票的变现力和流动性。此外，股票上市有助于确定公司增发新股的发行价格，便于确定公司价值和筹措新资金，提高公司知名度，吸引更多顾客。股票上市公司为社会所知，并被认为经营优良，这会给公司带来良好的声誉，从而吸引更多的顾客，扩大公司的销售。股票上市的不利影响是公司易失去隐私权，可能会暴露公司的商业秘密，股价有时会歪曲公司的实际状况，损害公司的声誉。增发新股可能会分散公司的控制权，造成管理上的困难。

同步思考3-2

问题：A股、B股、H股和N股分别在哪些城市上市？

理解要点：A股和B股在上海和深圳上市，H股在香港上市，N股在纽约上市。

同步案例3-1

金陵饭店股份有限公司：

你公司报送的《关于金陵饭店股份有限公司拟首次公开发行股票的申请报告》及有关申请文件收悉。根据《中华人民共和国证券法》《中华人民共和国公司法》《首次公开发行股票并上市管理办法》（证监会令第32号）等法律、规章的规定，现就有关事项通知如下：

一、核准你公司公开发行不超过15 000万股新股。

二、你公司本次发行新股应严格按照报送我会的《招股说明书》及《发行公告》进行。

三、自本核准通知下发后至本次股票发行结束前，你公司如发生重大事项或者财务报表超过有效期，应及时报告我会并按有关规定处理。

四、本核准通知自下发之日起6个月内有效。

中国证券监督管理委员会

资料来源　中国证券监督管理委员会办公厅．中国证券监督管理委员会关于核准金陵饭店股份有限公司首次公开发行股票的通知［EB/OL］．［2007-03-12］．http://www.csrc.gov.cn/n575458/n776436/n804897/n824040/n824080/3649681.html.

3.2.3　资本公积

资本公积是指投资人投入饭店的超过其认缴资本部分的金额和资本本身的增值，以及其他单位和个人投入的不需要回报的资本。资本公积按其来源不同可分为资本溢价、资产评估增值、资本汇率折算差额和接受捐赠四种。

1）资本溢价

资本溢价是投资者作为资本投入的资金或其他实物，在会计处理上一部分作为与原饭店最初投资者的资本具有相同地位的资本，另一部分则作为资本溢价。这种处理方法是为了维护原有投资者的权益。新投资者只有付出大于原有投资者的出资额，才能与原有投资者共享权益以及取得与原投资者相同的投资比例。

2）资产评估增值

资产评估增值是指饭店的资产经法定的资产评估机构评估后确认的资产价值大于资产原账面价值之间的差额。在现行法律中涉及对饭店资产进行重估至少有两种情况：一是国有资产的产权变动，二是对饭店进行股份制改革。对资产评估增值的确认应该持稳健原则，即对于流动资产的重估增值应作为当期收益处理为宜，而对于固定资产的重估增值则应分情况作不同的处理。

3）资本汇率折算差额

资本汇率折算差额是指饭店实际收到投资时，由于汇率变动而发生的有关资产账户与实收资本账户之间折合为记账本位币的差额。由于各类资产类账户的借方金额与实收资本账户的贷方金额所采用汇价不同，所以会产生资本折算差额。

4）接受捐赠

接受捐赠是指政府、社会团体或个人赠予饭店的资产，如现金、存货、固定资产和无形资产等。捐赠人向饭店捐赠资产，实际上也是一种对饭店进行投资的行为，但捐赠人并没有对饭店资产提出要求的权利，也不会由于其捐赠资产行为对饭店承担责任，所以捐赠人不是饭店的所有者，但这种投资仍形成了饭店的所有者权益的增加。

资本公积主要用于转增资本。这样做既可以降低资本，也可以使股东受益。

3.2.4　留存收益

留存收益是指饭店的税后利润留存归饭店使用的资金，包括法定盈余公积、任意盈余公积和未分配利润。

同步思考3-3

法定盈余公积一般按税后利润10%的比例提取，当其达到注册资金的50%时不再提取。法定盈余公积可以用于转增资本，但转增资本后的法定盈余公积的余额一般不得低于注册资本的25%。这种筹资方式无须支付筹资费用，可降低筹资成本，同时还可以增加饭店的信誉度。

未分配利润是饭店实现利润与已分配利润的差额。

问题：未分配利润在分配前是否已形成了饭店的一种资金来源？

理解要点：未分配利润在分配前已形成饭店的一种资金来源。

3.3 饭店借入资金的筹集和管理

借入资金是指饭店向金融机构或其他企业和个人借入的资金，即饭店的负债。负债筹资按其使用时期的不同分为短期负债筹资和长期负债筹资。

3.3.1 短期负债的筹集和管理

短期负债又称流动负债，是指可以在1年以内或者超过1年的一个营业周期内偿还的债务，包括商业信用和银行信用。由于短期负债具有筹资速度快、筹资成本低、弹性好、风险高等特点，因此应加强对短期资金的筹集和管理。

1）商业信用

商业信用是指饭店在商品交易中由于延期付款、预收货款或延期交货而形成的一种借贷关系。商业信用的表现形式有以下四种：

（1）应付账款

应付账款是卖方向买方提供的一种短期信用，即买方不需提供任何正式的法律契约，卖方仅以发货单、运单作为收款依据。这种商业信用形式必须在卖方对买方的信用和财务状况充分了解的基础上才能使用。应付账款的运行程序是收到有关部门转来的付款申请单、发票收据和采购订单后加以审核，对于付款申请单应审核日期、名称、签名、数量、单价、金额、税务章等项内容；对于国内采购订单应审核申请部门的名称、日期、申购物资名称、单价、月消耗量、库存数量、申购数量、估计总额、批准人签名等项内容；审核旅行社佣金的付款；及时处理解决审核中出现的问题；审核无误后盖章交出纳办理付款手续。每月底编制应付账款账龄分析表，逐笔列清未付账款单位的欠款内容、欠款额等，并附上本月应付未付款的情况说明；了解各项应付未付款情况，提出付款建议，合理使用资金。饭店判定是否应放弃折扣的计算公式为：

$$R=C\times365\div[D\times(1-C)] \tag{3.1}$$

其中：R为资金的年利率；C为现金折扣；D为额外使用资金的日数。

同步业务3-2

某饭店购买原材料的付款条件是"2/10，N/30"。若该饭店放弃折扣，在规定付款期的最后一天付款，那么该饭店有权在折扣期后20天内使用原材料占用的这笔资金，这实际上等于向售货者借入一笔资金，但需付出2%的代价，则这笔资金的年利率为：

$$R=2\%\times365\div[20\times(1-2\%)]=37.24\%$$

可见，该饭店放弃现金折扣而额外使用销货者资金的利率是相当高的。在这种情况下，该饭店应享受现金折扣，同时为弥补短期资金来源的不足而直接向银行借入短期资金（若年利率低于37.24%），这样该饭店才是最佳地运用了商业信用。利用上述公式可以推导出常用的现金折扣表，见表3-6：

表 3-6 　　　　　　　　　　　　　　　　常用的现金折扣表

信用条件	不能享受折扣的成本
1/10，N/20	36.87%
1/10，N/30	18.43%
2/10，N/20	74.49%
2/10，N/30	37.24%

（2）应付票据

应付票据主要是商业汇票，它包括银行承兑汇票和商业承兑汇票。商业承兑汇票必须经过承兑才有效，且承兑期最长不超过 9 个月。

（3）预收货款

预收货款是指卖方按合同或协议的规定，在商品未发出之前向买方预收的全部或部分货款所发生的商业信用，即卖方向买方借入以归还商品为条件的一笔借款。采用这种商业信用方式，买卖双方必须签订供销合同或协议，以便明确交货、付款等事项和共同严格遵守的结算纪律。

（4）应付费用

应付费用是指饭店应付而未付的费用，包括应付职工薪酬、应交税费和其他应付款等。应付费用有指定的支付日期，应按规定正确计算并及时支付，但用其筹资无实际成本，可节省筹资费用。

总之，商业信用是一种特别筹资。其优点是使用方便、无实际成本、容易取得且限制和约束较少，但使用时间一般较短。

2）银行信用

银行信用是指饭店向银行及其他金融机构借入的期限不到 1 年的短期借款。银行信用可分为担保贷款和无担保贷款两种。

（1）担保贷款

担保贷款是一种必须有担保物的贷款，主要是对一些信用不好、财务状况不佳的饭店贷款时所采取的措施。担保的方式一般有证人担保、财产担保、留置担保和货币担保四种。证人担保是由除了本饭店以外的第三者向银行提供的担保，当饭店不能履行债务时，由第三者代为偿还。财产担保是饭店以自己的财产作抵押品的担保，当饭店不能履行债务时，银行可请求法院拍卖其抵押品从而得到优先偿还。留置担保是银行按合同或协议的规定占有饭店财产的担保，当饭店不能履行债务时，银行有权扣留其财产，折价变卖后用以偿还债务。货币担保是饭店预交一定数额的担保金用以保证履行合同的担保。

（2）无担保贷款

这种贷款一般是银行对规模较大和信誉较好的饭店提供的。无担保贷款的方式有额度贷款和临时贷款两种。额度贷款指由银行与饭店之间商定的在未来一定时间内银行可以提供无担保贷款的最大数量（一般是 1 年商定一次）。饭店应在商定的贷款额度中运用资金，任何时候都不能超过这个额度。临时贷款是指为满足饭店某项业务的临时需要而向银行借入的一次性贷款。这种贷款的时间较短，多为 3~6 个月，并且其利率高于额度贷款的利率。

总之，采用银行信用筹资的优点是能够满足饭店经常性和季节性的资金需要，贷款弹性较好，但成本较高，限制较多。

3.3.2　长期负债的筹集和管理

长期负债是指偿还期在1年或超过1年的一个营业周期以上的债务，包括长期借款、长期债券和融资租赁。

1）长期借款

长期借款是指偿还期在1年以上的借款。与短期借款相比，长期借款具有资金使用时间长和数额大的特点。在我国目前的长期借款中以饭店向商业银行借入的基建借款较多。饭店申请长期借款的程序是：首先由饭店向贷款单位提出申请书，说明借款的原因、期限和数额，经贷款单位审查同意后签订借款合同，如果贷款单位认为需要担保，饭店还必须提供抵押担保或信用担保，最后饭店应按借款合同的规定按时偿还借款本金、支付利息和费用。总之，长期借款具有筹资时间长、筹资成本低等优点；但必须定期还本付息，筹资风险大，筹资数额有限。

2）长期债券

债券是一种表明债权债务关系的债务性证券。具备发行债券的饭店可以报请国务院证券管理部门批准后发行债券。饭店发行债券必须根据偿还能力制订发行方案，按照规定程序上报审定，包括发行数量、面值、期限、利率、偿还方式、发行价格以及发行方式等几个方面内容。债券的面值是债券持有人借以生息的本金和债券到期时偿还债务的金额。目前一般大都趋向小面值。债券从发行日至到期日的这一段时间为债券的期限。在债券的期限内饭店必须定期支付利息，到期必须偿还本金。债券上一般都注明年利率，也称票面利率。票面利率有固定的，也有浮动的。面值与利率相乘则为年利息。债券的偿还方式一般有到期还本付息、分期还本付息以及以新换旧等多种方式。到期还本付息是在债券到期时一次还本付息。分期付息可用计息期利率来表示。以新换旧是以新的债券来换取一次或多次发行的旧公司债券。

（1）发行债券的条件

我国《证券法》规定，公开发行公司债券的公司必须具备以下条件：股份有限公司的净资产额不低于人民币3 000万元，有限责任公司的净资产额不低于人民币6 000万元；累计债券总额不超过公司净资产额的40%；最近3年平均可分配利润足以支付公司债券1年的利息；所筹集资金的投向符合国家产业政策；债券的利率不得超过国务院限定的利率水平；国务院规定的其他条件。另外，发行公司债券所筹集的资金必须用于核准的用途，不得用于弥补亏损和非生产性支出，否则会损害债权人的利益。

（2）发行方式

饭店债券的发行方式有委托发行和自行发行两种。委托发行是指委托银行、投资公司或其他金融机构承销全部债券，然后再分给投资个人及单位、代理发售饭店债券的机构，按债券发行的总面额收取一定比例的手续费，但不承担饭店经营财务状况的责任。自行发行是指不经过金融机构，由发行债券的饭店直接配售给投资个人和单位的方式。这种发行没有承销人，可节约发行费用。

（3）发行价格

公司债券的发行价格通常有平价、溢价和折价三种。平价指以债券的票面金额为发行价格；溢价指以高出债券票面金额的价格为发行价格；折价指以低于债券票面金额的价格为发行价格。债券发行价格的形成受诸多因素的影响，其中主要是票面利率与市场利率的一致程度。债券的票面金额、票面利率在债券发行前即已参照市场利率和发行公司的具体情况确定下来，并载明于债券之上。但在发行债券时已确定的票面利率不一定与当时的市场利率一致。为了协调债券购销双方在债券利息上的利益，就要调整发行价格，即：当票面利率高于市场利率时，以溢价发行债券；当票面利率低于市场利率时，以折价发行债券；当票面利率与市场利率一致时，则以平价发行债券。债券发行价格的计算公式为：

$$债券发行价格 = \frac{票面金额}{(1+市场利率)^n} + \sum_{t=1}^{n} \frac{债券年息}{(1+市场利率)^t} \tag{3.2}$$

其中：n 为债券期限；t 为付息期数。

从资金时间价值的原理来说，按上列公式确定的债券发行价格系由两部分构成：一部分是债券到期还本面额按市场利率折现的价值；另一部分是债券各期利息（年金形式）的现值。

同步业务 3-3

某公司发行债券筹资，债券面额为 1 000 元，票面利率 6%，债券期限 10 年，每年末付息一次。其发行价格可分下述三种情况来分析计算：

第一种情况：市场利率为 4%，低于票面利率，为溢价发行。债券发行价格计算如下：

$$P = \frac{1\,000}{(1+4\%)^{10}} + \sum_{t=1}^{10} \frac{60}{(1+4\%)^t}$$
$$= 1\,000 \times PVIF_{4\%,10} + 60 \times PVIFA_{4\%,10} = 1\,162.66（元）$$

第二种情况：市场利率为 6%，与票面利率一致，为等价发行。债券发行价格计算如下：

$$P = \frac{1\,000}{(1+6\%)^{10}} + \sum_{t=1}^{10} \frac{60}{(1+6\%)^t}$$
$$= 1\,000 \times PVIF_{6\%,10} + 60 \times PVIFA_{6\%,10} = 1\,000（元）$$

第三种情况：市场利率为 8%，高于票面利率，为折价发行。债券发行价格计算如下：

$$P = \frac{1\,000}{(1+8\%)^{10}} + \sum_{t=1}^{10} \frac{60}{(1+8\%)^t}$$
$$= 1\,000 \times PVIF_{8\%,10} + 60 \times PVIFA_{8\%,10} = 865.6（元）$$

（4）债券的信用等级

公司公开发行债券通常需要由债券评信机构评定等级。债券的信用等级对于发行公司和购买人都有重要影响。国际上流行的债券等级是 3 等 9 级：AAA 级为最高级，AA 级为高级，A 级为上中级，BBB 级为中级，BB 级为中下级，B 级为投机级，CCC 级为完全投机级，CC 级为最大投机级，C 级为最低级。我国的债券评级工作正在开展，但尚无统一的债券等级标准和系统评级制度。根据中国人民银行的有关规定，凡是向社会公开发行的企业债券，需要由经中国人民银行认可的资信评级机构进行评信。这些机构对发行债券企业的企业素质、财务质量、项目状况、项目前景和偿债能力进行评分，以此评定信用级别。

（5）债券筹资的优缺点

债券筹资的优点有三点：一是债券筹资的资金成本较低。利用债券筹资的成本比股票筹资的成本低，这主要是因为：债券持有人的投资风险比股东的投资风险低，因此要求的投资报酬率相应较低；债券利息允许在税前支付，能降低公司的实际负担；另外，债券的发行费用相对于股票较低。二是债券筹资有利于保证控制权。债券持有人无权干涉企业的管理事务，如果现有股东担心控制权旁落，可采用债券筹资。三是债券筹资能发挥财务杠杆作用。债券利息负担固定，在企业投资效益良好的情况下，更多的收益可用于分配给股东，增加其财富，或留归企业以扩大经营。

债券筹资的缺点也有三点：一是债券筹资的筹资风险高。债券有固定的到期日，并定期支付利息。利用债券筹资，要承担还本付息的义务。二是债券筹资的限制条件多。发行债券的契约书中往往有一些限制条款。这种限制比短期债务严格得多，可能会影响企业的正常发展和以后的筹资能力。三是债券筹资的筹资额有限。利用债券筹资有一定的限度，当公司的负债比率超过一定程度后，债券筹资的成本会迅速上升，有时甚至会发行不出去。

3）融资租赁

融资租赁又称财务租赁，是指由出租人按承租人的需要在较长合同或契约时期内提供给承租人使用固定资产的一种信用业务。

（1）融资租赁的特点

融资租赁不同于经营租赁，也不同于服务租赁。它具有以下四个显著的特点：承租人在租赁期内能够取得资产的所有权；租赁期较长，一般是所租赁资产使用寿命的75%左右；租赁合同稳定，非经双方同意中途不得退租；出租人一般不提供保养、维修和人员培训等服务。

（2）融资租赁的分类

融资租赁按其租赁的方式不同分为售后租回租赁、直接租赁和杠杆租赁三种。**售后租回租赁**是指饭店将某项资产出售给另一企业（出租人），然后再通过融资将这项资产租回而成为承租人的方式。**直接租赁**是指饭店直接向出租人承租并取得资产使用权的方式。**杠杆租赁**是指由资金的出借人为出租人提供部分购买资产的资金，再由出租人将资产租给饭店的方式。

（3）融资租赁租金的计算

融资租赁租金包括设备价款和租息两部分。租息又可分为租赁公司的融资成本、租赁手续费等。按支付间隔期的长短不同，融资租赁租金的支付形式可以分为年付、半年付、季付和月付等。按支付时期先后不同，融资租赁租金的支付形式可以分为先付租金和后付租金两种。按每期支付金额不同，融资租赁租金的支付形式可以分为等额支付和不等额支付两种。

①后付租金的计算。根据年资本回收额的计算公式，可得出后付租金方式下每年年末支付租金数额的计算公式：

$$A = PV / PVIFA_{i, n} \tag{3.3}$$

②先付租金的计算。根据即付年金的现值公式，可得出先付等额租金的计算公式：

$$A = PV / (PVIFA_{i, n-1} + 1) \tag{3.4}$$

（4）融资租赁筹资的优缺点

融资租赁筹资的优点是融资速度快。融资租赁集"融资"与"融物"于一体，一般比先筹集资金再购置设备的时间要短，能很快形成生产能力。融资租赁筹资的限制条款少。企业运用股票、债券、长期借款等筹资方式要受到很多的条件限制，相比而言，融资租赁的限制要少得多。融资租赁筹资的设备淘汰风险小。随着科学技术的进步，设备陈旧过时的淘汰风险很高，而在融资租赁的情况下，承租企业不需要承担这种风险。融资租赁筹资的财务风险小。全部租金在整个租期内分期支付，可适当减少不能偿付的风险。融资租赁筹资的税收负担轻。融资租赁的租金费用可在所得税前扣除，承租企业能享受到税收上的优惠。融资租赁筹资的主要缺点是成本较高，租金总额一般要高于设备价值的30%，在企业发生财务困难时，固定的租金也会构成一项较沉重的负担。另外，融资租赁方式下承租方一般不能享有设备的残值，也可视为承租方的一种机会损失。

同步思考3-4

问题： 我国当前各租赁公司收取手续费的标准一般为多少？
理解要点： 在设备价款的1%~3%之间。

3.4　资金成本

资金成本是指为筹集资金和使用资金而付出的代价，包括资金占用费和资金筹集费。**资金占用费**包括资金时间价值和投资风险报酬的费用，这些都是经常发生的，如向银行借款所支付的利息、发行股票所支付的股息等。**资金筹集费**是指在筹集资金时一次性发生的费用，如资金使用者在股票、债券的发行过程中所支付的印刷费、注册费、代办费以及向银行贷款时发生的手续费等。资金成本的计算包括资金总成本和单位成本两种。资金总成本一般以绝对数表示，资金单位成本则以相对数来表示，也就是使用资金所负担的费用与筹集资金净额的比率，称为资金成本率，在财务管理中一般采用资金成本率这一指标。由于资金的来源渠道不同，支付资金占用费的时间也不同，如银行借款和发行债券的利息在缴纳所得税之前支付，而股票的股利是在缴纳所得税之后支付，所以为便于比较分析，我们统一采用税后资金成本率。

同步思考3-5

问题： 在债券发行过程中所支付的代办费属于资金占用费还是资金筹集费？
理解要点： 该项代办费属于资金筹集费。

作为利润再分配的基本形态，资金成本是一种投资收益；而时间价值是指不考虑风险报酬和通货膨胀贴水后的社会平均资金利润率或报酬率。从量上看，资金成本作为投资收益要考虑投资报酬因素，而时间价值则无须考虑。当资金所有者出让资金，其投资风险与市场平均风险一致时，资金成本即为时间价值；而当所有者出让资金，其投资风险与市场平均风险有偏差时，则其资金成本应为平均收益率加上投资风险报酬率。

3.4.1 个别资金成本的计算方法

1）长期借款的资金成本率

长期借款的资金成本主要包括借款利息和借款手续费。其计算公式为：

$$K_l = [L_0 \times i_l \times (1-T)] \div [L \times (1-F_l)] \times 100\% \qquad (3.5)$$

其中：K_l为长期借款的资金成本率；L_0为名义借款额；i_l为长期借款利息率；T为所得税税率；L为实际借款额；F_l为长期借款的筹资费率。

同步业务3-4

某饭店取得5年期长期借款200万元，年利率为5.5%，每年付息一次，到期还本，筹资费率为0.5%，所得税税率为25%，若银行留有10%的补偿余额，则该项长期借款的资金成本率为：

$$K_l = [200 \times 5.5\% \times (1-25\%)] \div [200 \times (1-10\%) \times (1-0.5\%)] \times 100\% = 4.6\%$$

2）长期债券的资金成本率

长期债券的资金成本主要包括债券利息和筹资费用。其计算公式为：

$$K_b = [B_0 \times i_b \times (1-T)] \div [B \times (1-F_b)] \times 100\% \qquad (3.6)$$

其中：K_b的债券资金成本率；B_0为债券面值；i_b为债券年利率；T为所得税税率；B为债券发行价格；F_b为债券筹资费率。

同步业务3-5

某饭店发行债券的面值为1 000万元，筹资费率为2%，债券票面利息率为12%，所得税税率为25%，发行价格为1 020万元，则长期债券的资金成本率为：

$$K_b = [1\,000 \times 12\% \times (1-25\%)] \div [1\,020 \times (1-2\%)] \times 100\% = 9\%$$

3）优先股股票的资金成本率

优先股股票的资金成本主要包括优先股股利和筹资费用。其计算公式为：

$$K_p = D_p \div [P_p \times (1-F_p)] \times 100\% \qquad (3.7)$$

其中：K_p为优先股资金成本率；D_p为优先股年股利额；P_p为优先股筹资额；F_p为优先股筹资费率。

同步业务3-6

某饭店为股份有限公司，按面值发行2 000万元的优先股股票，筹资费率为0.5%，年优先股股利率为14%，则其资金成本率为：

$$K_p = 2\,000 \times 14\% \div [2\,000 \times (1-0.5\%)] \times 100\% = 14.07\%$$

4）普通股股票的资金成本率

流通中的普通股股票的资金成本主要是普通股股利、筹资费用和预计股利年增长率。其计算公式为：

$$K_c = D_c \div [P_c \times (1-F_c)] + G \qquad (3.8)$$

其中：K_c为普通股资金成本率；D_c为普通股年股利额；P_c为普通股市价；F_c为筹资费率；G为预计股利年增长率。

同步业务3-7

某饭店为股份有限公司，发行普通股的市价为 1 000万元，股利率为10%，筹资费率为2%，预计未来股利每年增长率为2%，则其资金成本率为：

K_r=1 000×10%÷［1 000×（1-2%）］+2%=12.2%

5）留存收益的资金成本率

留存收益的资金成本与普通股基本相同，只是没有筹资费用。其成本的确定有三种方法：

（1）股利增长模型法

这是假定收益以固定的年增长率递增。其计算公式为：

$$K_d=D_c÷P_c+G \qquad (3.9)$$

其中：K_d 为留存收益的资金成本率；D_c 为普通股年股利额；P_c 为普通股市价；G 为预计股利年增长率。

同步业务3-8

某饭店普通股目前的市价为每股56元，预计股利年增长率为12%，本年每股发放股利2元，则留存收益的资金成本率为：

K_d=2÷56+12%=15.57%

（2）资本资产定价模型法

其基本理论是留存收益的资金成本率与资金报酬率相等。其计算公式为：

$$K_d=R_d=R_f+β（R_m-R_f） \qquad (3.10)$$

其中：K_d 为留存收益的资金成本率；R_d 为资金报酬率；R_f 为无风险报酬率；β为股票的风险系数；R_m 为市场平均报酬率。

同步业务3-9

某一时期的市场平均报酬率为14%，无风险报酬率为10%，某饭店普通股的β值为1.2，则留存收益的资金成本率为：

K_d=10%+1.2×（14%-10%）=14.8%

（3）风险溢价法

这是根据投资风险越大，报酬率越高的原理，普通股股东对饭店的投资风险大于债券投资者，因而应在债券投资者要求的收益率上再加上一定的风险溢价，通常为4%。其计算公式为：

$$K_d=K_b+4\% \qquad (3.11)$$

同步业务3-10

某饭店债券资金成本率为9%，则留存收益的资金成本率为：

K_d=9%+4%=13%

3.4.2　综合资金成本率

综合资金成本率是衡量筹资结构优劣的主要指标。筹资结构是指饭店从不同渠道取得的资金占全部筹资总额的比重。饭店筹资结构是否合理要综合考虑饭店内外部的多种因素，如国家的宏观经济政策、金融政策及筹资成本等。

1）综合资金成本率的计算方法

由此可见，筹资结构的最优组合就是综合资金成本率最低的资本结构。其计算公式为：

$$K_w = \sum_{K_j}^{n} W_j \tag{3.12}$$

其中：K_w为综合资金成本率；K_j为第 j 种资金来源的资金成本率；W_j为第 j 种资金来源占全部筹资总额的比重。

同步业务3-11

某饭店各资金来源的筹资情况见表3-7。

表3-7　　　　　　　　　　　　　　**某饭店资金来源筹资情况表**

资金来源	可供选择的筹资结构				年资金成本率
	A	B	C	D	
资本	45%	50%	55%	40%	8%
银行借款	20%	25%	20%	30%	12%
发行债券	15%	15%	10%	20%	16%
其他单位投资	20%	10%	15%	10%	13%

要求：确定最佳筹资方案。

K_A=8%×45%+12%×20%+16%×15%+13%×20%=11%

K_B=8%×50%+12%×25%+16%×15%+13%×10%=10.7%

K_C=8%×55%+12%×20%+16%×10%+13%×15%=10.35%

K_D=8%×40%+12%×30%+16%×20%+13%×10%=11.3%

可见，C方案的资金成本率最低，为最佳方案。

2）综合资金成本的应用

（1）初始筹资的资本结构决策

企业对拟定的筹资总额，可以采用多种筹资方式来筹集，每种筹资方式的筹资额亦可有不同安排，由此会形成若干资本结构或筹资组合方案可供选择。

同步业务3-12

某公司在初创时需资本总额5 000万元，有三个筹资组合方案可供选择，有关资料经测算见表3-8。

表3-8　　　　　　　　　　　**某公司初始筹资方案相关资料**　　　　　　　　单位：万元

筹资方式	筹资方案Ⅰ		筹资方案Ⅱ		筹资方案Ⅲ	
	筹资额	资金成本（%）	筹资额	资本成本（%）	筹资额	资本成本（%）
长期借款	500	6	600	6.5	700	7
债券	1 000	7	1 200	7.5	1 300	8
优先股	800	12	1 000	12	500	12
普通股	2 700	15	2 200	15	2 500	15
合计	5 000		5 000		5 000	

下面分别测算这三个筹资组合方案的加权平均资金成本，并比较其高低，从而确定最佳筹资组合方案，即最佳资本结构。

方案Ⅰ：

①计算各种筹资方式的筹资额占筹资总额的比重。

长期借款：500÷5 000=0.1

债券：1 000÷5 000=0.2

优先股：800÷5 000=0.16

普通股：2 700÷5 000=0.54

②计算综合资本成本。

$K_{w1}=6\%×0.1+7\%×0.2+12\%×0.16+15\%×0.54=12.02\%$

方案Ⅱ：

①计算各种筹资方式的筹资额占筹资总额的比重。

长期借款：600÷5 000=0.12

债券：1 200÷5 000=0.24

优先股：1 000÷5 000=0.2

普通股：2 200÷5 000=0.44

②计算综合资本成本。

$K_{w2}=6.5\%×0.12+7.5\%×0.24+12\%×0.2+15\%×0.44=11.58\%$

方案Ⅲ：

①计算各种筹资方式的筹资额占筹资总额的比重。

长期借款：700÷5 000=0.14

债券：1 300÷5 000=0.26

优先股：500÷5 000=0.1

普通股：2 500÷5 000=0.5

②计算综合资本成本。

$K_{w3}=7\%×0.14+8\%×0.26+12\%×0.1+15\%×0.5=11.76\%$

比较以上三个筹资方案的综合资金成本，方案Ⅱ的综合资金成本最低，在适度财务风险的条件下，应选择筹资组合方案Ⅱ作为最佳筹资组合方案，由此形成的资本结构可确定为最佳资本结构。

（2）追加筹资的资本结构决策

企业在持续的生产经营活动过程中，由于扩大业务或对外投资的需要，有时会筹措新资金，即追加筹资。因追加筹资以及筹资环境的变化，企业原定的最佳资本结构未必仍是最优的，需要进行调整。因此，企业应在有关情况的不断变化中寻求最佳资本结构，实现资本结构的最优化。企业追加筹资可有多个筹资组合方案供选择。按照最佳资本结构的要求，在适度财务风险的前提下，企业选择追加筹资组合方案可用两种方法：一种方法是直接测算各备选追加筹资方案的边际资金成本，从中选择最佳筹资组合方案；另一种方法是分别将各备选追加筹资方案与原有最佳资本结构汇总，测算各追加筹资方案下汇总资本结构的综合资金成本，从中比较选择最佳筹资方案。下面举例说明：

現代饭店财务管理

同步业务3-13

某公司拟追加筹资1 000万元，现有两个追加筹资方案可供选择，有关资料经测算整理后列入表3-9。

表3-9　　　　　　　　　**某公司追加筹资方案相关资料**　　　　　　　　金额单位：万元

筹资方式	追加筹资方案A		追加筹资方案B	
	筹资额	资金成本（%）	筹资额	资金成本（%）
长期借款	300	7	600	7.5
优先股	200	13	100	13
普通股	500	16	300	16
合计	1 000		1 000	

分别计算两个追加筹资方案的综合资金成本。

K_{wA}=7%×（300÷1 000）+13%×（200÷1 000）+16%×（500÷1 000）=12.7%

K_{wB}=7.5%×（600÷1 000）+13%×（100÷1 000）+16%×（300÷1 000）=10.6%

比较两个追加筹资方案，方案B的综合资金成本低于方案A的综合资金成本，因此，在适度财务风险的情况下，应选追加筹资方案B。

同步业务3-14

若某公司原有资本总额为5 000万元，资本结构为：长期借款600万元、长期债券1 200万元、优先股1 000万元、普通股2 200万元，现将其与追加筹资方案A、B汇总列示于表3-10。

表3-10　　　　　　　**初始筹资方案和追加筹资方案的相关资料**　　　　　　单位：万元

筹资方式	原资本结构		追加筹资方案A		追加筹资方案B		追加筹资后的资本结构	
	资本额	资本成本（%）	筹资额	资本成本（%）	筹资额	资本成本（%）	方案A	方案B
长期借款	600	6.5	300	7	600	7.5	900	1 200
债券	1 200	7.5					1 200	1 200
优先股	1 000	12	200	13	100	13	1 200	1 100
普通股	2 200	15	500	16	300	16	2 700	2 500
合计	5 000		1 000		1 000		6 000	6 000

根据资料，分别计算两个汇总资本结构下的综合资金成本。

方案A：

$$\frac{6.5\%×600+7\%×300}{6\,000}+\frac{7.5\%×1\,200}{6\,000}+\frac{12\%×1\,000+13\%×200}{6\,000}+\frac{16\%×(2\,200+500)}{6\,000}=12.13\%$$

方案B：

$$\frac{6.5\%×600+7.5\%×600}{6\,000}+\frac{7.5\%×1\,200}{6\,000}+\frac{12\%×1\,000+13\%×100}{6\,000}+\frac{16\%×(2\,200+300)}{6\,000}=11.78\%$$

在上列计算中，根据股票的同股同利原则，原有股票应按新发行股票的资本成本计算，即全部股票按新发行股票的资本成本计算其总的资金成本。

比较两个追加筹资方案与原资本结构汇总后的综合资金成本，结果是方案B与原资本结构汇总后的综合资金成本低于方案A与原资本结构汇总后的综合资金成本。因此，在适度财务风险的前提下，追加筹资方案B优于方案A，由此形成的新的资本结构为该公司的最佳资本结构。由此可见，该公司追加筹资后，虽然改变了资本结构，但经过分析测算，做出正确的筹资决策，公司仍可保持资本结构的最优化。

3.4.3 边际资金成本率的计算

边际资金成本是指饭店每新增1元资金带来的资金成本，即饭店因追加筹资所带来的资金成本。

王府饭店有长期借款100万元，长期债券150万元，普通股250万元。因扩大经营规模需筹集新资金，筹资后仍保持目前的资本结构。各资金成本的变动情况见表3-11。

表3-11　　　　　　　　　　王府饭店各资金成本的变动情况一览表

资金种类	目标资金结构	新筹资额	资金成本
长期借款	20%	5万元以内	3%
		5万~10万元	5%
		10万元以上	7%
长期债券	30%	10万元以内	6%
		10万~50万元	8%
		50万元以上	10%
普通股	50%	50万元以内	14%
		50万~100万元	16%
		100万元以上	18%

该饭店据此可追加筹资的规划如下：

1）计算筹资总金额成本分界点

筹资总金额成本分界点的计算是在保持某资金成本率不变的条件下可以筹集到的资金总限度。其计算公式为：

$$TP_i = BP_i \div W_i \tag{3.13}$$

其中：TP_i为某种筹资方式的筹资总限度；BP_i为第i种资金的成本分界点；W_i为第i种资金在目标资金结构中所占的比重。

按此公式计算得到表3-12。

表3-12　　　　　　　　　　筹资总金额成本分界点计算表

资金种类	资金结构	资金成本	各类资金筹资范围	突破点	筹资总额范围
长期借款	20%	3%	5万元以内	5÷20%=25（万元）	25万元以内
		5%	5万~10万元	10÷20%=50（万元）	25万~50万元
		7%	10万元以上		50万元以上
长期债券	30%	6%	10万元以内	10÷30%=33（万元）	33万元以内
		8%	10万~50万元	50÷30%=167（万元）	33万~167万元
		10%	50万元以上		167万元以上
普通股	50%	14%	50万元以内	50÷50%=100（万元）	100万元以内
		16%	50万~100万元	100÷50%=200（万元）	100万~200万元
		18%	100万元以上		200万元以上

2）计算边际资金成本

根据筹资范围分别计算其综合资金成本，得出各种筹资范围的边际成本，见表3-13。

表3-13　　　　　　　　　　　　　各种筹资范围的边际成本

筹资总额范围	资金种类	资金结构	资金成本	边际资金成本
0~25万元	长期借款 长期债券 普通股	20% 30% 50%	3% 6% 14%	20%×3%=0.6% 30%×6%=1.8% 50%×14%=7% 小计：9.4%
25万~33万元	长期借款 长期债券 普通股	20% 30% 50%	5% 6% 14%	20%×5%=1% 30%×6%=1.8% 50%×14%=7% 小计：9.8%
33万~50万元	长期借款 长期债券 普通股	20% 30% 50%	5% 8% 14%	20%×5%=1% 30%×8%=2.4% 50%×14%=7% 小计：10.4%
50万~100万元	长期借款 长期债券 普通股	20% 30% 50%	7% 8% 14%	20%×7%=1.4% 30%×8%=2.4% 50%×14%=7% 小计：10.8%
100万~167万元	长期借款 长期债券 普通股	20% 30% 50%	7% 8% 16%	20%×7%=1.4% 30%×8%=2.4% 50%×16%=8% 小计：11.8%
167万~200万元	长期借款 长期债券 普通股	20% 30% 50%	7% 10% 16%	20%×7%=1.4% 30%×10%=3% 50%×16%=8% 小计：12.4%
200万元以上	长期借款 长期债券 普通股	20% 30% 50%	7% 10% 18%	20%×7%=1.4% 30%×10%=3% 50%×18%=9% 小计：13.4%

该饭店可根据3-13表的数据，并结合实际情况做出筹资选择。

3.5　筹资风险的控制方法

筹资风险又称财务风险，是指由于借入资金增加而带来的风险，其根本原因在于饭店投资利润率与借入资金利息率的不确定性。饭店应增强举债经营能力并对筹资风险进行控制。

3.5.1　合理确定还款期限，维持合理的资本结构

人们对资本结构的认识大致经历了以下四个理论阶段：一是净收益理论，认为负债可

以降低资金成本，并且负债程度越高，企业价值越大；二是净营运收入理论，认为不论财务杠杆如何变化，综合资金成本都是固定的，因而企业的总价值也是固定不变的；三是传统理论，认为综合资金成本从下降变为上升的转折点是综合资金成本的最低点，为最佳资本结构；四是权衡理论，提出了税负利益——破产成本的权衡理论。

同步思考3-6

问题： 我国饭店资本结构要求自有资金比率、流动比率、支付利息率各为多少？

理解要点： 我国饭店资本结构要求自有资金比率应在40%以上，流动比率应在200%以上，支付利息率应在2%以上。

3.5.2 在不同经济时期要分别采用不同的决策

在经济增长条件下的市场状态较好，资金周转快，饭店可取得大量的借款来发展经营，并以此获得丰厚的利润，因为这时饭店可以承担大量的借款本息，反之亦然。因此饭店要进行合理决策，在各个不同时期分析有关比率的指标，决定是否借款及借款的金额等。

3.5.3 合理确定借款额度，确保借款偿还能力

饭店筹资时必须考虑自身的综合偿债能力，而能说明综合偿债能力的指数是借款界点。借款界点既反映饭店借款的偿债能力，又反映饭店支付利息后的盈利状况。若超过借款界点，不仅偿还借款会有困难，而且支付利息过多会导致饭店亏损。其计算公式为：

借款界点=销售收入×（销售利润率÷借款年利率） (3.14)

同步业务3-15

某饭店营业收入为2 000万元，销售利润率为4%，借款年利率为5%，则借款界点为：

借款界点=2 000×（4%÷5%）=1 600（万元）

3.5.4 利用自有资金利润率指标分析筹资风险

自有资金利润率的计算公式为：

$$自有资金利润率=\left[\frac{息税前投资利润率}{}+\left(\frac{息税前投资利润率}{}-借入资金利息率\right)\times\frac{借入资金}{自有资金}\right]\times(1-所得税税率)$$ (3.15)

同步业务3-16

某饭店预计的息税前投资利润率为20%，借入资金利息率为12%，自有资金为800万元，借入资金为200万元，所得税税率为28%，则自有资金利润率为：

自有资金利润率=［20%+（20%-12%）×200÷800］×（1-28%）=15.84%

可见，当投资利润率大于借入资金利息率时，借入资金所占比重越大，自有资金利润率越高。

3.5.5 杠杆原理

1) 企业的经营风险和财务风险

（1）经营风险

经营风险是指企业在经营过程中产生的风险。企业的经营风险受多种因素影响，主要有：

①市场需求。市场对企业产品的需求越稳定，经营风险就越小；反之，当市场对企业产品的需求越不稳定时，经营风险越大。

②销售价格。产品售价波动越小，经营风险就越小；反之，当产品售价波动越大时，经营风险越大。

③成本水平。产品成本变动越小，经营风险就越小；反之，当产品成本变动越大时，经营风险越大。

④调整价格的能力。当产品成本变动较大时，如果企业具有较强的调整价格能力，经营风险就越小；反之，经营风险就越大。

⑤固定成本的比重。在企业全部成本中，固定成本所占比重较小时，经营风险就小；反之，经营风险就大。

（2）财务风险

财务风险又称作筹资风险，是指企业在经营活动中与筹资有关的风险，尤其是指在筹资活动中因使用债务资本可能导致企业权益资本收益下降的风险，其甚至可能导致企业破产。

2）经营杠杆

（1）经营杠杆的含义

经营杠杆是指企业在经营活动中，由于固定成本的存在而导致息税前利润变动率大于销售量变动率的杠杆效应。企业的成本总额按其与业务量之间的依存关系可分为变动成本和固定成本两部分。其中，变动成本是指总额随着业务量的变动而同比例变动的成本；固定成本是指在一定时期和一定业务量范围内，其总额不受业务量变动的影响而保持相对固定不变的成本。企业的经营风险部分取决于其利用固定成本的程度。在其他条件不变的情况下，销售量的增加虽然不会改变固定成本总额，但会降低单位固定成本，从而提高单位利润，使息税前利润的增长率大于销售量的增长率；反之，销售量的减少会提高单位固定成本，降低单位利润，使息税前利润下降率大于销售量下降率。

同步业务3-17

某公司经营杠杆利益测算见表3-14。

表3-14 某公司经营杠杆利益测算表 单位：万元

项目	2015年	2016年	变动率
①销售额	1 000	1 200	20%
②变动成本	600	720	
③边际贡献=①-②	400	480	
④固定成本	200	200	
⑤息税前利润=③-④	200	280	40%

由上表可见，该公司在销售额为1 000万元～1 200万元的范围内，固定成本总额均为200万元。公司2015年与2016年相比，销售额的增长率为20%，同期息税前利润的增长率为40%。由此可知，由于该公司有效地利用了经营杠杆，获得了较高的经营杠杆利益，即息税前利润的增长幅度大于销售额的增长幅度。

同步业务 3-18

某公司经营风险测算见表 3-15。

表 3-15　　　　　　　　　某公司经营风险测算表　　　　　　　单位：万元

项　目	2015 年	2016 年	变动率
①销售额	1 000	900	-10%
②变动成本	600	540	
③边际贡献=①-②	400	360	
④固定成本	200	200	
⑤息税前利润=③-④	200	160	-20%

由表可见，该公司在销售额为 1 000 万元～1 200 万元的范围内，固定成本总额均为 200 万元。公司 2016 年与 2015 年相比，销售额的降低率为 10%，同期息税前利润的降低率为 20%。由此可知，由于该公司没有有效地利用经营杠杆，导致了经营风险的发生，即息税前利润的降低幅度大于销售额的降低幅度。

（2）经营杠杆系数

经营杠杆系数，是指息税前利润变动率相当于销售量变动率的倍数。计算公式为：

$$DOL = \frac{\Delta EBIT/EBIT}{\Delta Q/Q} \tag{3.16}$$

式中：DOL 为经营杠杆系数；$\Delta EBIT$ 为息税前利润变动额；EBIT 为息税前利润；ΔQ 为销售变动量；Q 为销售量。

假设企业的成本-销售量-利润保持线性关系，变动成本在销售收入中的比重不变，固定成本也保持稳定，经营杠杆系数可用下列公式计算：

$$DOL = \frac{Q \times (P-V)}{Q \times (P-V) - F}$$

式中：DOL 为经营杠杆系数；P 为产品销售单价；V 为产品单位变动成本；F 为固定成本总额。

同步业务 3-19

某公司的 A 产品销售量 30 000 件，产品销售单价 1 000 元，单位变动成本 600 元，变动成本率为 60%，固定成本总额为 4 000 000 元。其经营杠杆系数计算如下：

$$DOL = \frac{30\,000 \times (1\,000 - 600)}{30\,000 \times (1\,000 - 600) - 4\,000\,000} = 1.5$$

在此例中经营杠杆系数为 1.5 的意义在于：当企业销售增长 1 倍时，息税前利润将增长 1.5 倍；反之，当企业销售下降 1 倍时，息税前利润将下降 1.5 倍。一般而言，企业的经营杠杆系数越大，经营杠杆利益和经营风险就越高；企业的经营杠杆系数越小，经营杠杆利益和经营风险就越低。

3）财务杠杆

（1）财务杠杆的含义

财务杠杆是指企业在经营活动中，由于固定财务费用的存在而导致普通股每股收益变动率大于息税前利润变动率的杠杆效应。在资本总额及其结构既定的情况下，企业需要从息税前利润中支付的债务利息通常都是固定的。当息税前利润增大时，每1元盈余所负担的利息、融资租赁租金等固定财务费用就会相对减少，这就能给普通股股东带来更多的盈余；反之，每1元盈余所负担的固定财务费用会相对增加，会大幅度减少普通股的盈余。

同步业务3-20

某公司财务杠杆利益测算资料见表3-16。

表3-16　　　　　　　　　**某公司财务杠杆利益测算表**

项目	2015年	2016年	变动率
①息税前利润（万元）	300	360	20%
②债务利息（万元）	200	200	
③税前利润（万元）=①-②	100	100	
④所得税（25%）（万元）=③×25%	25	40	
⑤净利润（万元）=③-④	75	120	
⑥普通股股数（万股）	100	100	
⑦每股收益（元）=⑤÷⑥	0.75	1.2	60%

由表可见，在资本结构一定、债务利息保持固定不变的条件下，该公司2016年与2015年相比，息税前利润的增长率为20%，同期每股收益的增长率为60%。由此可知，由于该公司有效地利用了财务杠杆，从而给企业权益资本所有者带来了额外的利益，即每股收益的增长幅度大于息税前利润的增长幅度。

同步业务3-21

某公司财务风险测算见表3-17。

表3-17　　　　　　　　　**某公司财务风险测算表**

项目	2015年	2016年	变动率
①息税前利润（万元）	300	270	-10%
②债务利息（万元）	200	200	
③税前利润（万元）=①-②	100	70	
④所得税（25%）（万元）=③×25%	25	17.5	
⑤净利润（万元）=③-④	75	52.5	
⑥普通股股数（万股）	100	100	
⑦每股收益（元）=⑤÷⑥	0.75	0.525	-30%

由表可见，在资本结构一定、债务利息保持固定不变的条件下，该公司 2015 年与 2014 年相比，息税前利润的降低率为 10%，同期每股收益的降低率为 30%。由此可知，由于该公司没能有效地利用财务杠杆，从而导致了财务风险，即每股收益的降低幅度大于息税前利润的降低幅度。

（2）财务杠杆系数

财务杠杆系数是指普通股每股收益的变动率相当于息税前利润变动率的倍数，计算公式为：

$$DFL = \frac{\Delta EPS / EPS}{\Delta EBIT / EBIT} \tag{3.17}$$

式中：DFL 为财务杠杆系数；Δ EPS 为普通股每股收益变动额；EPS 为普通股每股收益；Δ EBIT 为息税前利润变动额；EBIT 为息税前利润。

上述公式还可推导为：

$$DFL = \frac{EBIT}{EBIT - I}$$

式中：DFL 为财务杠杆系数；EBIT 为息税前利润；I 为债务利息。

同步业务 3-22

某公司全部长期资本为 3 000 万元，其中普通股本占 60%，发行在外的普通股股数为 100 万股；债务资本占 40%，债务年利率 6%，公司所得税税率 25%。2015 年度息税前利润为 360 万元。则其财务杠杆系数为：

$$DFL = \frac{360}{360 - 72} = 1.25 \text{（倍）}$$

例中财务杠杆系数为 1.25 的意义在于：当息税前利润增长 1 倍时，普通股每股收益将增长 1.25 倍；反之，当息税前利润下降 1 倍时，普通股每股收益将下降 1.25 倍。一般而言，财务杠杆系数越大，企业的财务杠杆利益和财务风险就越高；财务杠杆系数越小，企业财务杠杆利益和财务风险就越低。

4）复合杠杆

（1）复合杠杆的含义

复合杠杆亦称总杠杆，是指由于固定生产经营成本和固定财务费用的共同存在而导致的普通股每股收益变动率大于销售量变动率的杠杆效应。如前所述，由于存在固定成本，产生经营杠杆效应，使得销售量变动对息税前利润有扩大的作用；同样，由于存在固定财务费用，产生财务杠杆效应，使得息税前利润对普通股每股收益有扩大的作用。如果两种杠杆共同起作用，那么，销售额的细微变动就会使每股收益产生更大的变动，产生复合杠杆效应。

（2）复合杠杆系数

复合杠杆系数是指普通股每股收益变动率相当于销售量变动率的倍数。其计算公式为：

$$DTL = \frac{\Delta EPS / EPS}{\Delta Q / Q} \tag{3.18}$$

式中：DTL 为复合杠杆系数。

复合杠杆系数与经营杠杆系数、财务杠杆系数之间的关系可用下式表示：

DTL= DOL×DFL

同步业务 3-23

某公司的营业杠杆系数为 2.5，同时财务杠杆系数为 2，则该公司的复合杠杆系数测算为：

DTL=2.5×2=5（倍）

在此例中，复合杠杆系数为 5 的意义在于：当公司销售量或销售额增长 1 倍时，普通股每股收益将增长 5 倍，反映公司的复合杠杆利益；反之，当公司销售量或销售额下降 1 倍时，普通股每股收益将下降 5 倍，反映公司的复合杠杆风险。

3.5.6　每股收益分析法在资本结构决策中的应用

1）每股收益分析法的含义

每股收益分析法是利用每股收益无差别点进行资本结构决策的方法。所谓每股收益无差别点是指两种或两种以上筹资方案下普通股每股收益相等时的息税前利润点，亦称筹资无差别点。运用这种方法，根据每股收益无差别点，可以分析判断在什么情况下可利用债权或股权筹资来安排及调整资本结构，进行资本结构决策，以达到每股收益最大。

2）每股收益无差别点的计算

每股收益无差别点处息税前利润的计算公式为：

$$\frac{(\overline{EBIT} - I_1) \times (1 - T)}{N_1} = \frac{(\overline{EBIT} - I_2)(1 - T)}{N_2} \tag{3.19}$$

式中：$\overline{EBIT}$ 为每股收益无差别点处的息税前利润；I_1, I_2 为两种筹资方式下的年利息；N_1, N_2 为两种筹资方式下流通在外的普通股股数；T 为所得税税率。

同步业务 3-24

某公司目前的长期资本总额为 5 000 万元，其资本结构为：长期债务 2 000 万元，平均利率为 8%；普通股 3 000 万元（300 万股）。现因生产发展需要，准备再筹集 2 000 万元资金，有两种追加筹资方案可供选择：

（1）按 10% 的利率发行债券（原有债务利息不变）；

（2）按 20 元/股的价格增发普通股。

公司适用的所得税税率为 25%，证券发行费可忽略不计。

将上述资料中的有关数据代入计算公式：

$$\frac{(\overline{EBIT} - 160 - 200) \times (1 - 25\%)}{300} = \frac{(\overline{EBIT} - 160) \times (1 - 25\%)}{300 + 100}$$

求得：$\overline{EBIT}$ = 960（万元）

此时：$\overline{EPS}$ = 1.5（元）

3）每股收益分析对资本决策的影响

图 3-1 是某公司每股收益无差别点分析示意图，从图中可以看出，在每股收益无差别点上，即当公司的息税前利润为 960 万元时，无论是采用负债筹资还是权益筹资，每股收益都是相等的；而当息税前利润高于 960 万元时，运用负债筹资可获得较高的每股收益；当息税前利润低于 960 万元时，运用权益筹资可获得较高的每股收益。

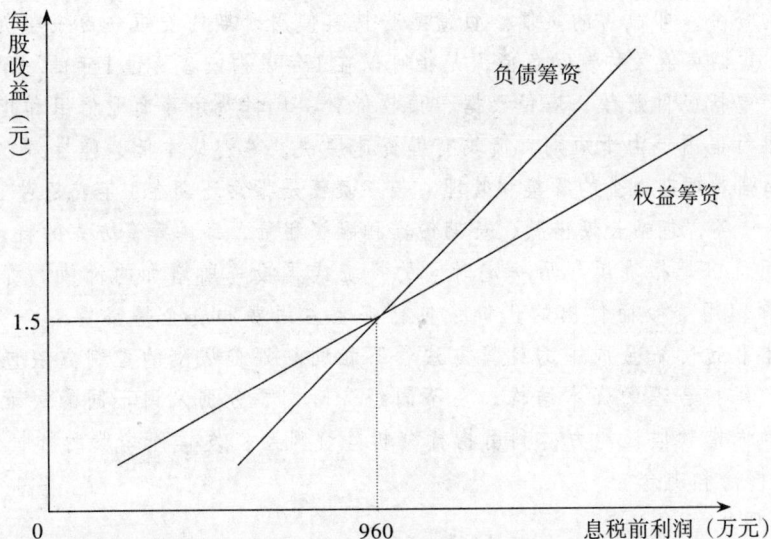

图3-1 某公司每股收益无差别点分析示意图

3.5.7 发挥优先股的杠杆作用

在一定的资本结构中有无优先股和优先股的多少对普通股的收益有不同程度的影响。当总资本盈利增加时，杠杆作用可以使普通股的股息收益率有很大的增加；反之亦然。

如太阳饭店的资本结构只有普通股，某期可分派股息的利润为300万元，则此300万元全由普通股股东分享；若该饭店下期的盈利增加到600万元，普通股股息则增加1倍。而月亮饭店的资本结构同时有普通股和优先股，某期可分派股息的利润为300万元，此300万元中的优先股股息为200万元，普通股股息为100万元，该饭店如有5万股，则普通股每股股息为20元。若该饭店下期的盈利增加到600万元，其优先股股息仍然为200万元，普通股股息达到400万元，每股股息为80元。可见，可分派的利润增加了1倍，而普通股当年的收益却增加了3倍。然而，若下期的盈利减少到200万，那么这200万元必须全额支付给优先股股东，而普通股当年的收益为零。因此，在饭店持续发展、盈利巨额增长时，发行优先股较之于普通股是对筹资有利的。上述的杠杆作用不仅存在于普通股和优先股之间，而且存在于其他各类证券之间。

▶ 本章概要

□ 内容提要

本章介绍了资金筹集的概念，资金筹集是指饭店根据经营、对外投资和调整资金结构的需要，通过各种筹资渠道，运用合适的筹资方式，经济而有效地筹措资金的过程。按不同的标准筹资有不同的分类。饭店筹集资金的动机包括扩张性动机、偿债性动机和混合性动机。资金需要量的预测方法有定性预测法、趋势预测法和销售百分比法。

饭店的自有资金又称自有资本或权益资本，是饭店依法长期拥有并可自主调配使用的资金，包括资本、资本公积和留存收益。饭店的借入资金是指饭店向金融机构或其他企业和个人借入的资金，即饭店的负债。负债筹资按其使用时期的长短分为短期负债筹资和长期负债筹资。短期负债又称流动负债，是指可以在1年以内或者超过1年的一个营业周期内偿还的债务，包括应付账款、应付票据、预收货款、应付费用等商业信用和担保贷款、无担保贷款等银行信用。由于短期负债具有筹资速度快、筹资成本低、弹性好、风险高等特点，因此应加强对短期资金的筹集和管理。长期负债是指偿还期在1年或超过1年的一个营业周期以上的债务，包括长期借款、长期债券和融资租赁，每种筹资方式的特点各不相同。

资金时间价值是指货币经历一定时间的投资或再投资所增加的价值。资金成本是指为筹集资金和使用资金而付出的代价，包括资金占用费和资金筹集费。个别资金成本、综合资金成本和边际资金成本的计算方法各不相同。筹资风险的控制方法包括：合理确定还款期限，维持合理的资本结构；在不同经济时期要分别采用不同的决策；合理确定借款额度，确保借款偿还能力；利用指标分析筹资风险；发挥优先股的杠杆作用等。

□ 主要概念和观念

▲ 主要概念

资金筹集　定性预测法　趋势预测法　销售百分比法　自有资金　资本公积　资产评估增值　资本汇率折算差额　接受捐赠　留存收益　借入资金　商业信用　长期负债　融资租赁　售后租回租赁　直接租赁　杠杆租凭　资金成本　资金占用费　资金筹集费　边际资金成本　筹资风险　综合资金成本率

▲ 主要观念

边际资金成本　财务杠杆系数　筹资无差别点

□ 重点实务

筹资方式的选择　最佳筹资结构的确定

基本训练

□ 知识训练

▲ 复习题

1) 筹资风险的控制方法主要表现在哪些方面？

2) 留存收益的资金成本确定方法主要表现在哪些方面？

▲ 讨论题

1) 饭店有哪些筹资方式？

2) 商业信用有哪些种类？

□ 能力训练

▲ 计算题

（1）某饭店发行一种3年期债券，每张面值1 000元，票面利率5%，该债券每年付息，到期还本。假定发行当时市场利率为6%。则该债券的发行价格是多少？

（2）某饭店欲从银行取得一笔长期借款800万元，手续费0.1%，年利率5%，期限3年，每年结息一次，到期一次还本。饭店所得税税率25%。这笔借款的资金成本为多少？

（3）某饭店准备发行一批优先股，面值1元，每股发行价格6元，筹资费用率2%元，预计年股利0.6元。其资金成本为多少？

（4）某饭店现有长期资本总额10 000万元，其中长期借款1 800万元，长期债券

3 500 万元，优先股 1 000 万元，普通股 3 200 万元，留存收益 500 万元；各种长期资本成本率分别为 4%、6%、9%、14% 和 12%。该饭店综合资金成本为多少？

（5）某饭店拟筹资 2 000 万元建一条新的生产线，其中发行债券 700 万元，票面利率为 5%，筹资费率为 2%，所得税税率为 25%；发行优先股筹资 300 万元，年股利率为 10%，筹资费率为 3%；发行普通股 1 000 万元，筹资费率为 4%，预计第一年股利率为 8%，以后每年按 4% 递增。请计算以下指标：①长期债券资本成本率；②优先股资本成本率；③普通股资金成本率；④综合资金成本率。

（6）某饭店全部资本为 150 万元，所有权资本占 55%，负债利率为 12%。当销售额为 100 万元，息税前利润为 20 万元时，财务杠杆系数是多少？

（7）某饭店现有普通股 100 万股，股本总额 1 000 万元，饭店债券 600 万元。现饭店拟扩大筹资规模，有两个备选方案：其一是增发普通股 50 万股，每股发行价格为 15 元；其二是等价发行债券 750 万元。若债券年利率为 12%，所得税率为 30%，则两种筹资方式下每股收益无差别点的息税前利润是多少？

（8）华强饭店本年度只经营一种产品，息税前利润总额为 90 万元，变动成本率为 40%，债务筹资年利息额为 40 万元，单位变动成本为 100 元，销售数量为 1 万。普通股 25 万股，所得税税率为 25%。请计算以下数据：①计算经营杠杆系数、财务杠杆系数和复合杠杆系数。②计算普通股每股收益（EPS）。

▲　案例分析

天天乐饭店的资产负债表

背景与情境： 天天乐饭店是一个季节性很强、信用为 AA 级的中型饭店。适逢经营旺季，经理和财务主管经多方共同努力，最终使经营急需的资金 100 万元有了着落。天天乐饭店 2016 年年末的资产负债表见表 3-18。天天乐饭店的营业利润率为 12%。备选融资方案有 3 个：（1）银行短期借贷。工商银行提供期限为 3 个月的短期借款 20 万元，年利率为 12%。（2）商业信用贷款。A 公司愿意为其提供商业信用贷款，即按 "2/10，N/30" 的条件每天为其提供 5 000 元的材料；商业信用期限 1 个月。（3）安排专人将应收款项催回。

表 3-18　　　　　　　　**天天乐饭店 2016 年年末资产负债表**　　　　　　　单位：万元

财务指标	账面价值
总资产	5 600
其中：应收款项	125
货币资金	800
一年内到期的长期负债	188
商业票据和其他应付票据	812
短期负债合计	1 000
长期负债	2 600
所有者权益	2 000
负债及所有者权益	5 600

问题：

1）分别按不同的融资方式计算天天乐饭店的可融资数额。

2）试比较哪种融资方式更适合天天乐饭店的经营急需。

分析要求：同第1章本题型的"分析要求"。

▲ 实训操练

【实训项目】筹资方案决策

【实训要求】通过本模块实训，使学生进一步掌握饭店筹资的渠道和方式，各种筹资方式的优缺点，在饭店筹资过程中的各种影响因素及如何控制筹资的成本和风险。要求学生能够运用所学的资金成本和资本结构决策的分析方法，提出投资项目筹资方案。

【实训步骤】

1）划分实践教学小组。

2）各小组针对一个可行的投资额为3 000万元的项目，提出可能的筹资方式。

3）分工调查每组筹资方式的实现环境、资金成本、风险大小、取得的难易程度、取得的速度、不同来源的资金对饭店控制权的影响、各种筹资方式可能遇到的法律问题。

4）根据上述调查，写出饭店筹资计划书。

5）针对不同的计划书，由各小组代表进行论证，全班展开每个方案优劣的课堂讨论。

6）教师对计划书进行评阅。

□ 善恶研判

李嘉诚的成功经验

背景与情境：李嘉诚是香港乃至世界华人首富。他的道德价值观主要体现在以下四个方面：

1）克勤克俭、富而不奢

李嘉诚在衣食住行方面都非常俭朴。他住的房子是于1962年结婚前购置的一套深水湾独立洋房，30多年一如既往；他常穿黑色西装，不算名牌，也比较陈旧；他在公司与职员一样吃工作餐，他去巡察工地，工人吃的盒饭，他照样吃得津津有味；他不喝酒、不抽烟，也极少跳舞，唯一的爱好是打高尔夫球。李嘉诚的财富并不是单靠节俭积攒而来的，更多的是靠诚实经商赚来的，但也不能忽略节俭在财富积累上的作用。

2）清誉至上、君子风范

李嘉诚常说："名誉是我的第二生命，有时候比第一生命还重要。"李嘉诚视名誉为生命，他看重的实际上是清誉，而非荣誉。尽管西方商界多推崇社会达尔文主义——优胜劣汰，弱肉强食，适者生存，但李嘉诚能将营利和道德较好地结合为一体，实为难得。由此可见，既守道德，又生财有术，实是商家之上乘者也。

3）善待员工、有始有终

长江大厦是李嘉诚拥有的第一幢工业大厦，是他地产大业的基石，也是他赢得"塑胶花大王"盛誉的根据地。尽管后来塑胶花已过了黄金时代，根本无钱可赚，但他仍在维持小额的塑胶花生产。李嘉诚说："一家企业就像一个家庭，他们是企业的功臣，理应得到这样的待遇。现在他们老了，作为晚辈，就该负起照顾他们的责任。"

4）小利不取、大利不放

李嘉诚出任十余家公司的董事长或董事，但他把所有的袍金都归入长江实业账上，自己全年只拿 5 000 港元，还不及公司一名清洁工在 20 世纪 80 年代初的年薪。李嘉诚每年放弃数千万元袍金，却获得公司众股东的一致好感。爱屋及乌，众人自然也信任长实系的股票。甚至李嘉诚购入其他公司的股票时，投资者莫不紧随其后，纷纷购入。李嘉诚是大股东，得大利的当然是他。有公众股东帮衬，长实系股票被抬高，长实系市值大增。李嘉诚欲办大事，很容易得到股东大会的通过。对李嘉诚这样的超级富豪来说，袍金算不得大数，大数是他所持股份所得的股息及价值。小利不舍，大利不来，这是定则。李嘉诚说过："如果一单生意只有自己赚，而对方一点不赚，这样的生意绝对不能干。"

资料来源　李红. 会计伦理 [M]. 上海：上海财经大学出版社，2012.

问题：

你认为李嘉诚把所有的袍金都归入长江实业账上的做法是否可行？

研判要求： 同第 1 章本题型的"研判要求"。

第4章　饭店长期投资管理

● 学习目标

通过本章学习，你应该达到以下目标：

职业知识：学习并掌握饭店内部长期投资和外部长期投资的评价指标，饭店内部长期投资的内容与决策程序，饭店外部长期投资的目的、特点与原则，饭店长期投资的风险报酬等知识；能用其指导"饭店投资管理"中的相关认知活动，规范其相关技能活动。

职业能力：运用本章的专业知识正确解答"基本训练"中的各种计算与决策问题，训练与"饭店筹资管理"相关的计算能力；运用本章的专业知识研究相关案例，培养学生在"饭店长期投资管理"的业务情境中分析问题与决策设计的能力；通过"投资方案决策"的实训操练，训练学生的相关专业操作技能。

职业道德：结合本章教学内容，依照行业道德规范或标准，分析"会计行业组织对会计职业道德进行自律管理与约束"业务情境中企业或从业人员服务行为的善恶，强化职业道德素质。

引例：金陵饭店的酒店本部及苏糖投资下滑，房地产收益小幅扭转颓势

背景与情境：

金陵饭店（601007）公告2013年半年报显示，在报告期内公司实现营业收入24 642万元，同比下降14.27%；实现营业利润3 436万元，同比下降23.98%；归属于母公司股东的净利润2 435万元，同比下降9.37%；权益净利润2 314万元，同比下降3.54%；上半年实现的每股收益为0.081元。

苏糖烟酒与本部餐饮业务收入大幅下滑，本期利润降幅小于收入降幅。在报告期内，公司收入下滑14%，其中商品贸易和餐饮业务收入下滑较快，分别达22%和19%，主要是严控"三公"消费导致的中高档酒类销售遇冷，进一步减少了公司餐饮业务收入。

金陵饭店本部的客房、餐饮收入双双下滑，预计2013年全年下滑趋势难以扭转。在报告期内，金陵饭店本部的客房收入下滑8%，餐饮收入下滑19%，估算上半年出租率环比下滑5%左右。受新老楼对接需关闭部分客房、严控"三公"等政策导致的高星级酒店入住率下滑等因素影响，预计2013年全年金陵饭店本部的下滑趋势难以扭转。

金陵酒店的管理业务增收但利润率略降。在报告期内，金陵酒店的管理收入增长15%，新增7家高星级酒店，管理的高星级酒店数达到121家；而金陵一村经济型酒店则连续3年未增长。金陵酒店的管理业务是在本期公司主业中唯一增长的业务。预计2013年全年管理业务将保持稳定增长。

金陵饭店扩建项目新增在建工程余额近2亿元，于2013年10月开业。在报告期内，公司将金陵饭店扩建项目的投资总额由16.1亿元增加到19.8亿元，目前该项目的在建工程账目余额达13.4亿元，本期新增2亿元。该项目的塔楼、裙楼主体结构及幕墙工程全部完成，于2013年10月初投入运营，届时金陵饭店将成为江苏地区规模最大的五星级酒店综合体。我们认为，由于该项目的投资巨大，开业将导致折旧成本大幅上升，加上开办费等，预计公司2013—2014年的业绩压力较大。

天泉湖项目一期稳步推进，精品度假酒店有望试运营。在报告期内，天泉湖项目新增在建工程1 575万元，其中五星级精品度假酒店基本完成土建，内装修工程完成60%，有望于2013年年底试运营；养生养老公寓则力争于2014年上半年实现预售。我们认为，天泉湖项目一期投入1.7亿元（总投资10亿元左右），投资规模相对较小，公司需要尽快销售房产以回笼资金建设二期，预计于2014年下半年后有望贡献业绩。

由于收入下滑、人力成本及广告宣传费双双增加，本期综合费用率同比增加7%，销售管理费用率创近年新高。在报告期内，公司整体费用率达46%，同比增加7%。其中，销售费用率达30%、管理费用率达16%，均创近3年新高，原因主要系人力成本和宣传广告费的增加。

盈利预测：考虑到2013年10月金陵饭店扩建工程投入运营和2014年天泉湖项目全面开业，预计2013—2015年EPS分别为0.24元（-34%）、0.33元（+37%）、0.50元（+52%）。我们认为，新项目开业将导致公司2013—2014年上半年业绩承压，2015年将迎来业绩拐点，维持"增持"评级。

风险提示：金陵饭店扩建项目培育不达预期，天泉湖项目进度低于预期，公司成本费用持续增长。

资料来源　佚名. 金陵饭店酒店本部及苏糖投资下滑，房地产收益小幅扭转颓势［EB/OL］.［2013-08-

19]. http://travel.taiwan.cn/list/201308/t20130819_4668367.htm.2013-8-19.

问题： 上述案例告诉我们什么？

案例表明： 正确地进行投资决策是饭店科学管理的前提。那么饭店应如何进行内部长期投资管理呢？

4.1 饭店内部长期投资的管理

饭店内部长期投资是指对饭店内部的各种长期经营性资产的投资。

4.1.1 饭店内部长期投资的内容与决策程序

1）饭店内部长期投资的内容

饭店内部长期投资的内容包括：建造新饭店；扩大饭店规模；更新改造旧饭店；增加建设饭店的电视闭路系统；建设相对独立的餐厅；增加卖品部的规模和售卖品种；投资建设康乐中心及体育锻炼场地；投资建多功能厅、卡拉OK厅、舞池、酒吧、KTV包房等娱乐设施；增设医疗中心及按摩、针灸、桑拿浴等服务项目；购买饭店运输部所需的交通工具和工程维修部所需的设施设备等。

2）饭店内部长期投资决策的程序

为了选择并确定实现财务预测目标的最优方案，必须严格执行饭店长期投资决策的程序。第一，提出投资项目，一般由饭店最高领导层拟定；第二，评定投资项目，即对投资项目进行可行性研究；第三，决策投资项目，确定项目可行后交总经理或董事会决策；第四，执行投资项目，积极筹措资金并实施投资；第五，对实施结果做出评价。

4.1.2 饭店内部长期投资决策的评价

1）投资项目的现金流量管理

现金流量是指在投资决策中一个项目引起的饭店现金支出和现金流入的数额，包括现金流入量、现金流出量和净现金流量。**现金流入量**是指某投资项目引起饭店现金收入的增加额，包括营业现金流入量、固定资产出售或报废时的残值收入、收回流动资金所流入的现金和停止使用土地的变价收入所流入的现金。**现金流出量**是指某投资项目引起饭店现金支出的增加额，包括购置设备所需要的现金、设备的维护修理费支出和垫支在营运资金上的现金支出。**净现金流量**是指在一定期间内现金流入量和现金流出量的差额，其计算公式为：

每年净现金流量=净利+折旧 (4.1)

同步业务 4-1

大华饭店餐饮部准备购入一台设备以扩充生产能力，现有甲、乙两个方案可供选择。甲方案需投资10 000元，使用寿命为5年，采用直线法计提折旧，5年后设备无残值。该设备在5年中每年的营业收入为6 000元，每年的营业现金成本为2 000元。乙方案需投资12 000元，使用寿命也为5年，采用直线法计提折旧，5年后设备的残值收入为2 000元。该设备在5年中每年的营业收入为8 000元，营业现金成本第一年为3 000元，以后随着设备的陈旧逐年将增加修理费400元，另外还需垫支营运资金3 000元。若该饭店的所得税税率为40%，试计算这两个方案的现金流量。

甲方案每年的营业净现金流量为：

每年的折旧额=10 000÷5=2 000（元）

每年的净利=（6 000-2 000-2 000）×（1-40%）=1 200（元）

每年的营业净现金流量=1 200+2 000=3 200（元）

乙方案每年的营业净现金流量为：

每年的折旧额=（12 000-2 000）÷5=2 000（元）

第一年的净利=（8 000-3 000-2 000）×（1-40%）=1 800（元）

第二年的净利=（8 000-3 400-2 000）×（1-40%）=1 560（元）

第三年的净利=（8 000-3 800-2 000）×（1-40%）=1 320（元）

第四年的净利=（8 000-4 200-2 000）×（1-40%）=1 080（元）

第五年的净利=（8 000-4 600-2 000）×（1-40%）=840（元）

在各年净利的基础上分别加上折旧2 000元，得出各年的营业净现金流量分别为3 800元、3 560元、3 320元、3 080元和2 840元。

在此基础上结合初始现金流量和终结现金流量编制两个方案的全部现金流量见表4-1：

表4-1　　　　　　　　固定资产投资现金流量表　　　　　　　　单位：元

年份	0	1	2	3	4	5
甲方案：						
固定资产投资	-10 000					
营业净现金流量		3 200	3 200	3 200	3 200	3 200
现金流量合计	-10 000	3 200	3 200	3 200	3 200	3 200
乙方案：						
固定资产投资	-12 000					
营运资金垫支	-3 000					
营业净现金流量		3 800	3 560	3 320	3 080	2 840
固定资产残值						2 000
营运资金收回						3 000
现金流量合计	-15 000	3 800	3 560	3 320	3 080	7 840

2）投资决策评价指标

饭店投资的最主要动机是取得投资收益，投资决策就是要在若干待选方案中，选择投资最小、收益最大的方案。如何进行投资决策，一般有两大类方法：一类是非贴现法，在不考虑货币时间价值的情况下进行决策；另一类是贴现法，考虑到货币时间价值的影响。

（1）非贴现的投资决策评价指标

这是指不考虑货币的时间价值因素，从静态的角度对投资决策进行评价的指标，因此又称静态投资决策指标。该指标主要包括投资回收期和投资报酬率。

①投资回收期。投资回收期是指回收原始投资所需要的时间，即投资所引起的现金流

入量累计额等于投资额所需的时间。回收期一般以年为单位，从理论上讲应小于固定资产使用寿命的2/3，而且越短对方案越有利。其计算公式为：

若每年净现金流量相等，则

投资回收期=原始投资额÷每年净现金流量   (4.2)

若每年净现金流量不等，则

投资回收期 = i+（原始投资额 − $\sum$第i年净现金流量）÷第（i+1）年净现金流量   (4.3)

其中：i为最接近投资额的累计净现金流量的年份。

同步业务4-2

投资回收期（甲）=10 000÷3 200=3.125（年）

投资回收期（乙）=4+（15 000-3 800-3 560-3 320-3 080）÷7 840=4.16（年）

可见，甲方案优于乙方案。

投资回收期指标的优点是概念容易理解，计算比较简便，但未考虑时间价值因素和在回收期满后的现金流量状况，在投资评价中虽比较常用，但不是十分科学。

②投资报酬率。**投资报酬率**又称平均报酬率，是指在投资项目寿命期内平均的年投资报酬率。投资报酬率从理论上讲应大于资金成本率，而且该指标越高说明方案越有利。其计算公式为：

投资报酬率=年平均净收益÷原始投资额   (4.4)

同步业务4-3

投资报酬率（甲）=3 200÷10 000×100%=32%

投资报酬率（乙）=［（3 800+3 560+3 320+3 080+7 840）÷5］÷15 000×100%=28.8%

可见，甲方案优于乙方案。

投资报酬率指标的优点是简明、易算、易懂，但未考虑时间价值因素，第一年的现金流量与最后一年的现金流量被等同起来，所以有时会做出错误的决策。

（2）贴现的投资决策评价指标

这是指考虑资金的时间价值因素，从动态的角度对投资决策进行评价的指标，因此又称动态投资决策指标。该指标主要包括净现值、现值指数、内含报酬率。

①净现值。**净现值**是指特定方案未来报酬的总现值与未来现金流出的总现值之间的差额。净现值从理论上讲应大于零，而且该指标越大说明方案越有利。其计算公式为：

净现值=未来报酬的总现值−未来现金流出的总现值   (4.5)

同步业务4-4

假设折现率为10%：

净现值（甲）=3 200×3.791-10 000=2 131.2（元）

净现值（乙）=3 800×0.909+3 560×0.826+3 320×0.751+3 080×0.683+7 840×0.621-
　　　　　　15 000=860.36（元）

可见，甲方案优于乙方案。

净现值指标的优点是考虑了时间价值因素，能够反映各种投资方案的净收益，缺点是不能揭示各个投资方案本身可能达到的实际报酬率是多少。

②现值指数。**现值指数**又称获利指数，是指特定方案未来报酬的总现值与未来现金流出的总现值之比。现值指数从理论上讲应大于1，而且该指标越大说明方案越有利。其计算公式为：

现值指数=未来报酬的总现值÷未来现金流出的总现值　　　　　　　　　　　　（4.6）

同步业务4-5

现值指数（甲）=3 200×3.791÷10 000=1.21

现值指数（乙）=（3 800×0.909+3 560×0.826+3 320×0.751+3 080×0.683+7 840× 0.621）÷15 000=1.06

可见，甲方案优于乙方案。

现值指数指标的优点是考虑了时间价值因素，能够真实地反映投资项目的盈亏程度，有利于在投资额不同的方案之间进行比较，缺点是概念不易理解。

③**内含报酬率**。**内含报酬率**是指能够使特定方案未来报酬的总现值等于未来现金流出的总现值的贴现值。内含报酬率从理论上讲是在投资方案不赔不赚时的报酬率。

其计算方法有两种情况：一种情况是每年净现金流量相等，可根据年金现值的公式先求出年金现值系数，然后对应固定资产的使用年限，查看在年金现值系数表中的利率。如果恰有此系数，则其对应的利率即为此方案的内含报酬率；如果在年金现值系数表中所列示的年金现值系数与计算得出的年金现值系数不等，则需找到邻近的指标，再用插值法计算内含报酬率。因为甲方案净现值等于零时的年金现值系数为3.125，查年金现值系数表，第5期与3.125相邻近的年金现值系数所对应的利率在18%~19%之间。用插值法计算得出甲方案的内含报酬率为18.03%。

另一种情况是每年净现金流量不等，可根据复利现值的公式逐次测算，找到与固定资产使用年限相符的净现值恰好为零的利率，即为内含报酬率。如果找不到，则需找到净现值在等于零附近的利率指标，然后再用插值法计算内含报酬率。因为乙方案利率为12%时的净现值为-1.28元，利率为14%时的净现值为420.28元，所以乙方案的内含报酬率在12%~14%之间，用插值法计算得出乙方案的内含报酬率接近12%。

同步思考4-1

问题：根据上述计算结果，请你判断甲方案和乙方案哪个最优？

理解要点：甲方案优于乙方案。

内含报酬率指标的优点是考虑了货币时间价值因素，反映了投资项目的真实报酬率，概念也易于理解，缺点是计算过程较为复杂。

教学互动4-1

互动问题：项目投资决策有多种指标。

1）在项目投资决策的多种指标中，哪一个指标最好？

2）内含报酬率是定性指标还是定量指标？

要求：同第1章"教学互动1-1"的"要求"。

4.2 饭店外部长期投资的管理

市场经济体制在我国的建立和完善，使得饭店财务管理的范围发生了巨大的变化，投资活动日益增多，投资领域日趋宽广。饭店对外投资已成为饭店财务活动的重要内容。饭店对外投资就是饭店在自身经营的主要业务以外，以现金、实物、无形资产等方式或者以购买股票、债券等有价证券的方式向境内外的其他单位进行的投资。

4.2.1 饭店外部长期投资的目的、特点与原则

1）饭店外部长期投资的目的

饭店外部长期投资就是将资金投放于饭店外部以取得投资收益。其目的概括起来有以下四个方面：

（1）优化资源配置，提高资产的利用效率

饭店的经营活动就是运用资产取得效益，使资产不断升值的过程。但饭店行业具有明显的淡旺季特点，在淡季会出现资产的闲置、资产报酬率下降甚至亏损等情况。因此饭店要考虑利用现有的资产对外投资，进行资产的重新组合，以优化资源配置，增加饭店的收益，这是饭店对外投资的首要目的。

（2）优化投资组合，降低饭店的经营风险

饭店由于经营领域单一，可能会承担较大的经营风险，一旦市场发生变化，就会给饭店造成巨大的经济损失。在这种情况下，饭店可以考虑将一部分资产投放于饭店外部，以优化投资组合，降低经营风险。虽然这样做有时会降低饭店的资产收益率，但有利于饭店的长期稳定发展。

（3）优化资产结构，增强偿债能力

饭店资产结构是否合理能通过资产的流动性反映出来，而资产的流动性是衡量饭店偿债能力的重要财务指标。饭店为了增强偿债能力，降低财务风险，必须保证资产具有良好的流动性。在饭店中长期资产的流动性较差，一般不能直接用于偿还债务，现金可以直接用于偿还债务，但储备现金过多会降低饭店的资产报酬率，而饭店证券投资的流动性仅次于现金，它既可以随时出售变成现金，也可用于偿还债务。

（4）稳定客户关系，扩大市场份额

自从加入WTO后，饭店面临着日益激烈的竞争。饭店通过对原材料供应单位的投资可以保障原材料供应，通过对原有的销售网点、新市场和重点客户的控股可扩大销量并增强市场竞争力，从而获得较多的收益。

2）饭店外部长期投资的特点

饭店外部长期投资在收益、风险和变现能力等方面都有较大的差异，其特点体现在以下三个方面：

（1）投资对象多样，决策程序复杂

饭店外部长期投资包括对外直接投资和证券投资。对外直接投资可分为对外合作投资、对外合资投资和对外合并投资；证券投资又可分为股票投资和债券投资。这种投资的多样化决定了投资决策的复杂化。饭店在对外长期投资时必须充分考虑影响投资的各种因素，依据科学的投资程序进行投资决策，尽可能避免因决策失误带来的经济损失。

（2）投资收益可观，投资风险较大

饭店对外长期投资的收益与风险受到投资回收期、投资的形式和投资的性质等多种因素的影响，收益越大，风险也越高。饭店在进行对外投资时必须在收益与风险之间进行综合考虑。

（3）变现能力不同，回收方式各异

对外长期投资的种类不同，变现能力也有较大的差异，如证券投资比直接投资的变现能力强。同时，对外投资的回收方式也有较大的差异，证券投资只需要在证券市场上交易即可收回投资，而直接投资的回收方式较为复杂。因此，饭店应考虑未来现金的流动情况，合理地安排投资组合。

3）饭店外部长期投资的原则

（1）效益性原则

饭店在进行对外投资时必须考虑到该项投资的经济效益，以及对饭店整体经济效益的影响。在综合考虑其他因素的同时，应尽可能选择经济效益最好的项目。尤其是在证券投资的情况下，可供选择的投资对象很多，饭店必须广泛收集有关的投资信息，了解市场发展的趋势，以便做出正确的投资决策。

（2）安全性原则

安全性原则就是使投资能够按期收回本金和投资收益。通常投资于资金雄厚的大企业要比投资于小企业安全；投资于基础产业要比投资于高技术产业安全；债权性投资要比股权性投资安全。饭店在对外投资时，要全面考虑被投资企业的财务状况、经营成果、行业特点以及发展前景等，以便保证对外投资的安全性。

（3）流动性原则

饭店对外投资的目的各不相同。有的对外投资期限较长，一般不准备在近期变现；有的对外投资只是为了充分利用现有的闲置资金，这种投资就需要考虑其流动性，以便及时变现。饭店在考虑对外投资的流动性时，可以考虑以证券投资为主。

（4）整体性原则

饭店对外投资是饭店整体经营活动的一个重要组成部分，因此对外投资的目标也应与饭店的总体经营目标相一致。尽管饭店对外投资的目的有多种，但都要服从饭店的整体目标，这样才能提高饭店的整体经济效益。

4.2.2　饭店外部直接投资管理

饭店外部直接投资就是饭店根据投资协议以货币资金、实物资产或无形资产等对其他企业进行直接投资，以取得投资收益或者实现对被投资企业控股的目的。

1）外部直接投资的决策程序

外部直接投资是饭店的一种长期的战略性投资，必须按照科学的程序进行分析论证，以免因决策失误而造成经济损失。其决策程序一般包括以下五个方面的内容：

（1）提出投资方案

饭店在进行对外投资时必须认真分析本饭店的经营状况，明确投资目的，并根据饭店的实际需要提出投资方案。饭店对外投资的目的可以是单纯地取得投资报酬，也可以是分散经营风险或者控制被投资企业。因此，饭店必须首先明确投资的目的，然后以此为依据提出投资方案。

（2）选择最优方案

饭店在进行对外投资时应该由专家小组拟订出多种投资方案，然后对拟订的投资方案进行比较分析，并从中选出最优方案。在选择投资方案时应考虑投资项目的盈利能力、发展前景、各种投资项目在期限上的合理配合、投资风险的抵御能力等。饭店对内投资决策的基本原理与方法也适用于对外投资决策。

（3）编制投资预算

饭店在选出最优投资方案之后，就要编制投资预算。投资预算是饭店进行投资活动的具体依据，它详细地规定了投资预算总额、出资方式、出资时间、投资的进度和期限等。饭店在选择出资方式和出资时间时，必须综合考虑饭店的总体现金流量和筹资能力，以避免因资金短缺而影响投资的进度。

（4）实施投资方案

投资预算编制之后，就应该由具体的业务部门来实施。在执行过程中必须按照投资预算进行，财务管理部门要进行监督，对投资活动加以控制，以便及时发现并解决问题。

（5）评价投资效果

在投资预算执行过程中和投资完成以后，都应该对投资情况和投资结果进行分析评价，及时反馈各种信息，如发现问题应尽可能进行弥补。对投资效果进行评价，总结经验教训，分析利弊得失，以便为以后的投资决策提供依据。

2）饭店进行外部直接投资决策时应注意的问题

（1）遵循完备的法律程序

饭店进行外部直接投资不仅涉及饭店的自身，还涉及与被投资企业之间的关系。这种关系既是经济关系，也是法律关系，因此必须履行相应的法律手续，做到产权清晰，责任明确，以免以后发生法律纠纷。

（2）考虑投资的不确定性

在不能取得完全的控股地位的情况下，饭店难以控制投资之后的经营活动，其投资的回报也比较难以预测，因此具有较大的不确定性。这就要求饭店在投资决策时应当充分地考虑可能发生的各种因素，对投资的风险和收益进行慎重的分析和比较。

（3）调查对方的经营情况

外部直接投资的变现能力较差，因此在进行投资决策时必须对被投资企业的信用状况、发展前景、市场形象和经营能力等方面进行充分了解，以免盲目投资造成经济损失。

4.2.3　饭店长期证券投资管理

1）证券投资的一般程序

（1）选择投资对象

饭店在进行证券投资时首先要选择合适的投资对象，即选择投资于何种证券。投资对象的选择是进行投资最关键的一步，它关系到投资的成败。饭店在选择投资对象时一般应遵循安全性、收益性和流动性的原则。

（2）确定买入价格

证券的价格受到多种因素的影响，通常变化较大，股票的价格尤其变化无常。实际上确定证券的买入价格，也就是确定证券的买入时间。即使投资者选择了一只好股票，但是因为买入的时间不对，也会降低投资收益率。

（3）委托买卖股票

饭店在选定证券的种类和买入时间后，就可以选择合适的证券经纪人，委托其买卖证券。这主要是为了节省时间和降低成本费用。在选择证券经纪人之后，投资者要在证券经纪人那里开立账户，并确立证券买卖的关系。开立的账户一般有现金账户和保证金账户两种。开立现金账户的投资者必须先在账户中存入足够的现金，购买证券时从该账户支付价款。开立保证金账户的投资者需在账户中存入规定的保证金，购买证券时只支付一定比例的价款，其余部分由证券经纪人暂时垫支，但投资者须支付利息。投资者委托证券经纪人进行证券买卖，应明确告知经纪人代其买卖证券的种类、价格和数量。

（4）交割和清算

饭店在委托证券经纪人买卖各种证券之后，就要及时办理证券交割。证券交割是指买入证券方交付价款领取证券，卖出证券方交出证券收取价款的活动。饭店在办理证券交割的过程中一般采用清算制度，即将饭店证券买卖的数量、金额相互抵销，然后就其抵销后的净额进行交割，这就是通常所说的清算制度。它可以减少实际交割的证券次数，以节约人力和物力。

同步思考 4-2

问题： 一般在证券成交的第几个工作日即可办理证券交割？

理解要点： 一般在证券成交的第二个工作日即可办理证券交割。

（5）办理证券过户

证券过户是指饭店从交易市场买入证券后，到证券的发行公司办理变更持有人姓名的手续。这一般只限于记名股票，其目的是保障投资者的权益。因此饭店在购入股票后应及时办理过户手续，具体做法是饭店持有购进股票成交单、身份证和本人印鉴到发行公司或证券交易所申请过户。如果饭店是公司的原始股东，则过户只在原卡上进行即可；否则饭店应登记股东印鉴卡，填写股东姓名、地址和身份证号码，并加盖印鉴，以便发行公司留底存档，与其保持联系。

2）债券投资

债券投资是指饭店通过购买各种债券进行的对外投资，其具有风险小、投机能力弱的特点。饭店在进行债券投资时必须了解各种债券的特性，正确地进行债券估价，并对债券投资的风险和收益进行分析。

（1）债券估价

债券若按复利计算，每年计息一次，则债券估价的计算公式为：

债券价值=面值×复利现值系数+债券票面利息×年金现值系数　　　　　　（4.7）

注：为平衡债券发行者与购买者之间的利益，查系数的利率应为市场利率。

同步业务 4-6

某饭店准备购买面值 1 000 元、每年付息一次、票面利率为 6% 的 3 年期债券，该债券发行时的市场利率为 5%，则其发行价格为：

债券发行价格=1 000×0.864+1 000×6%×2.723

　　　　　　=1 027.38（元）

（2）债券市场价格的影响因素

债券的价格虽可通过计算得出，但这种估价并非是准确无误的，其只起参考作用。债券的市场价格还受到宏观经济因素（如经济增长与经济周期、通货膨胀和利率水平等）和经济政策因素（如货币金融政策、财政政策、产业政策、饭店的财务状况和期限等）的影响。

3）股票投资

（1）股票投资的特点

与债券投资相比，股票投资具有以下三个特点：一是权益性突出。股票是代表所有权的凭证，如果饭店购买了某一公司的股票，就会成为该公司的股东，可以参与该公司的经营决策，有选举权和被选举权，因此股票投资属于权益性投资。二是风险性较大。饭店在购买股票之后不能退股，只能在证券市场上转让，并且其收益主要取决于股票发行公司的经营状况和股票市场的行情，甚至在股票发行公司破产的时候不能收回全部投资，因此风险性较大。三是投机性明显。股票价格受多种因素的影响，价格波动很大。因此，股票投资具有极大的投机性。

（2）股票价格的影响因素

影响股票价格的因素既有公司内在的基本因素（如利润增长情况、公司财务状况、公司的行业发展前景、市场占有率和股利政策等），也有公司外部的市场行为因素（如宏观经济形势、通货膨胀、利率和汇率的变化、经济政策、国内外政治形势的变化、国家法律与政策的变化、国际关系的改变、证券主管机构对证券市场的干预程度和投资者的素质高低等），因此股价的变化是无规律可循的。

（3）股票价格指数

股票价格指数又称股价指数，是为了衡量股票价格变动的程度而编制的，是衡量股市价格的技术指标。它是通过选择若干种具有代表性的上市公司的股票，经过计算其成交价格而编制的一种股票价格平均数。借助于股价指数，投资者可以了解在一定时期内的股价水平和变动幅度，获取参考依据，分析股市的发展动态，判断股市的未来走势。目前，股价指数已成为重要的金融工具。股价指数的编制一般以某一年为基期，以该基期的股价作为100或1 000，然后用以后各期的股票价格和基期股价相比而计算出的百分数就是该时点的股价指数。世界上主要的股价指数有道·琼斯工业平均价格指数、标准普尔股票价格指数、伦敦金融时报股票价格指数、日本经济新闻道式股票价格指数和香港恒生股票价格指数等。

（4）股票估价

股票估价实际上是对股票的投资价值进行估算，以便在股海中选出有获利潜能的股票。尽管股票的价格受到多种因素的影响，但众多的学者还是力图探索股票价值与公司的收益水平、股利风险和增长等因素的函数关系，目前已形成了几种股票估价模型，其中最为典型的是1938年美国财务管理学家威廉斯在《投资价值理论》一书中阐述的著名的股票估价的贴现现金流量模型。其基本理论是股票价值应等于股票投资者预期能得到的未来现金流量的现值，其主要是股票持有期间的股利和将来出售股票的价款收入。需强调的是，这只是股票估价的基本模型，在实际的投资决策中还可以根据股利的变动情况对此模型进行变换。

◢ 本章概要

□ 内容提要

本章介绍了长期投资的概念，认为长期投资是指超过 1 年才能收回的各项投资，包括固定资产投资、证券投资和实物投资。其特点是投资回收期限长、耗资多、发生次数少和变现能力差。饭店内部长期投资的内容包括：建造新饭店；扩大饭店规模；更新改造旧饭店；增加建设饭店的电视闭路系统；建设相对独立的餐厅；增设卖品部的规模和售卖品种；投资建设康乐中心及体育锻炼场地；投资建设多功能厅、卡拉 OK 厅、舞池、酒吧、KTV 包房等娱乐设施；增设医疗中心及按摩、针灸、桑拿浴等服务项目；购买饭店运输部所需的交通工具和工程维修部所需的设施设备等。

饭店内部长期投资决策的程序是：第一，提出投资项目，一般由饭店的最高领导层拟定；第二，评定投资项目，即对投资项目进行可行性研究；第三，决策投资项目，项目可行后交总经理或董事会进行决策；第四，执行投资项目，积极筹措资金并实施投资；最后，对投资结果做出评价。饭店内部长期投资决策的非贴现评价指标包括投资回收期和投资报酬率；贴现评价指标包括净现值、现值指数、内含报酬率。饭店对外长期投资的目的包括：优化资源配置，提高资产的利用效率；优化投资组合，降低饭店的经营风险；优化资产结构，增强偿债能力；稳定客户关系，扩大市场份额。饭店对外长期投资的特点包括：投资对象多样，决策程序复杂；投资收益可观，投资风险较大；变现能力不同，回收方式各异。饭店对外投资的原则有效益性原则、安全性原则、流动性原则和整体性原则。

对外直接投资就是饭店根据投资协议以货币资金、实物资产或无形资产等对其他企业进行直接投资，以取得投资收益或者实现对被投资企业控股的目的。对外直接投资的决策程序是提出投资方案、选择最优方案、编制投资预算、实施投资方案和评价投资效果。饭店在对外直接投资决策时应遵循完备的法律程序，考虑投资的不确定性并调查对方的经营情况。饭店长期证券投资的一般程序是选择投资对象、确定买入价格、委托买卖股票、交割、清算和办理证券过户。债券投资是指饭店通过购买各种债券进行的对外投资，其具有风险小、投机能力弱的特点。饭店在进行债券投资时必须了解各种债券的特性，正确地进行债券估价，并对债券投资的风险和收益进行分析。股票投资具有权益性突出、风险性较大、投机性明显等特点。影响股票价格的因素既有公司内在的基本因素，也有公司外部的市场行为因素。饭店长期投资的风险报酬包括风险报酬额和风险报酬率。不同的证券组合风险报酬不同。通过风险报酬的计算可以进行投资决策。

□ 主要概念和观念

▲ 主要概念

现金流量　现金流入量　现金流出量　净现金流量　投资报酬率　净现值　现值指数　内含报酬率　饭店外部直接投资　债券投资

▲ 主要观念

内含报酬率　风险报酬率

□ 重点实务

投资决策指标的评价

基本训练

□ 知识训练

▲ 复习题

1）饭店对外长期投资的目的主要表现在哪几个方面？

2）饭店在对外直接投资决策时应注意哪些问题？

▲ 讨论题

1）饭店内部长期投资决策的程序是什么？

2）饭店对外长期投资的特点有哪些？

3）对外直接投资的决策程序是什么？

4）证券投资的一般程序是什么？

□ 能力训练

▲ 计算与决策

1）某饭店有一台锅炉，重置价值为80 000元，预计尚可使用6年，预计净残值为4 000元，每年的运行成本为16 000元。现因饭店新辟客房和餐厅，锅炉容量不足。若原锅炉继续使用，再增添一台新的容量为1吨的锅炉需要投资100 000元，预计使用年限为10年，净残值为5 000元，每年的运行成本为14 000元。另一个方案是将原锅炉更换为容量为一台2吨的锅炉，需要投资130 000元，预计使用年限为10年，净残值为6 500元，每年的运行成本为20 000元。若该饭店的投资报酬率为15%，要求做出投资决策。

2）某项目按15%的贴现率计算净现值为500元，按18%的贴现率计算净现值为-480元，则该项目的内部报酬率为多少？

3）某投资方案的年营业收入为10 000元，年营业成本为6 000元，年折旧额为1 000元，所得税税率为25%，该方案每年的营业现金流量为多少？

4）某饭店两个投资项目的现金流量见表4-2，该饭店的资本成本为10%。

表4-2 　　　　　　　　　　　　　**投资项目现金流量计算表** 　　　　　　　　　　　单位：元

t	0	1	2	3	4	5
甲方案						
固定资产投资	-6 000					
营业现金流量		2 200	2 200	2 200	2 200	2 200
现金流量合计	-6000	2 200	2 200	2 200	2 200	2 200
乙方案						
固定资产投资	-8 000					
营运资金垫支	-2 000					
营业现金流量		2 800	2 500	2 200	1 900	1 600
固定资产残值						2 000
营运资金回收						2 000
现金流量合计	-10 000	2 800	2 500	2 200	1 900	5 600

（已知 PVIF10%, 1=0.909， PVIF10%, 2=0.826， PVIF10%, 3=0.751，PVIF10%, 4=0.683, PVIF10%, 5=0.621, PVIFA10%, 5=3.7908)

要求：

（1）分别计算两个方案的投资回收期并进行决策；

（2）分别计算两个方案的平均报酬率并进行决策；

（3）分别计算两个方案的净现值并进行决策；

（4）分别计算两个方案的现值指数并进行决策。

5）有一个投资项目，当饭店设定的贴现率为10%时，净现值为300万元；当饭店设定的贴现率为12%时，净现值则为-100万元。该项目的内含报酬率为多少？

▲　案例分析

背景与情境：某饭店有一台锅炉，原值为115 000元，预计可使用10年，已经使用了6年，要继续使用需要支付大修理费用20 000元，每年的运行成本为15 000元，其净残值为5 750元。现工程部提出更新，若购进一台新的锅炉价值为130 000元，预计使用年限为10年，净残值为6 500元，每年的运行成本为5 000元，该饭店设备投资报酬率最低要求为15%。

问题：

1）试对该锅炉更新与否做出决策。

2）案例给你带来什么启示？

分析要求：同第1章本题型的"分析要求"。

▲　实训操练

【实训项目】投资方案决策

【实训要求】通过本模块的实训，加深学生对投资项目决策的基本程序和方法的理解和认识，进一步熟悉并掌握项目投资的目的以及项目投资的现金流量的评估方法、投资项目决策的投资回收期、净现值和内涵报酬率等指标的应用与影响投资项目各因素的分析。要求学生能够运用投资决策的分析方法完成项目投资方案计划书。

【实训步骤】

1）划分实践教学小组；

2）模拟设立的项目投资创业基金额为30万元；

3）各小组在上一个专项实训"投资项目可行性分析"的基础上，设计拟投资项目的各种可行方案；

4）分析影响投资项目的有关因素；

5）对各种可行的方案进行现金流量评估；

6）计算项目投资方案分析评价指标；

7）对各方案进行决策；

8）小组之间进行课堂交流辩论，阐述各自的方案；

9）对各项目进行打分，决定创业基金的去向；

10）完成投资计划书；

11）教师对投资计划书进行评阅。

□　善恶研判

会计行业组织对会计职业道德进行自律管理与约束

背景与情境：对会计职业道德情况的检查，除了依靠政府监管外，行业自律也是一种重要手段。会计行业自律是一个群体概念，是会计职业组织对整个会计职业的会计行为进行自我约束、自我控制的过程。在会计职业较发达的市场经济国家，会计职业道德准则一般由会计职业组织制定、颁布并督导实施，有些做法和经验值得我们借鉴。

在日常会计工作中，经常发生这样的情况，一些会计人员缺乏必要的专业胜任能力，业务素质低下，专业知识贫乏，对新颁布的会计准则、会计制度知之甚少，从而导致记账不符合规范，账簿混乱，账账、账表不符，报表挤数等现象时有发生。当然，近些年来，我国通过会计行业组织强化自律管理和行业惩戒也取得了一定进展。

中国注册会计师协会作为注册会计师行业的自律组织，为提高我国注册会计师职业道德水平做出了积极努力，先后发布了《中国注册会计师职业道德基本准则》、《中国注册会计师职业道德规范指导意见》以及《注册会计师、注册资产评估师行业诚信建设实施纲要》等，并研究建立调查委员会、技术鉴定委员会、惩戒委员会等行业自律性决策组织。要求注册会计师职业组织从行业的整体利益和社会责任出发，切实改进管理和服务，把行业建设好。由于我国会计职业组织建立比较晚，自律性监管还比较薄弱，因此在注册会计师职业道德规范的实施与惩戒过程中仍存在不少问题。

依据会计法等法律法规建立激励机制，对会计人员遵守职业道德情况进行考核和奖惩；对自觉遵守会计职业道德的优秀会计工作者进行表彰、宣传，可以使受奖者感到对遵守道德规范的回报和社会肯定，从而促使其强化道德行为。同时，还可以树立本行业的楷模、榜样，使会计职业道德原则和规范具体化、人格化，使广大会计工作者从这些富于感染性、可行性的道德榜样中获得启示和动力，在潜移默化中逐渐提高自身的职业道德素质。

奖励是积极的，是对一个人的肯定。它利用人的上进心，调动人的荣誉感，使其遵纪守法、尽职尽责，并发挥内在的潜能。它带给人的是满足、自尊和自豪感。惩罚则是消极的，它利用人的恐惧心理，使人循规蹈矩。过分的惩罚会使人产生挫折感，损伤自尊心和自信心。在实践中的大量事实表明，奖励和惩罚相结合的方法优于只奖不罚或只罚不奖。赏罚结合可以带来双重的激励效果。因此，在对违反会计职业道德的行为进行惩戒的同时，还应对自觉遵守会计职业道德的先进人物进行表彰。

我国会计人员表彰制度早在1963年就已实现制度化。1963年1月，国务院发布了《会计人员职权试行条例》，确立了会计人员奖惩制度；1985年1月，全国人大常委会通过的《中华人民共和国会计法》规定："对认真执行本法，忠于职守，坚持原则，做出显著成绩的会计人员，给予精神或者物质方面的奖励。"1988年6月，财政部印发《颁发会计人员荣誉证书试行规定》，为在全民所有制企业、事业单位、国家机关、军队、社会团体、县以上集体所有制企业、事业单位以及中外合资、合作和外资经营企业从事财务会计工作满30年的会计人员颁发《会计人员荣誉证书》。财政部先后于1990年、1995年组织了两次全国先进财会工作集体和先进会计工作者表彰大会，共评选出全国的先进会计工作者900名。对先进集体授予"全国先进财会工作集体"的荣誉称号并颁发奖牌；对先进个人授予"全国先进会计工作者"的荣誉称号并颁发奖章和证书。这些表彰活动，调动了广大会计人员的工作积极性和开拓创新的精神，增强了会计人员的职业荣誉感，树立了可信、可学的楷模，推动了会计职业道德建设活动。

会计职业道德激励机制应当与会计人员表彰制度相结合，以起到弘扬正气、激励先进、鞭策后进的作用。对在会计职业道德检查中涌现出的先进人物事迹进行表彰奖励，应注意将物质奖励和精神奖励相结合。

　　资料来源　佚名. 会计行业组织对会计职业道德进行自律管理与约束 [EB/OL]. [2014-02-15]. http: // wenku. baidu. com/link? url=Kf-wiYCGAaUhIYEqsAUknHmR - 6 - NprUVOvMKJwVfUhr5ySNL9tUGQIelRwLiYe E0NEZefkg9bNB9Wz9AzracXSIdey5Xm4b82KurYMEuJN.

问题：

你认为如何能够真正做到会计职业道德激励机制与会计人员表彰制度相结合？

研判要求： 同第1章本题型的"研判要求"。

第5章 饭店营运资金管理

● 学习目标

通过本章学习，你应该达到以下目标：

职业知识：学习并掌握饭店最佳现金余额和存货经济批量的确定、营运资金的特点和营运资金管理的原则、现金管理的目的与内容等知识；能用其指导"饭店营运资金管理"中的相关认知活动，规范其相关技能活动。

职业能力：运用本章的专业知识正确解答"基本训练"中的"计算与分析"各种问题，训练与"饭店营运资金管理"相关的计算与分析能力；运用本章的专业知识研究相关案例，培养和强化在"饭店营运资金管理"业务情境中分析问题的能力；通过"营运过程控制与管理"的实训操练，培养相关的专业操作技能。

职业道德：结合本章教学内容，依照行业道德规范或标准，分析"饭店应收账款账龄析"业务情境中企业或从业人员服务行为的善恶，强化职业道德素质。

引例：金陵饭店股份有限公司资金管理制度

背景与情境：

第一章 总则

第一条 为了加强金陵饭店股份有限公司（以下简称"公司"）资金控制与管理，完善内控制度体系，健全资金统一调控管理制度，提高资金的使用效率，控制财务风险，保障公司和全体投资者的合法权益，结合公司实际情况，依据《中华人民共和国会计法》《中华人民共和国票据法》《企业会计准则》等相关法律法规及规范性文件的规定，特制定本制度。

第二条 公司资金管理遵循以下原则：（一）资金集中统一管理原则；（二）资金收支预算管理原则；（三）资金收支"两条线"原则；（四）量入为出、量力而行原则。

第三条 本制度所指资金，包括公司所拥有或可支配的现金、银行存款、金融票据、有价证券和其他货币资产。本制度所指资金管理范围包括投资资金、融资资金、营运资金。日常费用按公司《关于财务审批权限的管理规定》执行。

投资资金是指对外风险和非风险投资、固定资产投资等资金支出。

融资资金是指公司为了弥补在经营过程中的资金缺额，向金融机构或其他法律允许的主体借入资金或提供对外担保等资金支出。

营运资金是指流动资产减去流动负债后的余额，管理重点为采购资金管理、应收预付管理、其他往来管理。

第四条 本制度适用于公司及下属各分公司、控股子公司（以下简称"各分子公司"）。

第二章 资金预算管理

第五条 公司资金实施预算管理，实现对各分子公司的资金集中统一管理。

公司各业务部门、各分子公司的资金收支，必须按规定编制年度资金预算，经公司财务部初审、公司财务负责人复审，汇总呈报公司总经理办公会议或董事会批准后执行。

第六条 为实施公司的整体发展规划，提高经营效益，各分子公司除应按年度编制资金预算外，还应逐月编列资金预算表上报公司，由公司统筹计划使用。

第七条 预算内的支出，可以根据授权范围，由相关负责人审核批准使用。

超过预算的支出，应由业务部门或各分子公司提出追加预算计划，按预算批准程序经批准后执行。

第八条 对于投资和融资，经审核批准后纳入预算管理。

第三章 投资资金管理

第九条 董事会决定运用公司资金进行对外投资、收购资产、委托理财限于公司最近一期经审计净资产的30%以下；超过该数额的，需提交股东大会审批。

第十条 公司投资项目，由证券投资部在充分调研分析的基础上编制投资项目可行性研究报告及相关文件，履行公司内部审核程序并报董事长审批，根据《上海证券交易所股票上市规则》、"公司章程"等相关规定及程序，经董事会或股东大会审议通过后，制订具体实施方案和工作计划，实施投资活动。

第四章 融资资金管理

第十一条 公司融资事项，由资金使用部门提出申请，经财务部初审，财务负责人复审，履行公司内部审核程序并报董事长审批，根据《上海证券交易所股票上市规则》、"公司章程"等相关规定及程序，经董事会或股东大会审议通过后具体实施。

第十二条 董事会在股东大会授权范围内，对公司资产抵押、流动资金贷款等事项做出决议。

第十三条 董事会或股东大会决议通过的总体授信范围内的流动资金贷款，由董事长审批。

第十四条 各分子公司对外融资必须向公司提出融资申请，履行公司内部审批程序并报董事长批准后对外筹资。申请借款的各分子公司应配合公司财务部的筹资工作，按规定提供借款所需的相关资料。

第十五条 未经公司董事会或股东大会批准，公司不得对外进行担保、抵押。

第十六条 未经公司总经理办公会议或董事长批准，各分子公司不得自行实施资产抵押，不得自行向第三方提供担保，各关联公司间也不得自行相互提供担保。

第十七条 公司发行股票、债券等募集资金的管理按公司《募集资金管理办法》执行。

第五章 营运资金管理

第十八条 公司的银行账户由财务部统一开立并管理。未经公司批准，各业务部门不得开设银行账户。各分子公司应在公司指定的银行开设银行账户，未经公司批准，不得自行开立账户。

第十九条 公司与各分子公司之间的内部资金划拨，由公司财务部总监、财务负责人审核签字，报董事长或授权总经理签字同意后方可付款。

第二十条 资金收支与记账岗位分离；资金收支经办人员与审核人员分离。

第二十一条 为有效防止控股股东及其附属企业占用公司资金、侵害公司利益，由公司财务负责人牵头，加强公司财务过程控制，严格资金流出的内部审批及支付程序，建立对公司日常资金收支行为的监控机制，防止发生控股股东及其他关联方资金占用；在日常经营中，财务部应重点关注控股股东及其他关联方与公司的资金、业务往来；公司在日常生产经营过程中与控股股东及其他关联方发生的经营性业务，须严格按照相关法律法规及上市公司财务管理制度的相关要求进行核算，不得损害上市公司的利益，严格按公司财务管理制度履行审批及支付程序，保障资金安全，防止出现资金被占用的情形，如有异常应及时向经营层汇报。

（一）公司在与控股股东及其实际控制人、关联方发生经营性业务和资金往来时，应严格监控资金流向，防止资金被占用。公司不得以下列方式将资金直接或间接地提供给控股股东及其他关联方使用：

1.有偿或无偿地拆借公司的资金给控股股东及其他关联方使用；

2.通过银行或非银行金融机构向关联方提供委托贷款；

3.委托控股股东及其他关联方进行投资活动；

4.为控股股东及其他关联方开具没有真实交易背景的商业承兑汇票；

5.代控股股东及其他关联方偿还债务；

6.中国证监会认定的其他方式。

注册会计师在为公司年度财务会计报告进行审计工作中，应当根据上述规定事项，对公司存在控股股东及其他关联方占用资金的情况出具专项说明。

（二）公司与股东或实际控制人之间提供资金、商品、服务或其他资产的交易，应当严格按照《上海证券交易所股票上市规则》关于关联交易的决策程序履行董事会、股东大会的审议程序，关联董事、关联股东应当回避表决。

（三）控股股东应严格依法行使出资人的权利，控股股东不得利用关联交易、利润分配、资产重组、对外投资、资金占用、借款担保等方式损害公司和社会公众股股东的合法权益，不得利用其控制地位损害公司和社会公众股股东的利益。

（四）公司董事会建立对大股东所持股份"占用即冻结"机制，即发现控股股东侵占公司资产立即申请司法冻结，凡不能以现金清偿的，通过变现股权偿还所侵占的公司资产。"占用即冻结"机制的具体操作程序如下：

1.公司董事会秘书定期或不定期检查公司与控股股东及其附属企业的资金往来情况，核查是否有控股股东及其附属企业占用公司资产的情况。

2.公司财务负责人在发现控股股东及其附属企业占用公司资产的当日，应立即以书面形式报告董事长。报告内容包括但不限于占用股东名称、占用资产名称、占用资产位置、占用时间、涉及金额、拟要求清偿期限等；若发现存在公司董事、监事及其他高级管理人员协助、纵容控股股东及其附属企业侵占公司资产情况的，财务负责人还应在书面报告中写明涉及的董事、监事及其他高级管理人员的姓名，以及上述人员协助或纵容前述侵占行为的情节。

3.董事长在收到书面报告后，应敦促董事会秘书发出董事会会议通知，召开董事会审议要求控股股东清偿的期限，涉及董事、监事及其他高级管理人员的处分决定，向相关司法部门申请办理控股股东股份冻结等相关事宜，关联董事应当对上述事项回避表决。

4.公司董事、监事及其他高级管理人员负有维护公司资金安全的法定义务。对于发现董事、监事及其他高级管理人员协助、纵容控股股东及其附属企业侵占公司资产的，公司董事会应当视情节轻重对直接责任人给予通报、警告处分，对于负有严重责任的董事、监事可提请股东大会予以罢免；对于负有严重责任的其他高级管理人员，董事会可予以解聘。

5.董事会秘书根据董事会决议向控股股东发出限期清偿的通知，执行对相关董事、监事及其他高级管理人员的处分决定，向相关司法部门申请控股股东股份冻结等相关事宜，并做好相关的信息披露工作。

6.若控股股东无法在规定的期限内清偿，公司应在规定期限到期后30日内向相关司法部门申请将冻结的股份变现以偿还侵占资产，董事会秘书应做好相关信息披露工作。

（五）建立公司与控股股东及其他关联方的资金往来定期和不定期的汇报制度。由公司财务部对使用控股股东资金情况、业务往来情况及资金偿付情况进行重点关注，如有异常应及时向经营层汇报；每季度末，对公司与控股股东及其实际控制人、关联方资金使用及清偿情况进行自查，形成书面自查报告，上报公司经营层和董事会；每季度末，由财务负责人向经营层和董事会报告公司的资金收支情况。

第二十二条　对于公司购置原材料、低值易耗品、设备采购、更新改造及大修理工程等事项的批准及资金支付按公司《关于财务审批权限的管理规定》执行。

第二十三条　按照国家《现金管理暂行条例》的规定，公司各单位核定库存现金限额，按现金收付范围使用现金。不准坐支，不准私设"小金库"，不得账外设账，一切收入纳入财务预算。

第二十四条　按照内部控制的原则，财务部设专职出纳员，负责办理资金的收付业务。出纳员不兼任稽核、会计档案保管和收入、支出、费用、债权债务账目的核算、记账工作，并根据公司的具体情况进行岗位轮换。

第二十五条　银行结算凭证上使用的印章由支票专用章和私章组成，支票专用章可由出纳员保管，私章由公司董事长或其授权的其他人保管。严禁一人保管支付款项所需的全部印章。按规定需要有关负责人签字或盖章的经济业务，必须严格履行签字或盖章手续。

第二十六条　空白票据由专人保管，保管票据的人员不得同时保管银行的全部印章。票据保管人员要设备查簿，连续记载票据的购买、使用和结存情况，票据领用要有领用人签章。凡因填写错误而作废的票据，要全部联次保存，不得撕毁、丢弃。

第二十七条　资金的收支必须有合法的原始凭证为依据。经办人员根据合法的原始凭证填列必要的内部凭证，在预算范围内根据授权原则由各级负责人对收入、支出的合法性、真实性、合理性进行审批后，到财务部门办理收入和支出手续。

第二十八条　财务部总监或主管会计必须对业务部门收入、支出的原始凭证的合法性、真实性和合理性进行复核。对于非法的支出，会计人员应拒绝办理；对于合法但明显不合理的支出应报告公司财务负责人处理。会计人员根据经过审核的原始凭证编制记账凭证，作为出纳员办理收付的依据。

第二十九条　经常发生零星费用报销的部门，经过批准后可以借用定额备用金。定额备用金由专人保管，当保管人员工作变动时，应及时退回备用金。每年年终，财务部门应全部收回定额备用金，次年再借。

第三十条　公司设置银行存款日记账、现金日记账，按银行账户、币种分别核算资金的收入、支出和结存余额。全部收支应及时、准确地入账。

第三十一条　日记账必须做到日清月结，要掌握银行存款余额，防止透支。

第三十二条　控制现金坐支，当日收入现金应及时送存银行。出纳员每日盘点现金，并与库存现金日记账的余额核对相符。

第三十三条　每月月末，会计人员必须将库存现金、银行存款、其他资金总账余额与出纳员的银行存款日记账、库存现金日记账、其他资金日记账核对相符。

第三十四条　专职会计人员月末将银行存款日记账与银行存款对账单核对，编制银行存款余额调节表核查未达账项。如果经过调节账单仍然不相符的，应该查明原因并及时处理。对于未达账项，应查明原因，督促有关责任人员及时处理。

第三十五条　外埠存款、银行本票存款、银行汇票存款、信用卡存款、信用证保证金存款等其他资金参照银行存款进行管理。

第三十六条　会计人员应将以公司名义开设的信用卡对账单与其他资金的信用卡存款明细账按月核对。对于已支用而尚未报销的费用应督促信用卡使用人及时报账。

第六章　监督

第三十七条　内部审计部应对库存现金进行定期、不定期的检查，以保证现金的安全。

第三十八条　内部审计部应每月检查银行存款的账单核对情况，使银行存款账面余额与银行对账单调节相符。如发现问题，及时纠正。

第三十九条　每月将票据的使用情况与银行对账单有关记录一一核对，做到账证相符，防止空白票据的遗失和被盗用。

第四十条　财务部总监应对未达账项组织清理，并及时处理。

第四十一条　加强货币资金收支业务的内部审计。货币资金的管理应纳入公司内部审计的重要内容。定期审计货币资金内部控制制度的执行情况，审计货币资金的收入、支出的合法性、真实性和合理性，审计货币资金保管的安全性。

第四十二条　各子公司应根据自身实际情况制定明确的资金支付审批权限和程序，各项资金的支付必须严格按规定权限和程序审批。对于未经规定程序审批或超越权限审批的款项，出纳人员不得支付资金，其他财务人员不得办理有关财务事项。付款申请需要提交相关的证明材料。

第七章　附则

第四十三条　本制度解释权属于公司董事会。

第四十四条　本制度经公司董事会审议批准后实施。

本制度的相关规定如与日后颁布或修改的有关法律、法规、规章和依法定程序修改后的"公司章程"相抵触，则应根据有关法律、法规、规章和"公司章程"的规定执行，董事会应及时对本制度进行修订。

金陵饭店股份有限公司

二〇〇八年十月二十七日

资料来源　佚名. 上海证券报［N/OL］.［2009-04-27］. http://stock.stockstar.com/JI2009042700016932.shtml.

问题：上述案例告诉我们什么？

案例表明：对于现金、库存商品、应收账款和商业信用等营运资金的管理必须符合正确的运行程序，适应饭店营运资金的特点，以保证营运资金管理的有效性。那么，饭店的营运资金具有哪些特点呢？

5.1　饭店营运资金概述

营运资金是指饭店在经营活动中应用在流动资产上的资金。广义的营运资金是指流动资金总额，狭义的营运资金是指流动资产扣除流动负债后的余额。由于流动负债在筹资管理章节中已经作过系统的介绍，所以本节只就广义的营运资金作进一步阐述。

同步思考5-1

问题：流动资产包括哪些内容？

理解要点：流动资产包括货币资金、短期投资、应收票据、应收账款、预付账款、其他应收款、存货等。

5.1.1 营运资金的特点

1）短期性

流动资产占用的资金周转一次所需时间较短。饭店可以利用短期筹资方式满足资金的需要。

2）易变现

流动资产一般具有较强的变现能力，能够满足财务上临时性资金的需要。

3）变动性

各流动资产的实物形态经常变化，需合理配置各项流动资产的资金数额，以促进营运资金的周转。

同步思考 5-2

流动资产或流动负债容易受内外条件的影响，数量的波动往往很大。营运资金的需求问题既可通过长期筹资方式解决，也可通过短期筹资方式解决。

问题：营运资金的需求通过短期筹资解决的方式有哪些？

理解要点：银行短期借款、短期融资、商业信用、票据贴现等方式。

5.1.2 营运资金管理的原则

1）科学确定营运资金的需要量

饭店财务管理人员应认真分析经营状况，运用科学的方法预测营运资金的需要量。

2）加速营运资金的周转

饭店财务管理人员应挖掘资金潜力，节约使用资金，加快存货和应收账款的周转速度，以便取得最优的经济效益。

3）保证短期偿债的能力

在营运资金管理中，要合理安排流动资产与流动负债的比例关系，不断增强饭店的短期偿债能力。饭店可以根据自身的情况选择不同营运资金的筹资组合。

5.2 饭店的现金管理

现金是流动性最强的资产。拥有足够的现金对降低饭店的财务风险和增强饭店的资金流动性都具有十分重要的意义。

5.2.1 现金管理的目的与内容

为了学习现金管理的目的与内容，首先应该了解饭店持有现金的动机。

1）饭店持有现金的动机

（1）支付动机

支付动机是指为满足日常支付的需要而持有现金，例如用于购买原材料、支付工资、交纳税款和支付股利等。饭店每天的现金收入和现金支出很少同时等额发生，保留一定的现金余额可以使饭店在现金支出大于现金收入时不至于中断交易。支付需要现金的数量取决于其销售水平，即正常营业活动所产生的现金收入和支出以及它们的差额一般同销售量成正比例变化；其他现金的收支，如买卖有价证券、购入机器设备和偿还借款等，预测的难度相对较大，但随着销售量的增加也有增加的倾向。

（2）预防动机

预防动机是指持有现金用来应付意外事件对现金的需求。饭店预计的现金需要量一般是指在正常情况下的现金需要量，但有许多意外事件会影响饭店现金的收入与支出，例如地震、水灾、火灾等自然灾害，生产事故和顾客未能及时付款等，都会影响饭店的现金收支计划，从而使现金收支出现不平衡。所需现金的多少取决于现金收支预测的可靠程度、饭店临时借款的能力和饭店愿意承担的风险程度等三个因素。

（3）投机动机

投机动机是指饭店持有一定数量的现金，以便在证券价格剧烈波动时从事投机活动，并从中获得收益。当预期利率上升并且有价证券的价格将要下跌时，投机动机就会鼓励饭店暂时持有现金，直到利率停止上升为止；当预期利率将要下降并且有价证券的价格将要上升时，饭店可能会将现金投资于有价证券，以便从有价证券价格的上升中得到收益。

2）现金管理的目的

现金管理的目的，是在保证饭店经营所需现金的同时节约使用资金，并从暂时闲置的现金中获得最多的利息收入。如果现金结余过多，将会降低饭店的收益；而现金结余过少，又会影响饭店的经营活动。现金管理应力求做到既保证饭店经营所需的资金，以降低风险，又要使饭店不会有过多的闲置资金，以增加收益。

3）现金管理的内容

（1）编制现金收支预算，以便合理地估计未来的现金需求。

（2）对日常的现金收支进行控制，力求加速收款，延缓付款。

（3）用特定的方法确定最佳的现金余额。当饭店实际的现金余额与最佳的现金余额不一致时，应采取短期融资策略或采用归还借款和投资于有价证券等策略来达到现金结余的理想状况。

5.2.2 最佳现金余额的确定

1）现金周转模式

现金周转期是指从现金投入经营开始到最终转化为现金的过程，包括存货周转期、应收账款周转期和应付账款周转期。存货周转期是指将原材料转化为产成品并出售所需要的时间。应收账款周转期是指将应收账款转化为现金所需要的时间，即从产品销售到收回现金所用的时间。应付账款周转期是指从收到尚未付款的材料开始到现金支出所用的时间。因此，现金周转期计算公式为：

现金周转期=存货周转期+应收账款周转期−应付账款周转期

现金周转期确定后，便可确定最佳现金余额。其计算公式为：

最佳现金余额=年现金需要总额×现金周转期÷360

(5.1)

同步业务 5-1

某饭店预计存货周转期为 90 天，应收账款周转期为 40 天，应付账款周转期为 30 天，全年需要现金 720 万元，则最佳现金余额为：

现金周转期=90+40−30=100（天）

最佳现金余额=720×100÷360=200（万元）

可见，采用现金周转模式计算最佳现金余额的优点是简单明了且易于计算；缺点是这种方法的假设条件是材料采购与产品销售产生的现金流量在数量上是一致的，饭店的经营过程在一年中持续稳定地进行，即现金需要和现金供应不存在不确定的因素。如果以上假设条件不存在，则求得的最佳现金余额将发生偏差。

2）存货模式

存货模式中假设收入是每隔一段时间发生的，而支出则是在一定时期内均匀发生的。在此时期内饭店可通过销售有价证券获得现金。现金余额总成本包括现金持有成本和转换成本两个方面。现金持有成本是指因持有现金而放弃的报酬，如有价证券的利息率，它与现金余额成正比例变化。现金转换成本是现金与有价证券相互转换的固定成本，如经纪人费用、捐税及其他管理成本等，这种成本只与交易的次数有关，而与持有现金的余额多少无关。如果现金余额大，则持有现金的机会成本高，但转换成本可减少；反之亦然。当两种成本之和最低时的现金余额即为最佳现金余额。其计算公式为：

$$N = \sqrt{2 \times T \times b \div i} \tag{5.2}$$

其中：N为最佳现金余额；T为特定时间内的现金需求总额；b为现金与有价证券的转换成本；i为短期有价证券的利息率。

同步业务5-2

某饭店预计年需要现金12 000元，现金与有价证券的转换成本为每次100元，有价证券的利息率为6%，则最佳现金余额为：

$$N = \sqrt{2 \times 12\,000 \times 100 \div 6\%} = 6\,324.56 \ (元)$$

可见，采用存货模式计算最佳现金余额的优点是可以精确地测算出最佳现金余额和变现次数；缺点是只有假设条件比较确定的情况下才能使用此种方法。

3）因素分析模式

因素分析模式是根据上年现金占用额和有关因素的变动情况来确定最佳现金余额的方法。其计算公式为：

最佳现金余额 =（上年现金平均占用额 - 不合理占用）×（1 + 预计营业收入变化的百分比）　　(5.3)

同步业务5-3

某饭店商品部2016年平均占用现金为1 000万元，经分析其中有50万元的不合理占用额，2017年销售收入预计较2016年增长10%，则2017年的最佳现金余额为：

最佳现金余额 =（1 000 - 50）×（1 + 10%）= 1 045（万元）

可见，采用因素分析模式计算最佳现金余额的优点是考虑了影响现金余额高低的最基本因素且计算较简单；缺点是假设现金需求量与营业量同比例增长，但实际往往并非如此。

总之，上述各种现金计算模式是分别从不同角度计算最佳现金余额，各有优缺点，在实际工作中可结合起来加以运用。另外，现金余额的多少是多种因素作用的结果，数学模型并不能把各种因素的变化都考虑进去，所以在多数情况下还需财务管理人员根据经验加以确定。

5.2.3　现金的日常控制

1）加速收款

为了提高现金的使用效率并加速现金周转，饭店应在不影响未来销售的情况下，尽可能地加快现金的收回。

（1）设立集中银行

集中银行是设立多个策略性的收款中心来代替通常在饭店总部设立的单一收款中心，从而缩短从顾客寄出账款到现金入账的时间。为此，饭店首先以服务地区和各销售区的账单数量为依据，设立若干个收款中心，并指定一个收款中心的账户为集中银行；然后再通知客户将货款送到最近的收款中心，而不是送到饭店总部。收款中心将每天收到的货款存到当地银行，最后把多余的现金从地方银行汇入集中银行。

设立集中银行的优点是可缩短账单邮寄的时间和支票兑现的时间；缺点是每个收款中心的补偿余额是一种闲置的资金，而且设立收款中心需要一定的人力和物力，花费较多，所以饭店应根据实际情况确定是否应设立集中银行。

同步思考5-3

问题：某饭店现在平均占用现金1 000万元，该饭店准备采用集中银行方法收账。经研究测算，该饭店增加收款中心预计每年多增加支出8万元，但可节约现金100万元，该饭店的综合资金成本为9%。若设立集中银行，饭店可从节约资金中获得收益多少万元？该饭店是否应设立集中银行？

理解要点：9万元，比增加的支出8万元多1万元，因此该饭店应设立集中银行。

（2）采用锁箱法

锁箱法是通过承租多个邮政信箱，以缩短从收到顾客付款到存入当地银行的时间的一种现金管理办法。为此，饭店首先应在业务比较集中的地区租用当地加锁的专用邮政信箱，然后通知顾客把款项邮寄到指定的信箱，最后由授权公司邮政信箱所在地的开户行，每天数次收取邮政信箱的汇款并存入饭店的账户，将扣除补偿余额以后的现金及一切附带资料定期送往饭店的总部。

锁箱法的优点是大大缩短了饭店办理收款和存储手续的时间；缺点是需要按存入支票张数的一定比例向银行支付相应的报酬。是否采用锁箱法要在比较节约资金带来的收益与额外支出的费用之后确定。

（3）其他方法

对于金额较大的货款，可直接派人前往收取支票并送存银行，以加速收款；对于各银行之间以及饭店内部各单位之间的现金往来要严加控制，以防止过多的现金闲置。

2）控制支出

饭店在收款时应尽量加快收款的速度，而在管理支出时应尽量延缓现金支出的时间。控制现金支出的方法一般有三种：

（1）运用浮游量

浮游量是指饭店账户上存款余额与银行账户上显示的存款余额之间的差额。合理运用浮游量可适当减少现金数量，达到节约使用现金的目的；缺点是有可能破坏饭店和供应商之间的关系。因此，当一个饭店在同一国家内有多个银行存款账户时，则可选用一个能使支票流通在外的时间最长的银行来支付货款，以扩大浮游量。

（2）控制支出时间

这是最大限度地利用现金的一种好方法。例如，饭店在采购材料时的付款条件是"2/10，N/45"，若饭店打算享受2%的折扣，应安排在发票开出日期后的第10天付款，这样可以使饭店最大限度地利用现金而又不丧失现金折扣。

（3）工资支出模式

饭店设立的支付工资的存款账户余额的多少会影响饭店的现金总额。为了减少这一存款数额，饭店必须合理预测所开出支付工资的支票到银行兑现的具体时间。

同步业务5-4

某饭店某月3日应支付工资100 000元，根据历史资料，3日、4日、5日、6日、7日及7日以后的兑现比率分别为20%、40%、20%、10%、5%和5%。这样，饭店就不必在3日存够100 000元，而应分别存入银行20 000元、40 000元、20 000元、10 000元、5 000元和5 000元。

3）加强现金的综合控制

（1）力争现金流入与流出同步

饭店应尽量使现金流入与现金流出发生的时间趋于一致，使其所持有的交易性现金余额降到较低的水平。

（2）实行内部牵制制度

在现金管理中要实行钱账分管的原则，使出纳人员和会计人员互相牵制和监督。凡有库存现金的收付业务都应坚持复核制度，以减少误差和堵塞漏洞。出纳人员调换时必须办理交接手续，做到责任清楚。

（3）加强现金的核对

在现金管理过程中要及时进行现金的核对。库存现金的收支应做到日清月结，确保库存现金的账面余额与实际库存额一致；银行存款日记账余额与银行对账单余额一致；库存现金、银行存款日记账数额分别与库存现金、银行存款总账数额一致。

（4）遵守库存现金的使用范围

其具体包括：职工工资和津贴；个人劳动报酬；根据国家规定颁发给个人的科学技术、文化艺术、体育等各种奖金；各种劳保、福利费用以及国家规定的支付给个人的其他支出；向个人收购农副产品和其他物资的价款；出差人员必须随身携带的差旅费；低于结算起点的零星支出；中国人民银行确定需要支付的其他支出等。

（5）做好银行存款的管理

饭店应按期对银行存款进行清查，保证银行存款的安全完整；当结算户存款结余过多，并且在一定时期内不准备使用时，可以将结算户存款转入定期存款，以获取较多的利息收入；饭店应与银行保持良好的关系，使饭店的借款、还款、存款、转账结算能够顺利进行。

（6）适当进行证券投资

饭店有较多闲置不用的现金时，可投资国库券、大额定期可转让存单、企业债券和企业股票，以获取较多的利息收入；当饭店现金短缺时再出售各种证券获取现金。这样既能获得较多的利息收入，又能增强饭店的变现能力，因此，进行证券投资是调整饭店现金余额的一种比较好的方法。

5.3　饭店的应收账款管理

随着市场经济的发展和商业信用的推行，饭店应收账款的数额明显增多，现已成为流动资产管理的一个日益重要的问题。

5.3.1　应收账款的作用与成本

应收账款管理的基本目标就是在充分发挥应收账款作用的基础上降低应收账款投资的成本，通过提供商业信用的方式使扩大销售所增加的收益大于有关的各项费用。

1）应收账款的作用

（1）增加销售

赊销实际上是向顾客销售产品并且在一个有限的时期内向顾客提供资金。在资金缺乏的情况下赊销的促销作用是十分明显的，特别是在饭店销售新产品和开拓新市场时赊销更具有重要的意义。

（2）减少存货

应收账款可减少存货的管理费、仓储费和保险费等支出。因此当饭店存货较多时，一般可采用较为优惠的信用条件进行赊销，把存货转化为应收账款，以达到节约各种支出的目的。

2）应收账款的成本

（1）机会成本

如果饭店的资金不占用在应收账款上，资金便可用于其他投资并获得收益。这种使资金占用在应收账款上而放弃其他收入的成本，即为应收账款的机会成本，一般按有价证券的利息率计算。

（2）管理成本

应收账款的管理成本主要包括调查顾客信用情况的费用、收集各种信息的费用、账簿的记录费用、收账费用和其他费用等。

（3）坏账成本

应收账款若不能收回就会发生损失，这就是坏账成本。应收账款越多，坏账成本也就越多；反之亦然。

5.3.2　信用政策的制定

信用政策是饭店财务政策的重要组成部分。饭店要管好用好应收账款，必须事先制定合理的信用政策。信用政策主要包括信用标准、信用条件、收账政策和综合信用政策四个方面。

1）信用标准

信用标准是指饭店同意向顾客提供商业信用而提出的具体要求，通常以预期的坏账损失率作为判别标准。若饭店的信用标准较严格，只对信誉很好、坏账损失率很低的顾客给予赊销，则会减少坏账损失和应收账款的机会成本，但这样做又会减少销量；反之，若饭店的信用标准较为宽松，虽然会增加销售，但会相应增加坏账损失和应收账款的机会成本，所以饭店应根据具体情况进行权衡。

2）信用条件

信用条件是指饭店要求顾客支付赊销款项的条件，包括信用期限、折扣期限和现金折扣。信用期限是为顾客规定的最长付款时间；折扣期限是为顾客规定的可享受现金折扣的付款时间；现金折扣是在顾客提前付款时给予的优惠。

同步业务 5-5

酒店信用政策及挂账管理规定

为了方便有信誉的企业、团体、机关等机构性质的客人在本酒店内所属场所消费的结算，同时为防范信贷风险，特制定本规定。

一、信贷客户的开立

1. 申请。企业、团体、机关等单位要在酒店采用挂账结算方式的，须填写挂账结算申请表，清楚注明申请单位的名称、地址、电话、银行账号、授权签单人及其签名式样，并加盖公章。对于个人申请挂账结算的，必须预先交纳保证金，或由部门经理以上人员负责担保并承担全部风险，除酒店总经理或集团公司总经理以上人员外，担保金额不得超过5 000元。挂账客户须与酒店签订挂账结算合约。

2. 审批。所有挂账申请先经酒店公关销售部审核申请单位所填列的资料，以确保其准确性，并提出信贷限额、信贷期限和信用等级，并由财务部进行复核和风险评估后提出意见，交总经理审批。

3. 旅行社的结算合同。在与旅行社签订结算合同时，除须规定房租及其他优惠价格外，还必须规定挂账累计限额、结算期限、结算币种和结算方式等内容，对于信誉不好的旅行社，则须要求交纳一定数额的保证金。

4. 备案。挂账结算申请书按规定程序审核并由总经理最后审批后，财务部负责信贷的人员需为申请单位开设挂账账户，并发信正式通知申请单位。同时，将被批准单位的有关资料整理好编入挂账结算名册，发给酒店各收银点及有关部门，以备查对。

二、信用等级的评定

挂账客户的信用等级分为A、B两级。客户分级的评定依据主要根据该挂账单位规模的大小、市场信誉的好坏、合作时间的长短、单位背景等条件进行评审。对于规模大、市场信誉好、合作时间长、背景好的定为A级信用，对于以上条件较差的公司则列为B级信用。A级客户可免交保证金，价格上给予比B级客户更大的优惠。财务部根据销售部门提出的意见进行复查并提出意见，然后报总经理审批。挂账信用等级可根据合作时期的表现及实际情况进行调整。A级信用单位两次逾期付款后应降为B级信用单位，如持续逾期付款，应考虑是否要求其交纳保证金。

三、保证金的收取和信用限额的管理

B级信用单位必须预交与信用限额相同金额的保证金，保证金不能计算利息。财务部负责信贷的人员在挂账公司消费达到上限之前通知对方支付前期款项，否则在满额后必须现付结算。若挂账公司单笔消费额超过信用限额而又需要挂账结算时，必须由营业部门负责人签名担保，其担保金额不能超过5 000元，担保人负责账款追收并承担风险。

四、结算期限的规定及优惠条件

挂账公司的结算期一般定为 15 天（上半月消费款必须在月底前结清，下半月消费款必须在下月 15 日前结清）或 30 天（当月消费款必须在下月内结清）两种。为了鼓励挂账单位按期结算消费款，销售部在制定价格时可考虑给予按时结算的客户适当的折扣优惠，但须在合约中注明。

五、逾期结算的处理

当挂账公司未能按时支付款项时，财务部应及时发出催收信并做好存档，同时向上级汇报并知会销售部门，销售部门有责任协助追收。

六、挂账资格的终止

当应收账款逾期 90 天未能结清时，或者挂账消费额超过信用限额而尚未收回账款时，财务部负责信贷的人员应该提出终止客户挂账消费的报告书。销售部门、财务部经理根据具体情况提出意见，经过总经理审批后生效。信贷负责人除通知对方公司外，同时通知各收银点及有关部门。

七、坏账的处理

1．责任：坏账发生后，业务经办人员必须承担相关的责任。

2．转销程序：

（1）财务部对于每一笔欠款，经查确实不能收回时，须填写"坏账转销报告"，列明账款发生的日期、数额、追收的经过、不能收回的原因及认定坏账的证据等。

（2）财务部经理审核坏账转销报告，对造成损失的责任归属提出追究、处理的意见。

（3）总经理对坏账的转销、责任人的处理意见进行审核。

（4）财务部在接到坏账转销的批准后，方能办理转销的账务处理。

（5）作为坏账转销后的应收账款，财务部仍应积极与客户保持联系，随时跟踪有无收回账款的可能性。

八、挂账记录存档

为每一个挂账客户开立独立的挂账账户，保存挂账档案，包括挂结算申请表、客户相关资料、授权书、往来信函和对账单等。

九、举行挂账分析会议

财务部经理应每月组织一次挂账分析会议，由总经理、销售经理、各营业部门经理及信贷负责人员参加。财务部提供应收账款报告（包括累计应收账款余额、账龄情况、应收账款周转天数、逾期未结账情况及呆账情况等），通报客户的信用情况，提出账款在结算过程中存在的问题，商议解决办法。

资料来源　佚名．酒店信用政策及挂账管理规定［EB/OL］．［2012-03-07］．http://www.canyin168.com/glyy/cwgl/201203/40043.html.

3）收账政策

收账政策是指当信用条件被违反时饭店所采取的收账策略。饭店若采用比较积极的收账政策，就会降低应收账款的资金占用量，减少坏账损失，但也会增加收账成本；若采用比较消极的收账政策，则会增加应收账款的资金占用量，进而增加坏账损失，但会减少收账费用。一般而言，收账费用支出越多，坏账损失越少，但这两者并不一定存在线性关系。通常情况是在赊销期开始时花费一些收账费用，则应收账款和坏账损失会有所降低；

之后随着收账费用的继续增加,应收账款和坏账损失就会明显减少;最后当收账费用达到某一限度以后,应收账款和坏账损失的减少就不再明显了,这个限度称为饱和点。因此,在制定信用政策时,应权衡增加收账费用与减少应收账款的机会成本和坏账损失之间的得失。饭店可根据具体情况来制定不同的信用政策。

4)综合信用政策

要制定最优的信用政策,应把信用标准、信用条件和收账政策结合起来,考虑其综合变化对销售额、应收账款的机会成本、坏账成本和收账成本的影响。决策的依据是赊销的总收益应大于因赊销带来的总成本。综合决策的计算相当复杂,由于计算中的几个变量都是预计的,所以计算结果有相当大的不确定性。因此,信用政策的制定并不能仅靠数量分析,在很大程度上还要依据管理者的经验来判断决定。饭店的信用政策确定之后,可根据信用政策和预计的营业收入等指标来计算确定应收账款占用资金的数额。

同步业务5-6

某饭店2017年计划营业收入为4 000万元,预计有60%为赊销,应收账款的平均收现期为60天,则2017年度该饭店应收账款平均占用资金的数额为多少?

4 000×60%×60÷360=400(万元)

5.3.3 应收账款的日常控制

饭店在信用政策建立以后要做好应收账款的日常控制工作,进行信用调查和信用评价,以确定是否同意顾客赊欠货款。当顾客违反信用条件时还要做好账款的催收工作。

1)饭店的信用调查

只有正确地评价顾客的信用状况,才能合理地执行饭店的信用政策。为此,饭店必须搜集有关的信息资料,对顾客的信用进行全面的调查。

(1)直接调查

直接调查是指调查人员直接与被调查单位接触,并通过当面采访、询问、观看、记录等方式获取信用资料的一种方法。其优点是能保证搜集资料的准确性和及时性;缺点是如果不能得到被调查单位的配合,则会使调查的资料不完整。

(2)间接调查

间接调查是以被调查单位以及其他单位保存的有关原始记录和核算资料为基础,通过加工整理获得被调查单位信用资料的一种方法。这些资料主要来自财务报表、信用评估机构和银行等。此外,财税部门、消费者协会、工商管理部门、饭店的上级主管部门、证券交易部门以及书籍、报刊等也可提供有关顾客的信用情况。

2)饭店的信用评估

搜集好信用资料后应对这些资料进行分析,并对顾客的信用状况进行评估。信用评估的常用方法有5C评估法和信用评分法两种。5C评估法是指重点分析影响信用的5个因素的一种方法。这5个因素是:品德、能力、资本、抵押品和情况。由于这5个因素的第一个英文字母都是C,故称之为5C评估法。通过这5个因素的分析,基本上可以判断顾客的信用状况,并以此决定是否向顾客提供商业信用。信用评分法是指对一系列财务比率和信用情况指标进行评分,加权平均后得出顾客的综合信用分数,并以此进行信用评估的一种方法。在采用信用评分法进行信用评估时,若分数在80分以上,则说明该企业的信用状况良好；若分数在 60~80 分，则说明该企业的信用状况一般；若分数在 60 分以下，则说明该企业的信用状况较差。

3）信用期间的确定

信用期间是指饭店允许顾客从购货到付款之间的时间，即饭店给予顾客的付款期间。信用期间的确定，主要是分析改变现行信用期对收入与成本的影响。

同步业务 5-7

某饭店有客房 400 间，平均房价 400 元，平均每天每间客房的变动费用为 50 元、固定费用为 70 元。原信用期为 30 天时的客房出租率为 50%，此时收账费用为 10 000 元；现若将信用期放宽到 45 天，则客房出租率可达到 80%，此时收账费用为 15 000 元。若该饭店的坏账损失率为 1‰，最低报酬率为 15%，试分析该饭店应选择哪个信用期间。

根据上述资料，计算各指标见表 5-1。

表 5-1　　　　　　　　　　　**30 天与 45 天信用期各项目的比较**

信用期 项目	30 天	45 天
出租间次	400×360×50%=72 000	400×360×80%=115 200
营业收入（元）	400×72 000=28 800 000	400×115 200=46 080 000
变动成本（元）	50×72 000=3 600 000	50×115 200=5 760 000
固定成本（元）	70×72 000=5 040 000	70×115 200=8 064 000
毛利（万元）	2 880-360-504=2 016	4 608-576-806.4=3 225.6
预计发生的账款费用（元）	10 000	15 000
可能发生的坏账损失（元）	28 800	46 080

①分析不同方案的收益增加金额。

收益增加=销售量×单位边际贡献=（115 200-72 000）×（400-50）=15 120 000（元）

②分析应收账款占用资金的应计利息的增加金额。

利息增加=应收账款平均余额×变动费用×资金成本率

　　　　=月销售量×平均收款期×变动费用×资金成本率

30 天信用期的应计利息=（28 800 000÷360）×30×（3 600 000÷28 800 000）×15%=45 000（元）

45 天信用期的应计利息=（46 080 000÷360）×45×（5 760 000÷46 080 000）×15%=108 000（元）

应计利息增加=108 000-45 000=63 000（元）

③收账费用和坏账损失的增加。

收账费用增加=15 000-10 000=5 000（元）

坏账损失增加=46 080-28 800=17 280（元）

④改变信用期的净损失。

收益增加-成本费用增加=15 120 000-（63 000+5 000+17 280）=15 034 720（元）

由于收益增加大于成本增加，因此应采取 45 天的信用期。

此外，还可以采用应收账款账龄分析法。应收账款账龄分析是借助一张能显示应收账款在外天数长短的报告分析应收账款的状况。其格式见表 5-2。

表 5-2   应收账款账龄分析表

时间	账户数量	余额（元）	所占比例（%）
未到		15 000	30.93
过期 1~30 天	40	12 000	24.74
过期 31~60 天	20	8 000	16.49
过期 61~90 天	10	6 000	12.37
过期 91~120 天	8	4 000	8.25
过期 121 天以上	5	3 500	7.22
应收账款总额		48 500	100

通过表 5-2 的分析可以了解饭店有多少欠款尚在信用期内，多少欠款已超过信用期。其超过时间的长短及此项款项各占多少均一目了然，对拖欠时间过长且有可能发生坏账的应收账款应提前做好准备，并充分估计这一因素对损益的影响，从而制定出经济可行的收账政策，加强应收账款的催收。

4）收账的日常管理

（1）确定合理的催账程序

当顾客拖欠账款时，饭店要先给顾客寄一封礼貌的通知信件；如果无效，可进一步通过电话催收；之后，饭店的收账员可以直接与顾客面谈，并协商解决；上述方法无果后可采取法律行动。

（2）确定合理的讨债方法

顾客拖欠货款基本上有无力偿付和故意拖欠两种原因。无力偿付是指顾客因经营管理不善而导致财务出现困难，没有资金偿付到期债务。如果顾客确实遇到暂时性困难，并且经过努力可以摆脱困境，饭店应帮助顾客渡过难关，以便收回较多的账款。如果顾客遇到严重困难，并且已达破产边缘，饭店则应及时向法院起诉，以便在破产清算时得到债权的部分清偿。故意拖欠是指顾客虽有能力付款，但顾客为了自身的利益而想方设法不付款。如果是这样，饭店则需要确定合理的讨债方法，如讲理法、恻隐术法、疲劳战法、激将法和软硬兼施法等，以达到收回账款的目的。

5.4 饭店的存货管理

饭店的存货包括原材料、燃料、低值易耗品、物料用品和商品等。饭店的存货对饭店财务状况的影响极大。加强存货的规划与控制并保持存货的最优水平已成为财务管理的重要内容。

同步思考 5-4

问题：饭店的存货占流动资产的比例一般是多少？

理解要点：饭店的存货占流动资产的比例为 40%~60%。

5.4.1 存货的作用与成本

进行存货管理的主要目的是要控制存货的水平，在充分发挥存货作用的基础上努力降低存货成本。

1）存货的作用

（1）保证经营活动的正常进行

在经营过程中所需要的存货是经营中必需的物质资料。存货在经营不均衡和商品供求波动时可起到缓和矛盾的作用。

（2）降低经营成本

饭店经营的季节性很强，并且产品的需求也很不稳定。若根据需求状况进行存货采购，则会导致零购存货的价格较高；若批量购买存货价格会有优惠，从而降低营业成本。饭店应在存货成本与存货效益之间进行权衡，以达到两者的最佳结合。

（3）防止意外损失

保持必要的存货保险储备可以避免或减少因存货不足而造成的损失。

2）存货的成本

在饭店内部，各部门出于本部门的工作特点和利益对存货的控制有着不同的要求。财务部希望占用的资金越少越好，目的是使存货降到最低；采购部希望能大批量采购物资，从而优惠价格，节约运费，降低采购成本，同时也可避免承担中断供应的责任；经营部希望有较高的存货水平，以减少因缺货而带来的经营损失。因此，存货管理要兼顾饭店的整体利益，既要保证经营的连续性，又要减少存货成本。存货成本一般包括以下三个方面：

（1）购置成本

购置成本是指由卖价和运杂费构成的成本。其计算公式为：

$$\text{年购置成本} = D \times U \tag{5.4}$$

其中：D 为存货的年需要量；U 为存货的单位成本。

（2）订货成本

订货成本指为订货而发生的成本，包括采购人员的工资、采购部门的一般经费和采购业务费。订货成本按其与采购量的关系分为两部分：一部分是为了维持一定的采购能力而发生的并且各期金额都比较固定的成本，称为固定订货成本，如采购部门的一般经费；另一部分是随订货次数的变动而成正比例变化的成本，称为变动订货成本，如采购业务费。其计算公式为：

$$\text{年订货成本} = D \times K_d \div Q + F_1 \tag{5.5}$$

其中：Q 为每次订货批量；K_d 为每次订货的变动成本；F_1 为年固定订货成本。

（3）储存成本

储存成本是指因储存货物而发生的各种成本，包括支付给储运公司的储运费、存货占用资金应计的利息、保险费、损耗费和饭店自设仓库的一切费用等。储存成本按其与储存量的关系也可分为两部分：一部分是与储存量和储存时间无关的成本，称为固定储存成本，如仓库折旧、仓库职工工资等；另一部分是与储存量和储存时间有关的成本，称为变动储存成本，如存货占用资金应计的利息、保险费、损耗费等。其计算公式为：

$$\text{年储存成本} = K_c \times Q \div 2 + F_2 \tag{5.6}$$

其中：K_c 为单位储存的变动成本；F_2 为年储存固定成本。

综上所述，存货总成本的计算公式为：

存货总成本=年购置成本+年订货成本+年储存成本

$$=D \times U + D \times K_d \div Q + F_1 + K_c \times Q \div 2 + F_2 \tag{5.7}$$

5.4.2　存货的日常控制

存货的日常控制是指饭店在日常经营过程中按照存货预算的要求对存货的使用和周转情况进行的组织、调节和监督。存货的控制方法主要有以下五种：

1）存货的归口分级控制

（1）饭店的财务部门应对存货资金实行统一管理

财务部门的统一管理首先要根据国家的财务制度和饭店的具体情况制定饭店资金管理的各种制度；其次要认真测算各种资金的占用数额，并以此汇总编制存货的资金预算；再次要把有关的预算指标进行分解，并落实到有关的单位和个人；最后要对各单位的资金运用情况进行检查和分析，并统一考核资金的使用情况。

（2）实行资金的归口管理

根据使用资金和管理资金相结合的原则、物资管理和资金管理相结合的原则，原材料、燃料、包装物等资金归供应部门管理；成品资金归销售部门管理；工具用具和修理用备件占用的资金归工程部管理。

（3）实行资金的分级管理

各归口的管理部门要根据具体情况将资金预算指标进行分解，分配给所属的单位或个人，层层落实，进而实行分级管理。

2）经济批量控制

经济批量是指一定时期储存成本和订货成本总和最低的采购批量。储存成本与订货成本的高低与订货批量多少的关系是相反的。订购批量越大，存货越多，储存成本越高，但若订货次数减少，将导致订货成本降低；反之，若降低订货批量，则降低储存成本，但若订货次数增加，将导致订货成本上升。由此可见，随着订购批量大小的变化，储存成本与订货成本此消彼长。存货控制的目的，就是要寻找这两种成本合计数最低的订购批量，即经济订购批量。为了确定经济批量，可采用逐批测试法和公式法来分别计算。

（1）逐批测试法

为了确定经济批量，现分别采用不同的订货量逐批测试。

同步业务5-8

光华饭店商品部全年需要甲商品1 200件，每次的订货成本为400元，每个商品的年储存成本为6元。求经济批量是多少？

经济批量的分析过程见表5-3。

表5-3　　　　　　　　**经济批量逐批测试表（全年需要量1 200件）**

项目	各种批量					
定购批数（批）	1	2	3	4	5	6
定购批量（件）	1 200	600	400	300	240	200
年储存成本（元）	3 600	1 800	1 200	900	720	600
年订货成本（元）	400	800	1 200	1 600	2 000	2 400
年总成本合计（元）	4 000	2 600	2 400	2 500	2 720	3 000

可见，当每批订货为400件，一年订货3次时，全年的总成本最低为2 400元，故400件为经济批量。

（2）公式法

这一方法是不考虑单价变动的影响因素，从订货成本和储存成本的角度建立存货的总成本模型，并利用微积分的极值原理求导数推算经济批量。其计算公式为：

$$Q = \sqrt{2 \times D \times K_d \div K_c}$$ （5.8）

则上例的经济批量为：

$$Q = \sqrt{2 \times 1\,200 \times 400 \div 6} = 400（件）$$

（3）有数量折扣的经济批量模型

饭店在销售时都有批量折扣，对大批量采购在价格上给予一定的优惠。在这种情况下除了考虑订货成本和存储成本外，还应考虑采购成本。

同步业务5-9

光华饭店甲商品的单价为10元，但如果一次订购超过600个，可给予2%的批量折扣。请问应以多大批量订货？

按经济批量采购，不取得数量折扣，则：

总成本=1 200×400÷400+400×6÷2+1 200×10=14 400（元）

不按经济批量采购，取得数量折扣。如果想取得数量折扣，必须按600个采购，则：

总成本=1 200×400÷600+600×6÷2+1 200×10×（1-2%）=14 360（元）

可见，订购量为600个时成本最低。

3）订货点控制

订货点是订购下一批存货时本批存货的储存量。确定订货点应考虑平均每天的正常耗用量、提前订货时间（包括在途日数、验收整理日数、供应间隔日数和保险日数等）和保险储备量等因素，其计算公式为：

$$R = n \times t + S$$ （5.9）

其中：R表示订货点量；n表示平均每天的正常耗用量；t表示提前订货时间；S表示保险储备量。

同步业务5-10

光华饭店每天正常耗用大米10袋，订货的提前期为20天，预计最大耗用量为每天12袋，预计最长提前期为25天，则：

订货点量=10×20+（12×25-10×20）×50%=250（袋）

4）ABC分类控制法

这种方法首先计算每种存货在一定时间内（一般为一年）的资金占用额；然后计算每种存货资金占用额占全部资金占用额的百分比，并按大小顺序排列，编成表格；根据事先测定好的标准，把最重要的存货划为A类，把一般存货划为B类，把不重要的存货划为C类，并画图表示出来；最后对A类存货进行重点规划和控制，对B类存货进行次重点管理，对C类存货只进行一般管理。

同步业务5-11

某饭店商品部共有20种存货，占用资金100 000元，按占用资金多少的顺序排列后，根据上述原则划分为A、B、C三类，见表5-4。

表5-4 某饭店商品部ABC存货分类表

存货品种（用编号代替）	占用资金数额（元）	类别	各类存货所占的		各类存货占用资金的	
			种数（种）	比重（%）	数量（元）	比重（%）
1	50 000	A	2	10	75 000	75
2	25 000					
3	10 000	B	5	25	20 000	20
4	5 000					
5	2 500					
6	1 500					
7	1 000					
8	900	C	13	65	5 000	5
9	800					
10	700					
11	600					
12	500					
13	400					
14	300					
15	200					
16	190					
17	180					
18	170					
19	50					
20	10					
合计	100 000		20	100	100 000	100

5）适时性管理

饭店应在经营需要与物资供应之间实现同步，并利用电子计算机把饭店的各子系统有机地结合起来，从而形成一个面向整个饭店的一体化系统，使物资传送与作业加工速度处于同一步调，最终将存货降低到最低限度，甚至达到零存货。适时性管理的好处在于消除了大量的存货，节约了存货占用的资金及相应的储存成本，从而提高了经营效益，同时对供应商、员工、经营系统提出了更高的要求。

教学互动5-1

互动问题：饭店的存货管理有多种方法。

1）在饭店存货管理的方法中，哪一种方法最好？

2) ABC 分类控制法适合于餐饮部还是商品部使用？

要求： 同第 1 章"教学互动 1–1"的"要求"。

同步业务 5–12

饭店存货管理制度

一、存货范围

凡在盘点时所有权归属企业的存货，不论其存放地点在哪儿，均应作为企业存货，商家代销或铺底销售产品也应作为存货单独管理。

二、存货分类

企业存货分为：原材料（酒水、饮料、鲜活食品、佐料、回收菜、成品菜、干杂等），低值易耗品（办公用具、用品、一次性餐具、厨房用生产工具等），以及凡不属于公司财产目录的其他物品。

三、存货采购

1.存货的采购必须以审核有效的申购单购货（严格按照申购单的质量、等级、数量、品名购买）。

2.存货采购必须按有关部门制定的质量标准采购，购买量不得超过最高储备量。

3.（原材料）原则上实行滚动结算的采购方式。

4.供应商应趋于集中化、固定化、长期化、合同化。

5.定期谈判制度。

四、存货入库

1.存货验收人员包括质检人员、库管人员、加工车间负责人（或实物负责人）。

2.验收时应注意验收货物的名称、型号、规格、数量、质量标准、金额。

3.验收时还应注意申购程序是否合法、齐备。

4.上述 2、3 条应同时齐备，库管应严格把关，对不符合规定的拒绝入库，如有争议，应汇报基地负责人或上级分管领导。

5.酒水、饮料、部分鲜活食品在店面验收，干杂、佐料在库房验收，大部分鲜活食品在基地加工车间验收，低值易耗品在使用部门（或库房）验收。

6.成品菜、回收菜按菜品质量等级分别计价回收，成品菜原则上不回收，需二次加工的按出厂价回收，并办理相关的入库手续。回油按油的成品率计算入库数量。

7.在存货的数量、质量等有不符的情况下，应按实物入库，并填写货物溢余（短缺）单。

8.以实物的数量、质量登记相关的明细账。

9.月终所有入库单（连同申购单存根联）存根归类建档，装订成册，以便查阅。

10.入库名称应以公司统一的标准称谓为准，有俗称的应备注俗称。

11.存货的损耗及报损处置

（1）鲜活食品入库时合理损耗按相关部门制定的采购标准执行，同时计入采购成本；入库数量以实物为准。价格需要重新计算，金额以实付为准。

（2）所有存货在经营过程中的报损应填写报损报告书（说明原因、数量等），报损报告书由实物负责人书写，部门负责人签署报损性质及初步处理意见，执行总经理复核，最后呈总经理签署处理意见后，库管和财务才能作为账务处理的依据。

（3）存货废品统一回收处理（例如酒类包装物、生产用工具废品需经库管统一回收处理）。无处理价值的废品直接报损，废品销售应由店长和基地负责人同意后方可处理，处理明细单由库管填写，经部门负责人签字、执行总经理复核，出纳开具收据，事后呈总裁复核。会计将此项目纳入部门成本核算范围。

（4）所有存货的报损中属于正常报损的计入部门费用，属于非正常报损的由实物负责人承担经济责任，实物负责人不明确的由部门所有人员共同承担经济责任。

（5）采购过程中的损耗要制定合理的量化标准，在经营过程中的损耗也要制定量化标准，低值易耗品的损耗要制定定性标准。

五、存货出库

1．出库以部门领料人员（或库管）开具领料单并经领用部门的领导签字后，库管才能出库。

2．按领料单登记相关明细账，低值易耗品还应建立部门实物卡。

3．月终所有领料单（包括部门负责人指令出库的指令手续）应归类建档、装订成册。

4．代销商品、铺底销售商也应按第四、第五道程序办理。

5．退库、退货分别以红字办理领料单、入库单。

6．直接在加工车间办理入库的鲜活食品可不再办理领用手续，加工车间的负责人应在该入库单的领用签字栏目签字，直接在使用部门入库的低值易耗品可同时办理入库和领用手续。

7．领料单上的名称栏应以公司统一的标准称谓为准，有俗称的注明俗称。

六、存货管理

1．库房和实物负责人应按存货的特性、注意事项做好存货管理（防潮、防电、防火、防霉烂变质、堆放要求等）。

2．原材料应制定存放数量标准（最高储备、最低储备等），以便销售和资金管理。对于低值易耗品的管理，部门负责人要把每件物品落实到人头（岗位），同时保管人员要建立部门区域物资卡片。

3．存货应按要求分类，分区域摆放并且标上存放标签，如有堆放，应摆放整齐，以便点数管理。

4．存货发放以先进先出为准则，以便进行实物质量管理。

5．在存货中的原材料每月应对其质量进行详细检验，以防原材料受损或霉烂变质。

6．库管人员应注意以下事项：

（1）保持库房清洁、卫生、整齐；

（2）注意库房的通风设备等环境设施的运行状况；

（3）金额较大的存货应摆放在库房最里边；

（4）平时注意库房的门窗是否完好，做好库房的防火、防盗工作。

7．任何人、部门不具有相关合法手续，库房或实物负责人不得借用并领用存货。

8．平时应加强实物、卡片、实账的核对工作（可每日核对）。

9．成品菜、回收菜（需二次加工的）严格按照先进先出的准则，每日对菜品质量进行检验，严格按照成品菜的摆放规则进行摆放（新、陈摆放规则等）。

10. 店面（桌椅等设施）的管理。

（1）参照财产管理方式进行管理。

（2）平时应加强桌椅等的清洁、卫生、安全管理，加强巡场工作，如遇顾客损坏设施设备的情况，员工应有礼貌地寻求解决方式，并让顾客承担相应责任。

（3）店面经营设施出现损坏，而员工未发现或未有任何处理结果的，一切损失由店面的全体员工负责赔偿。

（4）出现损坏应立即进行书面报告，并立即修理，修理费用扣除可收回金额（赔偿）后由部门承担费用，纳入部门的核算方案。

（5）报损执行相关的报损程序。

七、存货实物账务（库管账务）

1. 所有存货均应建立存货明细账。

2. 部门区域使用存货（办公用品、厨房生产工具、店面经营设施）应汇总填制实物卡，实物卡应登记本区域名称、实物名称以及数量等。

3. 所有存货的收发登记明细账均有相关的合法手续为依据。（1）入库登记应以入库单、申购单、货物溢余（短缺）单为依据；（2）出库登记应以领料单（部门负责人出库指令、有效的报损报告书）为依据。直接在加工车间入库的食品应根据月底的盘存数量来登记材料明细账。

4. 存货明细账采用活页三栏式材料明细账，应对明细账标明页码，不得撕毁和涂改。

5. 登记明细账时，应注明收发凭证编号（领料单号、入库单号），存货购进日期，摘要写明"主要事项、采购人、货物批号、保质期"等。存货存放地点应详细载明。

6. 月末应清理业务数据，将本月末最后一笔业务登记账簿。

7. 月末应将本月领料单、入库单的存根连同其附件（申购单等）按号码顺序装订成册，并在封面上按会计规定注明相关事项，以便查询。

8. 年末应在账账、账证、账实核对后进行结账、过账，并将账簿装订，在封面注明会计规定的相关事项。

9. 年末财产管理员要编制低值易耗品的部门分布表。

八、存货盘点

1. 存货盘点采取每月盘点、不定期抽检制度。

2. 存货盘点人员由实物负责人、财务（或库管）人员、部门负责人组成。

3. 应将本月所有业务登记在账，货物已到库但未办理相关手续的，应做好账务金额调整表，已办理相关手续且已入账但货物仍然在库的应另行办理调整表。

4. 盘点时应注意实物与实物卡之间的核对。

5. 部门应准备好盘点计量工具。

6. 编写盘点报告，如有溢余（短缺）应填写报告书，经总经理签署处理意见后作为财务处理依据。

资料来源　佚名. 饭店存货管理制度. [EB/OL]. [2012-03-09]. http://www.canyin168.com/glyy/wlps/kufang/201203/40111_2.html.

▶ 本章概要

□ 内容提要

本章介绍了营运资金的概念，认为营运资金是指饭店在经营活动中应用在流动资产上的资金。营运资金具有短期性、易变现、变动性的特点。对营运资金的管理应遵循科学确定营运资金的需要量、加速营运资金的周转、保证短期偿债的能力等原则。

饭店持有现金的动机有支付动机、预防动机和投机动机。现金管理的目的是在保证饭店经营所需现金的同时节约使用资金，并从暂时闲置的现金中获得最多的利息收入。现金管理的内容包括：编制现金收支预算，以便合理地估计未来的现金需求；对日常的现金收支进行控制，力求加速收款、延缓付款；用特定的方法确定最佳的现金余额。当饭店实际的现金余额与最佳的现金余额不一致时，应采取短期融资策略或采用归还借款和投资于有价证券等策略来达到现金结余的理想状况。最佳现金余额的确定方法有现金周转模式、存货模式和因素分析模式。现金的日常控制方法有设立集中银行和采用锁箱法等加速收款的方法和运用浮游量、控制支出时间、工资支出模式等控制支出的方法。此外，还可以通过力争现金流入与流出同步、实行内部牵制制度、加强现金的核对、遵守库存现金的使用范围、做好银行存款的管理、适当进行证券投资等手段进行现金的综合控制。

饭店的应收账款可以增加销售和减少存货。应收账款的成本包括机会成本、管理成本和坏账成本。饭店的信用政策主要包括信用标准、信用条件、收账政策和综合信用政策四个方面。应收账款的日常控制方法有饭店的信用调查、饭店的信用评估、信用期间的确定和收账的日常管理。

饭店存货的作用是保证经营活动的正常进行，降低经营成本并防止意外损失。存货的成本包括购置成本、订货成本和储存成本。存货的日常控制是指饭店在日常经营过程中按照存货预算的要求对存货的使用和周转情况进行的组织、调节和监督。存货的控制方法主要有存货的归口分级控制、经济批量控制、订货点控制、ABC分类控制法和适时性管理等。

□ 主要概念和观念

▲ 主要概念

营运资金　现金周转期　存货周转期　应收账款周转期　应付账款周转期　锁箱法信用标准　信用条件　收账政策

▲ 主要观念

浮游量　经济批量　ABC分类控制法

□ 重点实务

最佳现金持有量的确定　最佳存货批量的确定

▶ 基本训练

□ 知识训练

▲ 复习题

1）现金管理的内容主要表现在哪几个方面？

2）现金的日常控制主要表现在哪几个方面？

3）应收账款的日常控制主要表现在哪几个方面？

4）存货的日常控制主要表现在哪几个方面？

▲ 讨论题

1）营运资金管理的原则是什么？

2）饭店持有现金的动机有哪些？

3）最佳现金余额的确定方法有哪些？

4）应收账款的作用有哪些？

5）存货的作用有哪些？

□ 能力训练

▲ 计算与分析

1）某饭店商品部全年需要甲商品1 000个，每次的订货成本为500元，每个商品的年储存成本为5元。该饭店甲商品单价为18元，但如果一次订购超过300个，可给予2%的批量折扣。你认为该饭店应以多大批量订货？

2）某饭店有客房200间，平均房价300元，平均每天每间客房的变动费用为35元、固定费用为50元。原信用期为30天时客房的出租率为55%，此时收账费用为12 000元；现若将信用期放宽到45天，则客房的出租率可达到70%，此时收账费用为16 000元。若该饭店的坏账损失率为1‰，最低报酬率为12%，试分析该饭店应选择哪个信用期间。

3）某饭店现金收支状况比较稳定，预计全年（按360天计算）需要现金5 000 000元，现金与有价证券的转换成本为每次80元，有价证券的年利率为8%，则最佳现金持有量为多少？

4）某饭店预计年耗用甲材料20 000千克，单位储存成本1.5元，平均每次订货成本为600元，一年按360天计算，则该材料的经济进货批量为多少？

5）某饭店生产甲产品，固定成本总额为100 000元，变动成本率为75%。当该饭店不对客户提供现金折扣时，该产品的年销售收入为2 000 000元，应收账款的平均回收期为60天，坏账损失率为2%。现考虑是否给客户提供信用条件"2/10，n/40"。估计采用这一新的信用条件后，销售收入将增加15%，有60%的客户将在折扣期内付款，另外40%的客户的平均付款期限为40天，坏账损失率降为1%。该饭店的生产能力有剩余，其资金成本为10%。试确定该饭店是否应采用新的信用条件。

▲ 案例分析

中兴饭店经理的营运资金管理经验

背景与情境： 中兴饭店的经理将营运资金管理的经验归纳为以下三点：

1．争时。争时就是强化时间价值的观念。饭店在购进原材料、组织经营、选择管理和销售方式、处理闲置资产等方面，都应由饭店的最高决策层进行决策，同时还必须认真考虑资金的占用数量、资金的使用情况、资金的周转情况、市场毛利率等因素。通过资金时间价值的计算，实现资金时间效能的最大化，从而取得资金运用的最佳效果。

2．清欠。精明的决策者应以销售为重点，加强对资金流入量、存货资金占有量和债务清理量的考核，达到销售以资金为中心。在此基础上，饭店应采取以下五个方面的保证措施：一是要有一个压缩老欠款的年度计划，并落实到具体的责任人；二是按销售合同及销售收入总额的一定比例作为对方的铺垫资金，按赊欠企业的特点分别与之签订合同，并落实具体的数额；三是在铺垫资金的基础上，实行超欠款部分的有偿占用，按贷款月息率计算利息，由财务部门核实，经领导批准后冲减销售人员的承包费用；四是坚持销售人员对所负责欠款单位按月或按季进行欠款账目的核对，做到承前启后，并形成规矩；五是要坚持有借有还，即还老债借新债。

3. 觅机。饭店要广纳并筛选信息，具体操作可概括为"访""快""抵"三个字。"访"是指饭店的决策者必须亲自走访市场，随时掌握市场信息。要依靠期货和现货的交易市场，指导决策，以减少价格风险。同时，饭店要巩固老产品，发展新产品，加大市场开发的力度。"快"是指饭店要运用价值规律促进经营，尽量把库存产品降低到最合理的数量，最终达到降低资金占用额的目的。"抵"是指饭店经理采取将滞销的商品抵出去、将经营所需的存货购进来的策略，这样既解决了产品积压的问题，又缓解了饭店资金的困难，进而加速了饭店资金的流通。

问题：

1) 分析该经理的经验是如何将理论与实践紧密结合的。

2) 本案例给你带来什么启示？

分析要求： 同第1章本题型的"分析要求"。

▲ 实训操练

【实训项目】营运过程控制与管理

【实训要求】通过本模块的实训，使学生了解饭店财务控制应具备的条件和原则，熟悉责任中心的划分标准和方法；了解饭店日常营运资金管理的内容，掌握现金、应收账款和存货等管理的方法。要求学生能够运用所学的财务控制和营运资金管理的方法，控制和管理饭店经营过程，并就模拟的投资项目营运过程提出财务控制与管理的方案。

【实训步骤】

1) 布置任务：教师提前两周布置"项目营运过程控制与管理"实训任务和要求。

2) 实训指导：教师采用现场教学法，介绍营运过程的财务控制和管理的方法，以指导学生模拟设计项目营运过程控制和管理的方案。

3) 资料搜集：

(1) 运用所学知识，列明需要搜集的资料；

(2) 利用见习活动，搜集所需的其他相关资料。

4) 项目营运过程控制与管理方案设计步骤：

(1) 财务控制基础环境：组织机构、责任会计体系、各项日常财务管理规章制度、奖惩制度等；

(2) 责任中心的划分与设计；

(3) 营运资金管理方案设计，包括：最佳现金持有量的确定方法、信用政策的制定、存货管理方法（最佳经济批量）的确定。

5) 小组分工协作、讨论交流，共同完成项目营运过程控制与管理方案的设计。

6) 班级课堂交流。

7) 各小组提交项目营运过程控制与管理的设计方案。

8) 教师评价设计方案并进行总结。

□ 善恶研判

饭店应收账款账龄分析

背景与情境： 某饭店应收账款账龄分析表见表 5-5。

表 5-5　　　　　　　　　　　**某饭店应收账款账龄分析表**

应收账款账龄	账户数量	金额（万元）	比重（%）
信用期内（设定平均为 3 个月）	200	120	60
超过信用期 1 个月内	100	24	12
超过信用期 2 个月内	50	16	8
超过信用期 3 个月内	30	12	6
超过信用期 4 个月内	20	10	5
超过信用期 5 个月内	15	8	4
超过信用期 6 个月内	5	4	2
超过信用期 6 个月以上	10	6	3
应收账款余额合计	—	200	100

　　表 5-5 表明，在该企业的应收账款余额中，有 120 万元尚在信用期内，占全部应收账款的 60%。过期数额 80 万元，占全部应收账款的 40%，其中逾期在 1、2、3、4、5、6 个月内的，分别为 12%、8%、6%、5%、4%、2%。另有 3% 的应收账款已经逾期半年以上。

资料来源　刘锦. 财务管理学 [M]. 上海：上海财经大学出版社，2010.

　　问题： 请从行业自律或职业操守的角度分析该饭店逾期账款发生拖欠的原因。

　　研判要求： 同第 1 章本题型的"研判要求"。

第6章　饭店收益及其分配管理

- **学习目标**
- 6.1　饭店的营业收入管理
- 6.2　饭店的成本费用管理
- 6.3　饭店的利润管理
- **本章概要**
- **基本训练**

● **学习目标**

通过本章学习，你应该达到以下目标：

职业知识：学习和掌握饭店营业收入和成本费用的管理方法、股份制饭店股利的支付程序和支付方式、税金的种类等知识；能用其指导"饭店收益及其分配管理"中的相关认知活动，规范其相关技能活动。

职业能力：用本章的专业知识正确解答"基本训练"中的计算题，训练与"饭店收益及其分配管理"相关的计算能力；运用本章专业知识研究相关案例，培养在"新康饭店订货量的确定"业务情境中的分析问题能力；通过"饭店股利分配方案"的实训操练，培养相关专业操作技能。

职业道德：结合本章教学内容，依照行业道德规范或标准，分析"今年每股股利发多少？"业务情境中企业或从业人员服务行为的善恶，强化职业道德素质。

引例：金陵饭店销售费用大幅上升抵消收入增长利好

背景与情境：

公司发布2011年年中业绩，1~6月实现营业收入3.1亿元，同比增长30%，超出预期；实现归属于母公司所有者的净利润2 910万元，同比增长21%；实现EPS 0.10元，基本符合预期。

销售费用大幅上升抵消收入增长利好：公司收入的超预期增长得益于饭店和商品贸易两大板块：（1）饭店收入同比增长35%，达到1.6亿元。一是，商务活动增加下入住率的进一步上升和CPI上涨压力下为弥补成本上升提高平均房价两方面因素带动客房收入增加1 700万元，同比增长32%。二是，2010年底才并入的饭店管理业务贡献收入1 500万元（管理饭店数量突破100家）；与此同时，100%毛利的客房和饭店管理收入比重的上升促使饭店业务毛利率提升2.74个百分点，达到84.35%。（2）商品贸易业务则受益于物流系统信息化建设和地区经销代理权加大等因素，实现25%的收入增长，达到1.5亿元，而且毛利率同比提升3.74个百分点。

不过，1~6月销售费用比去年同期增加3 171万元，同比增长102%，抵消了收入增长的利好。（1）CPI上涨压力下员工成本增加1 430万元，达到3 543万元（同比增长68%）；此外，能源、饭店用品等成本增加400万~500万元。（2）为抵消新金陵饭店建设的影响，加之天泉湖子公司成立运作，宣传费、租金和其他费用增加约1 260万元，同比增长220%。

2013年以前公司业绩仍将倚重地产业务，预计2011年下半年30%左右的收入增速仍可延续，但下半年销售费用规模应不会低于上半年，全年销售费用大幅上升已成定局。公司参股30%的玛斯兰德别墅三期在2011年上半年未结算，但按照过去3年均在下半年结算的惯例，2011年的业绩不成问题。不过，总投资16亿元的新金陵饭店所募集的资金在中期已基本使用完毕，2011年下半年开始，公司每年将面临新增4亿元左右的贷款所带来的财务费用约3 000万元，2012年新金陵饭店投入运营后一次性开业费用约为1 500万元，固定资产折旧产生的管理费用每年约为4 000万元。考虑到饭店和办公楼至少需要1~2年的培育期，我们预计新金陵饭店开业2年内将面临亏损。因此，我们预计2013年以前，公司业绩仍需严重依赖参股30%的玛斯兰德别墅四期和100%持股、2011年8月份动工的天泉湖玫瑰园养生公寓项目的建设和结算进程。

维持盈利预测和"增持"投资评级：考虑到国有企业对业绩平稳增长的追求，预计集团将会通过对玛斯兰德别墅结算进程的调节来保证公司业绩不会大幅下降。预计公司2011—2013年的EPS分别为0.40元、0.43元和0.45元，其中地产业务分别贡献EPS0.18元、0.22元和0.18元。结合行业估值水平，2011年我们分别给予地产业务、饭店商业零售10倍和40倍的PE估值，得到的公司合理股价为10.6元/股，维持"增持"投资评级。

资料来源　佚名. 金陵饭店销售费用大幅上升抵消收入增长利好［EB/OL］.［2011-08-01］. http://www.p5w.net/stock/lzft/gsyj/201108/t3744470.htm.

问题：上述引例给我们什么启示？

案例表明：饭店的营业收入管理应注重对下列风险的管理：经济下滑或者意外灾害导致饭店入住率和房价大幅下降的风险；持续地产调控下，地产业务建设进程低于预期、销售下降等风险；证券市场系统性风险。

除此之外，饭店的营业收入管理还包括哪些内容呢？

6.1　饭店的营业收入管理

饭店按一定的价格，通过提供劳务或出租、出售商品等方式所取得的货币收入即为其营业收入，包括出租客房、提供餐饮、出售商品及其他服务项目所取得的收入。加强对饭店营业收入的管理，对及时收回营业收入和取得显著的经济效益都具有极其重要的意义。

同步思考6-1

问题：饭店提供的各种服务中，哪些服务应计入主营业务收入？

理解要点：饭店提供的各种服务均应计入主营业务收入。

6.1.1　饭店营业收入的日常管理

1）正确计算营业收入

营业收入的计算正确与否直接关系到利润的准确性。按照《旅游、饮食服务企业财务制度》的规定，饭店应按照权责发生制来核算营业收入。

饭店应在劳务已经提供、商品已经发出，并收讫价款或取得收取价款的权利证据时确认营业收入的实现。

2）及时办理结算手续

饭店取得营业收入的方式主要有预收、现收和事后结算三种。不同的收费方式要用不同的方法进行管理。若预收定金的客人没有按期消费，则定金不再退回；采用现收方式时要严格加强对各收银点的管理，做好记录并及时入账；对事后结算方式更要加强管理，及时办理结算，对结算期过长的款项要设专人催收。

3）积极扩大营业渠道

饭店应提供多种项目的服务，其重要途径是走向店外、主动出击，如组织外卖宴会、文艺演出或讲座等。这些活动不仅能使饭店的收入增加，而且也树立了饭店的社会形象，扩大了饭店的知名度。因此，饭店必须在开放性经营思维的指导下不断创新特色服务，为饭店获取更多的盈利。

4）认真执行合同规定

饭店一般都有预订程序，凡是经过预订的服务项目都要认真执行，以保证在客人到来时提供相应的服务。如果饭店单方面不执行预订的服务项目，要对客人进行赔偿，只有这样才能促使饭店从经济利益上关心预订服务的执行情况。

6.1.2　饭店的价格管理

饭店营业收入的影响因素有价格和营业量两个方面。在价格一定的情况下，营业量越大，营业收入越高；在营业量一定的情况下，营业收入的高低取决于价格的高低，价格越高，营业收入越高。不过价格的提高是有限度的，当价格提高到一定程度时就会影响营业量和收入的增加。因此，营业收入管理的目标就是制定合理的价格，最大限度地扩大营业量，实现营业收入的最大化。

1）影响饭店价格的因素

饭店价格是饭店产品价值的货币表现。价值是价格的基础，但价格的制定不仅要考虑国内价格水平，还要考虑国际价格水平。市场的供求关系作为调整价格的尺度，决定了饭店产品的市场成交价。除此之外，国家政策、同行业的竞争状况、汇率变动等因素都会对饭店价格产生影响。

2）饭店价格的特点

饭店价格受其经营的淡旺季影响，具有很强的波动性，同时消费者的消费对饭店的生存和发展也具有极其重要的作用。只有消费者在饭店进行消费，饭店产品的生产才能进行，营业收入才能得以实现。饭店价格对营业有影响，价格是可控因素。饭店高固定成本的特点决定了增加营业量的重要性，针对不同的营业季节和市场状况采取灵活的浮动价格是增加营业量的有效手段，这就是饭店产品价格的特点。

3）饭店价格的制定原则

（1）遵守国家的政策规定

随着市场经济体制的建立，饭店的经营自主权得到进一步落实，但这并不意味着饭店可以完全自由定价。政府为维护国家的整体利益，协调国民经济的发展，往往通过各种政策对饭店的定价加以限制。饭店在制定价格时必须遵守国家的政策规定，如不同星级的饭店价格应体现出不同的档次。

（2）坚持按质论价的原则

饭店的产品总是先确定应支付的价格，然后通过消费者的消费过程来实现产品交换，饭店产品质量的好坏只有在消费者接受服务之后才能得出评价。消费者在购买饭店产品时选择的第一个标准就是价格的高低，消费者常常把价格的高低视为服务质量高低的标志。饭店应针对消费者的不同要求制定不同的价格，并坚持按质论价的原则。

（3）稳定价格变化的幅度

采用灵活的浮动价格是饭店经营的客观需要，但也要注意变化的幅度不易过大过频，应该保持连续性和相对稳定性。淡旺季的价格浮动幅度一般可以控制在标准价的30%左右，不同的饭店可以根据自身的具体状况确定价格的变化幅度。根据市场经济的要求，饭店在定价时要从三个方面认真分析供求与价格的关系：

①供求与价格的变动。价格影响供求变化，供求也影响价格变化。其规律是：当供给量不变时，若需求量增加，则价格上升；当需求量不变时，若供给量增加，则价格下降；当供求同时发生变化时，变动方向程度不同，对价格的影响也不同。

②价格需求弹性曲线。价格变化导致需求变化，其变化的情况有三种：一是富有弹性的需求曲线，即当价格变动较小时，需求会变动很大；二是缺乏弹性的需求曲线，即当价格变动较大时，需求会变动很小；三是没有弹性的需求曲线，即当价格变化时，需求几乎没有任何变化。

③价格需求弹性系数。价格需求弹性系数是指由于价格变化引起的需求变化的程度数值，即需求的灵敏度。其计算公式为：

$$E_p = (\Delta Q \div Q_0) \div (\Delta P \div P_0) \tag{6.1}$$

其中：E_p 为需求灵敏度；ΔQ 为变动的需求量；Q_0 为初始需求量；ΔP 为变动的价格量；P_0 为初始价格量。

价格需求弹性不同，定价策略也不同。若$E_p>1$，饭店应采取降价策略；若$E_p<1$，饭店应采取提价策略。

同步案例 6-1

三亚酒店价格变动幅度最大

背景与情境： 距离春节还有1个多月，准备春节出游的人已经开始计划预订机票、酒店了。2013年春运从1月26日开始至3月6日结束，共计40天。根据去哪儿网酒店频道数据显示，外出旅行的高峰出现在腊月二十八至正月初八之间。

三亚、北京、香港、厦门、上海、广州、哈尔滨、杭州、成都、南京、深圳、西安、武汉、丽江、凤凰、桂林是春节期间的热门旅游目的地。春节期间三亚酒店价格变动幅度最大，部分酒店价格上涨幅度达3倍之多，其他热门旅游城市酒店价格变化幅度不大，香港、厦门、丽江、哈尔滨等城市酒店价格上浮20%~30%。但是也有不少酒店为了提升春节期间的入住率，在去哪儿网上以提前在线支付的形式进行促销，折扣在五折至八五折之间。

针对2013年春节期间的旅游市场价格，海南推出了多项限价令，堪称"史上最严"。除了套房和别墅以外，标准客房最高限价为5 000元，同时规定客房价格要比去年至少下降10%。但是，还是有不少消费者抱怨海南特别是三亚的酒店价格贵，不划算。

去哪儿网酒店事业部高级总监王京告诉记者，预订酒店和预订机票一样，一般来说提前预订可以获得更多的折扣。另外，在行程确定的前提下，提前在线支付也能够获得更多优惠。去哪儿网为此推出了"春节酒店早鸟计划"，从即日起到2013年1月20日，预订全国50个城市上百家酒店优惠五折起，最便宜的酒店仅39元。此外，如果消费者提前预订酒店订贵了，去哪儿网还承诺双倍赔偿首晚房费。

资料来源 佚名.春节出游酒店抢先订 三亚酒店价格变动幅度最大 [EB/OL].[2013-01-09]. http://hn.cnr.cn/hngbly/201301/t20130109_511740803.shtml.

问题： 你认为海南推出多项限价令的做法是否可取？

分析提示： 采用灵活的浮动价格是饭店经营的客观需要，但也要注意变化的幅度不宜过大过频，应该保持连续性和相对稳定性。

6.2 饭店的成本费用管理

饭店经营的一切支出最终都要从成本费用中体现出来，因此，加强对成本费用的管理，严格对成本费用的控制，对于提高饭店经济效益具有十分重要的意义。

6.2.1 饭店成本费用的概念和内容

1）饭店成本费用的概念

饭店的成本是指购进商品或雇用劳务时发生的支出，如饭店在经营过程中购买各种原材料和商品等的支出。饭店的费用是指饭店在某时期获取收入时发生的耗费。将商品和劳务耗用以后，成本就转化为费用。

2）饭店成本费用的内容

饭店的成本费用按经济内容的不同可分为4个方面：

（1）营业成本

这是指饭店经营发生的各种直接支出，包括餐饮成本、商品成本、清洁成本及其他直接成本等。

（2）销售费用

这是指饭店经营所发生的各种费用，包括运输费、装卸费、保管费、包装费、保险费、燃料费、水电费、展览费、广告费、邮电费、差旅费、清洁费、低值易耗品摊销、物料消耗、经营人员的工资、职工福利费、工作餐费、服装费及其他销售费用等。

（3）管理费用

这是指饭店为管理经营活动而发生的费用以及由饭店统一负担的费用，包括公司经费、工会经费、职工教育经费、劳动保险费、待业保险费、劳动保护费、董事会费、外事费、租赁费、咨询费、审计费、诉讼费、排污费、绿化费、土地使用费、土地损失补偿费、技术转让费、研究开发费、税金（指房产税、车船税、城镇土地使用税和印花税）、燃料费、水电费、折旧费、修理费、无形资产摊销、低值易耗品摊销、开办费摊销、交际应酬费、坏账损失、存货盘亏及毁损、上级管理费及其他管理费用等。

（4）财务费用

这是指饭店在经营期间发生的利息净支出、汇兑净损失、金融机构的手续费、加息及筹资发生的其他费用等。

6.2.2　饭店成本费用的分类和管理原则

1）饭店成本费用的分类

（1）按与经营业务量的关系不同划分

饭店的成本费用按其与经营业务量的关系不同可划分为固定成本、变动成本和混合成本。固定成本是指其总额不随经营业务量的增减而变动的成本，如管理人员的工资、租金、折旧费、利息费和保险费等。变动成本是指其总额随着经营业务量的增减而变动的成本，如售出的食品和饮料的成本、供消耗的客房用品等。混合成本是指其总额中既包含变动成本部分，也包含固定成本部分，如电话费用、汽车租赁、行政报酬和维修保养费等。

（2）按管理的责任不同划分

饭店的成本费用按管理的责任不同可划分为可控成本和不可控成本。可控成本是指在会计期间由一个责任单位确定开支的成本，如餐饮部售出食品的成本、服务人员的工资成本等。不可控成本是指在一定时期内责任单位无法控制的成本，如折旧费、融资租赁费等。

2）饭店成本费用的管理原则

（1）严格遵守成本费用的开支范围

为了保证国家的财政收入来源，国家对饭店的各项支出都做出了明确的规定，如下列支出不得计入成本费用：为购置和建造固定资产、无形资产及其他资产而发生的支出；对外投资支出和分配给投资者的利润；被没收财产的损失；支付的各项赔偿金、违约金、滞纳金、罚款以及赞助和捐赠的支出；国家规定的不得列入成本费用的其他支出。饭店要根据各项支出发生的不同用途和资金来源在国家规定的开支范围内列支相关的费用，不得随意扩大成本开支范围。

（2）按照权责发生制的原则严格进行成本费用的核算

会计核算的权责发生制要求各期的支出应该归属当期，即凡属于本期的成本费用，不论其是否已经实际支付，均应列入本期的成本费用；凡不属于本期的成本费用，即使在本期已经实际支付，也不应作为本期的成本费用处理，而是应由各受益期分摊。由于权责发生制强调在各会计期内相配合的原则，因此其对正确确定各期的收支和损益情况、提供准确的分析数据起着重要的作用。

（3）正确处理降低成本费用与保证质量的关系

降低成本费用是在不影响产品质量的前提下经过自身的不断努力使单位的产品成本费用得到降低。饭店是以提供非物质服务为特点的企业，它不同于一般的有形商品，这种服务产品不可以退换，因此服务质量的好坏对饭店的声誉乃至生存具有十分重要的意义。饭店应从内部挖掘潜力，力求节约，减少浪费，不能为降低成本而克扣顾客，制造低劣产品。在保证服务质量的前提下，还要处理好降低成本费用和增加服务数量的关系。饭店的固定成本很高，尤其是在客房的经营中固定费用所占比例更大，因此可以通过扩大营业量来提高设备设施的利用率，以减少出租单位客房应分摊的固定费用，从而降低单位产品的销售费用。

（4）实行全员成本管理

饭店的成本费用是在整个经营过程中逐步形成的，它涉及各个部门、班组和个人，因此必须实行全员的成本管理，为此应建立健全成本管理责任制，将成本费用的预算指标分解落实到每个部门、班组和个人，并且和岗位责任制结合起来，将成本费用预算的完成情况作为评定考核的一项内容，并将成本费用管理方面的责任、权利和利益结合起来。只有这样，饭店的成本费用才能够得到真正的控制。

同步案例6-2

饭店成本控制案例

背景与情境： 利润最大化是企业经营活动的最终目标，对于饭店行业，在客源及出租率一定的情况下，合理地在各个环节降低运营成本，是增加饭店利润的关键。烟台汇泉饭店始终将"不断完善成本控制体系，坚持开展全员参与增效节支活动"作为一项长期的重点工作来抓，取得了较为显著的效果。

（1）制定成本预算，实施成本考核奖惩，完善成本控制体系。成本预算是成本控制的量化表现，只有对每一项成本项目制定了具体的指标，并且对此进行考核，成本控制才有现实的目标。

烟台汇泉饭店在制定成本预算时，坚持有针对性、合理性与挑战性的原则。针对每个部门的特点，在可控成本的范围内，对经营部门和后勤保障部门分别给出相应的成本指标。

饭店成本考核每月进行一次，对于成本预算指标完成好的部门，给予奖励；对于未完成成本预算指标的部门，给予相应惩罚。饭店应尽最大可能在"保障消费者的利益和以最少的消耗取得最大的经济效益"之间保持一种平衡关系。

（2）加强饭店的能源费用控制，逐步完善和加强物业部的职责职能。烟台汇泉饭店和公司其他连锁店相比，由于其与烟台信用社共用一套以柴油作为燃料的中央空调系统，能源开支费用较高，夏季每月水电及燃料费占到整个费用支出的25%左右。为此，饭店将节能确定为物业部的重要职责，成立了专门的节能小组，负责以下工作：

①寻求节能的新方法。在采购设备、使用、改造过程中，都要考虑到节能的因素。

②制定节能措施。通过对整个饭店水、电、燃料的使用情况进行调查，制定具体的节能措施并实施。例如在用水方面，对马桶水箱的水量进行了最经济的调整，达到了节能、实用的目的。

③对节能措施的执行情况进行检查。节能小组要对整个饭店节能措施的执行情况进行例行检查和突击检查。

例如烟台汇泉中央空调以柴油作为动力燃料，而柴油价格一路上涨。为降低燃料费用，饭店在空调运行时间上进行科学的动态控制，每日根据天气情况和负荷情况做出详细的空调开启时间安排。在高温天气提前近 1 个月到来的情况下，2005 年上半年实际消耗柴油 65.64 吨，比去年同期的 78.79 吨降低了 13.15 吨，降低了 16.7%。

（3）开展全员"增效节支"及"节约，从我做起"主题活动。员工处于饭店的最前线，饭店的成本是否控制得好，归根到底取决于全体员工的个体行为。烟台汇泉饭店通过开展全员的"增效节支"及"节约，从我做起"主题活动，建立了良好的节约风气。

活动开展以来，收到合理化建议 46 项，其中有 33 项已经开始在实际工作中实施。例如步行楼梯过道灯，根据季节在光线足够的情况下定时关闭；白天光线足够的情况下，大堂也可以关掉一路灯；酒店外的广告灯箱、霓虹灯根据天气情况、季节变换相应更改开灯时间；将客房用剩的肥皂、清洁液等收集起来给员工洗手间使用。

烟台汇泉饭店通过座谈会、班组例会等形式积极向员工宣传"勤俭持家""节约光荣"等观念，持续开展节约宣传活动，在饭店营造了"人人讲节约、事事讲节约、处处讲节约"的良好氛围。

资料来源　佚名. 饭店成本控制案例［EB/OL］.［2012-06-26］. http://www.6eat.com/DataStore/CardExpensePage/3974470.

问题：饭店成本控制的核心是什么？

分析提示：实行全员成本管理。

6.2.3　饭店成本费用的控制

1）餐饮部成本的控制

由于餐饮成本的结构制约着餐饮产品的价格，而价格又影响着餐厅经营和餐座的利用率，因此餐饮成本的控制是关键。保持或降低餐饮成本中的生产成本和经营费用，尽量提高食品原料成本的比例，使餐饮产品的价格和质量符合市场需求和更有竞争力，是保证餐饮经营效益和竞争能力的具体措施。

（1）餐饮成本的特点

结合餐厅的经营特点，餐饮成本具有两个非常突出的特点：一是在餐饮成本中变动成本所占比例较大。食品成本率的高低取决于饭店的级别、餐厅的规格和经营策略等。饭店级别越高，人工成本和各项经营费用也越高，而且食品成本率越高的餐厅在市场中的竞争力也越强。二是在餐饮成本中可控成本占绝大部分，如食品成本、临时工作人员成本、燃料和能源成本、餐具用具与低值易耗品成本都是可控成本，应加强控制与管理。

同步思考6-2

　　问题：在餐饮成本中变动成本所占比例一般为多少？

　　理解要点：通常在28%~45%之间。

　　（2）餐饮成本的控制内容

　　餐饮成本的控制贯穿于成本形成的全过程，即在餐饮制作和经营成本形成的过程中，任何影响成本的因素都应成为餐饮成本控制的内容。餐饮成本形成的全过程包括食品原料的采购、储存和发放，还包括菜肴的加工、烹调和销售等，因此其控制点较多，而每一个控制点都应有相应的控制措施。

　　①食品原料成本的控制。食品原料成本是菜肴的主要成本，包括主料、辅料和调料成本，其高低由食品原料的采购量和消耗量所决定。控制环节包括采购和使用两个方面。采购控制是食品原料控制的第一个环节，原料的采购首先要符合菜肴的质量要求，然后是物美价廉。应本着同价论质、同质论价、同价同质论费用的原则，合理选择食品原料，尽量避免因经营急需而购买高价食品原料，并且应从管理制度上规定食品原料的采购价格，控制食品原料采购的运杂费。为此采购部门应尽量在餐厅所在地采购，就近取材并减少中间环节，优选运输方式和运输路线，提高装载技术，避免不必要的包装，并控制运输途中的损耗。饭店的采购部门应合理地规定食品原料的运输损耗率，此外还应严格控制食品原料的保管费用，健全食品原料的入库手续，合理储备，防止积压、损坏、霉烂和变质，避免或减少库存损失。使用控制是食品原料控制的第二个环节。其方法是厨房根据食品原料的消耗定额填写领料单，并根据规定的限额领用一定数量的食品原料。厨师长还应控制食品原料的使用情况，及时发现食品原料减少和不合理的使用，分析原因并采取有效措施及时纠正。餐厅经理和厨师长应实施日报和月报的食品成本控制制度，有的大型饭店还要求厨房按工作班次填报。

　　②人工成本的控制。人工成本的控制包括对用工数量的控制和对职工工资率的控制。饭店应从实际经营的技术角度出发，充分挖掘职工的潜力，合理地进行定员的编制，控制非生产和经营的用工数量，防止人浮于事，以合理的定员和定额为依据，控制餐饮生产和经营的职工人数，把工资总额限制在合理的水平上。其具体做法是：在用工数量的控制方面，应尽量减少缺勤工时、停工工时及非生产和服务工时，提高职工的出勤率、劳动生产率和工时利用率，执行定额控制；在工资总额的控制方面，应逐日按照每人每班的工作情况，进行实际工作时间与标准工作时间的比较和分析，并做出总结和报告。

　　③燃料能源成本的控制。应教育和培训全体职工，让他们重视节约能源，掌握节约燃料和能源的方法。管理人员应经常对员工的节能工作和效果进行检查、分析和评估，并提出改进措施。此外，控制燃料和能源的成本与制定厨房的节能措施是分不开的。

同步思考6-3

　　不要过早地预热烹调设备，应在开餐前15~30分钟进行预热；某些烹调设备，如烹饪灶等暂时不工作时应关闭；在烤制用锡箔纸包裹的食物时，最好将锡箔纸与食物之间留有缝隙，这样可以缩短马铃薯的熟制时间，可以节约75%的热能；定时清除扒炉下变成深色的或破碎的石头；油炸食品时，应先将食品外面的冰霜或水分去掉，以降低油温下降的速度；油煎食品时，最好用一重物按压食品，使其接触传热媒介，从而加快烹调速度；带有隔热装置的烹调设备能够大大地节约能源，提高食物的烹调效率，节约25%左右的烹调时间；连续或充分使用烤箱可以节约许多能源；将食物摆放在烤箱中时应使备烤食物保持一定的距离，以保持热空气的流通，加快菜肴的烹调速度；用煮的方法制作菜肴时不要放过多的水或液体。

问题：食物摆放在烤箱中时应使备烤食物保持多大的距离？

理解要点：一般的间隔距离是3~5厘米。

④经营费用的控制。应加强经营费用的日常管理，尤其是餐具的损耗。因为这些物品极易丢失和损坏，控制不好会造成费用的大幅度上升。为了降低损耗率，需要对这些物品实行管用结合的办法，制定出合理的损耗率来作为控制依据。可建立餐具损耗统计表，员工损坏餐具要如实填写，并按合理的损耗率进行考核，对超过合理标准的要予以相应的处罚；对控制损耗有突出贡献的要依一定的标准进行奖励，从而调动员工爱护餐具和降低损耗的积极性。

（3）原料采购的控制内容

①应提高采购员的素质和业务水平。培养采购员的英语阅读能力，使之能看懂进口奶酪、香料和烹调酒的说明书，并严守财经纪律，遵守职业道德，不假公济私和营私舞弊。

②应确立合理的采购部门。中小型饭店的餐厅一般都是独立经营的，可以由饭店的餐饮部或餐厅进行采购，这利于采购员、保管员和厨师之间的沟通，方便原料的采购，节省采购时间和采购费用。大型饭店应由财务部、采购部和餐饮部共同控制成本，其优点是易于控制和监督，但要求采购员业务比较熟练。此外还可以通过连锁饭店集中采购管理，这样既实现了统一的监督，又获得了优惠的价格。

③应确定合理的采购数量。食品原料的采购数量受到菜肴的销售量、储存条件、市场供应和标准库存量等多个方面的影响。鲜活原料的采购频率较快，需要每日采购，其采购数量的计算公式为：

鲜活食品原料的采购量=鲜活食品原料当日需求量-鲜活食品原料的库存量

饭店或独立的餐厅也可以把奶制品、鸡蛋、蔬菜、水果等日常大量使用的原料交给同一家供应商，与其签订合同，以固定的市场价格长期向饭店供应规定的食品原料。干货原料和可冷冻储存的原料采用最低存货量采购法。使用这种方法要求仓库的食品保管员对每种食品原料都建立库存卡，收发的食品原料必须随时登记在库存卡上，填写数量、单位、单价和金额，并记录在电脑中。

④应建立食品原料检查制度。及时发现已经达到或接近达到最低储存量的原料，并发出采购通知单、确定采购数量。

（4）食品原料成本核算的主要指标

食品原料净料率=净料÷毛料 (6.2)

原料折损率=原料的折损重量÷毛料重量 (6.3)

净料总成本=毛料总成本 (6.4)

食品原料熟制率=成熟后的菜肴重量÷加工前的原料重量 (6.5)

食品原料折损率=1-食品原料熟制率 (6.6)

2）客房部销售费用的控制

客房经营作为饭店经营的主要项目，其租金收入占整个饭店全部收入的50%左右，因此加强客房销售费用的日常控制与管理对降低整个饭店的费用支出具有重要的意义。客房经营过程中发生的各项支出是通过销售费用进行核算的。客房销售费用的高低与客房出租率的高低有直接的关系。因此，客房销售费用的控制应从两个方面入手：

（1）降低客房的单位固定费用

客房的固定费用总额不会随出租率的变化而改变，但每间客房分担的固定费用会随着出租率的提高而下降。因此，提高客房的出租率，通过出租数量的增加来降低每间客房应分担的固定费用，是控制客房销售费用的有效措施。

（2）降低客房的单位变动费用

客房的变动费用总额随着出租率的提高而增加，但每间客房的变动费用却是一个常数，其主要是按照客房消耗品的标准费用进行控制。客房消耗品的标准费用又称消耗品定额，它是对变动费用进行控制的依据，必须按饭店的不同档次制定客房消耗品的配备数量和配备规定。对一次性耗用品的配备数量要按照客房的出租情况落实到每个岗位和个人，领班和服务员要按规定领用和发放各种消耗品，并做好登记，以便对每个人所管辖的客房消耗品数量进行对比和考核，对费用控制好的班组和个人要给予奖励，对费用支出超出定额标准的班组要寻找原因、分清责任，对由于主观的原因造成的超标准支出要给予处罚。对于非一次性用品的消耗要按饭店的档次和正常磨损的要求确定消耗量，尽量减少使用不当而造成的磨损，加强领发料的控制和安全保卫工作，减少客房消耗品的丢失。

3）商品部销售费用的控制

饭店商品部的销售费用是指为销售商品而间接发生的费用。为了降低销售费用，增加盈利，必须加强对商品部销售费用的日常控制与管理，其具体措施包括三个方面：

（1）饭店的商品部要对住店消费者的需求有深入细致的了解

针对不同的需求组织适销对路的商品，进而扩大商品的营业额，这是降低销售费用的基本途径。因为在销售费用中工资、低值易耗品摊销等属于固定费用，其与营业额的大小没有直接关系，随着营业额的不断扩大，单位营业额所负担的固定费用会减少。

（2）饭店的商品部要确定合理的储备定额，减少资金占用

对商品的采购要坚持就近不就远的原则，以减少运杂费、商品损耗等费用的支出。

（3）饭店的商品部要加强库存商品的保管工作

降低食品商品的自然损耗率，加强对各类商品的保管工作，防止由于商品霉烂、变质、变形而造成的报废或贬值。为此，饭店的商品部要建立严格的管理责任制，以减少损失、增加盈利。

4）饭店人力成本的控制

为了不断提高劳动生产率，饭店应该选择先进合理的劳动定额和劳动定员标准。

（1）劳动定额

劳动定额是指在一定的业务技术组织条件下，每个员工保质保量完成的工作量标准。目前我国大多数饭店客房劳动定额为8~10间。其计算方法一般有四种：

①技术测定法。技术测定法是对从事某项工作的实际操作动作进行研究，确定每一个劳动进程必须完成的工作量，最后测定出劳动定额的方法。其计算公式为：

$$劳动定额=\left[\begin{matrix}规定\\时间\end{matrix}-\left(\begin{matrix}准备\\作业时间\end{matrix}+\begin{matrix}结束\\时间\end{matrix}\right)\right]\div\left[\left(\begin{matrix}基本\\作业时间\end{matrix}+\begin{matrix}随机\\服务时间\end{matrix}\right)\times\left(1+\begin{matrix}休息\\系数\end{matrix}\right)\right] \tag{6.7}$$

②经验估计法。经验估计法是以过去实际达到的指标为基础，综合分析现有设备技术、管理条件和员工业务技术及思想素质的提高等一系列有关进一步提高劳动效率的有利因素和不利因素，然后估计工时消耗从而制定劳动定额的方法。饭店前厅部的预订、接待、问讯，保安部的门卫、巡逻等岗位都可用经验估计法制定劳动定额。其计算公式为：

$$劳动定额=（a+4m+b）\div6 \tag{6.8}$$

其中：a为过去已经达到的先进指标；m为过去一般可以达到的中间指标；b为过去已经达到的保守指标。

③类推比较法。类推比较法是以过去实际达到的指标水平为基础，参照同类饭店的先进管理经验进行分析比较，然后结合本饭店的实际情况来估计工时消耗从而制定劳动定额的方法。饭店工程部的机修工、电工、管道工和康乐部的游泳池、网球场、健身房服务人员等，可用类推比较法制定劳动定额。

④统计分析法。统计分析法是以过去的统计资料为依据，结合饭店目前的经营情况和提高劳动效率的可能性来制定劳动定额的方法。饭店的商品部或小卖部、理发室、仓库等部门，其营业量和劳动效率变化不大，可用统计分析的方法制定劳动定额。其计算公式为：

$$劳动定额=（a+M）\div2 \tag{6.9}$$

其中：a为过去已经达到的先进指标；M为过去已经达到的综合平均值。

教学互动6-1

互动问题：劳动定额有多种计算方法。

1）在劳动定额的多种计算方法中，哪一种方法最好？

2）类推比较法属于定性还是定量计算方法？

要求：同【教学互动1-1】的"要求"。

（2）劳动定员

劳动定员是指饭店为完成某项工作任务而规定的人员配备数量，它是一种科学的人力资源使用标准。饭店应根据自己的经营方向、规模、服务内容、接待任务、员工的素质水平等实际情况，在建立岗位责任制的基础上，本着人尽其才和充分提高劳动效率的原则，规定各部门、各工种岗位必须配备的各类人员数量。其计算方法一般有四种：

①岗位定员法。岗位定员法是根据饭店内部的机构设置、服务设施、岗位职责与要求，再考虑各个岗位的工作量、班次与出勤率等因素来确定定员人数的方法。该方法适用于饭店的前台人员、行李员、后勤物资用品采购员、仓库保管员、设备维修工等员工和管理人员的定员编制。

②比例定员法。比例定员法是根据饭店最优的人员配备比、职能人员与业务人员结构比等来确定定员人数的方法。这种方法使用比较普遍，适用于饭店的客房、餐厅、厨房、洗衣房等部门的定员编制。如某饭店有客房400间，人员配备比定为1.5∶1，则员工总人数为600人；假定职能人员与业务人员结构比定为2∶8，则职能部门人员总数为120人，业务部门人员总数为480人；若人员层次结构比确定为总经理层0.5%、部门经理层

2.2%、主管层8.8%、领班层13.1%、服务员层75.4%，则各层次人员数可分别定为3人、13人、53人、79人和452人。同理，根据最优的员工部门结构比，可以计算出各部门的员工数。

③设备定员法。设备定员法是以设备数量、开工班次、员工看管定额及出勤率等因素来确定定员人数的方法。这种方法适用于饭店工程部门编制班组定员时采用。其计算公式为：

$$定员人数=m×f÷（n×r）\qquad(6.10)$$

其中：m为每班同时开动设备数量；f为每日设备开工班次；n为劳动者看管定额；r为劳动者计划出勤率。

④效率定员法。效率定员法是根据饭店各部门或班组的劳动效率编制定员的方法。其计算公式为：

$$定员人数=每一轮班应完成的工作量÷（服务员的劳动效率×出勤率）×每日轮班次数\qquad(6.11)$$

6.3 饭店的利润管理

饭店的利润指饭店经营活动的全部收益抵补全部支出的差额，是综合反映饭店在一定时期内经营活动成果的重要指标。饭店利润的增加是通过不断扩大业务、改善经营、提高质量、节约费用、避免浪费来实现的。饭店的利润是国家建设资金的重要来源，饭店必须加强核算，讲求经济效益，努力为国家多创外汇，积累资金。

6.3.1 饭店利润的构成及分配顺序

1）饭店利润的构成

饭店的利润由营业利润、投资净收益和营业外收支净额三部分构成。其计算公式为：

$$利润总额=营业利润+投资净收益+营业外收支净额\qquad(6.12)$$
$$其中：营业利润=经营利润-管理费用-财务费用\qquad(6.13)$$
$$投资净收益=投资收益-投资损失\qquad(6.14)$$
$$营业外收支净额=营业外收入-营业外支出\qquad(6.15)$$

同步业务6-1

某饭店2016年12月的经营利润为82万元，管理费用为20万元，财务费用为35万元，投资收益为23万元，投资损失为16万元，营业外收入为5万元，营业外支出为2万元。则该饭店的利润总额为：

利润总额=（82-20-35）+（23-16）+（5-2）=37（万元）

2）饭店利润的分配顺序

饭店利润的分配是对饭店实现的利润按照规定在国家、饭店和个人之间进行分配。饭店在缴纳所得税之后，必须按照以下顺序进行分配：第一，弥补饭店以前年度的亏损；第二，按净利的10%提取法定盈余公积金；第三，经股东会或者股东大会决议，还可以从税后利润中提取任意盈余公积金；第四，向投资者分配利润。股份制饭店的分配顺序为：第一，支付优先股股利；第二，按公司章程或股东会议的规定提取任意盈余公积金；第三，支付普通股股利。

如果饭店当年没有利润，原则上不得向投资者分配利润。但股份制饭店在用盈余公积金弥补亏损以后，经股东大会特别决议同意可以按不超过股票面值6%的比例用盈余公积金分配股利，并且分配股利后饭店的盈余公积金不得低于其注册资本的25%。

6.3.2 股份制饭店股利的支付程序和支付方式

1）股份制饭店股利的支付程序

股份制饭店向股东支付股利，其程序包括以下四个方面：

（1）确定股利宣告日

股利宣告日是指饭店的董事会对股利的支付情况予以公告的日期。公告中应宣布每股的支付股利数额、股权登记日、除息日和股利支付日。

（2）确定股权登记日

股权登记日是指有权获取股利的股东资格登记的截止日期。只有在股权登记日之前在饭店的股东名册上有名的股东，才有权分享股利。

（3）确定除息日

除息日是指领取股利的权利与股票相互分离的日期。在除息日前，股利权从属于股票，持有股票者享有领取股利的权利；除息日到达时，股利权与股票相互分离，新购入股票的人就不能分享股利。这是因为股票买卖的交接和过户需要一定的时间，如果股票的交易日期离股权登记日太近，饭店就无法在股权登记日得知更换股东的住处，只能以原股东为股利的支付对象。股民只有在股权登记日之前购入股票才能取得本期的股利。

同步思考6-4

问题： 除息日一般规定在股权登记日后几日？

理解要点： 除息日一般规定在股权登记日后4日。

（4）确定股利支付日

股利支付日是指实际向股东发放股利的日期。

2）股份制饭店股利的支付方式

（1）现金股利

现金股利是指以现金方式支付的股利。其要求饭店筹集足够的现金，只有这样才能顺利支付现金股利。

（2）财产股利

财产股利是指以除了现金以外的其他资产支付的股利，如饭店以债券、股票等方式作为股利支付给股东。

（3）负债股利

负债股利是指以负债的方式支付的股利，如饭店以应付票据作为股利支付给股东，用发行债券的方式抵付股利。

（4）股票股利

股票股利是以增发股票的方式支付的股利。股票股利不会引起饭店资产的增减，也不会增加饭店的负债，因此它不是资金的使用，但它能够引起饭店所有者权益有关项目的结构发生变化。发行股票股利后，饭店的盈利总额不变，但由于普通股股数的增加而引起每股收益和每股市价下降；又因股东所持股份的比例不变，因此每位股东所持股票的市场价值总额仍保持不变。在采用股票股利的支付方式下需进行股票分割，股票分割是指一股面额较高的股票交换成数股面额较低的股票的行为。在股票分割时，发行在外的股数增加，每股面额降低，每股盈余下降，但饭店的价值不变，股东的权益总额、股东权益各项目的余额及其比例也不改变。

（5）股票购回

股票购回是指饭店出资购回本饭店发行在外的股票。饭店以多余的现金购回股东所持有的股份，使流通在外的股份减少，每股股利增加，从而使股价上升。股东能因此获得资本利得，也相当于饭店支付给股东的股利。

6.3.3 股利的分配政策

1）影响股利政策的因素

（1）法律性限制

一般地讲，法律并不要求饭店一定要分派股利，但对某些情况下饭店不能发放股利却做出以下要求：一是防止资本侵蚀的规定，要求饭店股利的发放不能侵蚀资本，即饭店不能因支付股利而引起资本的减少，以保证饭店有完整的产权基础，并由此保护债权人的利益；二是留存收益的规定，要求饭店的股利只能从当年的利润和过去的累积留存收益中支付，但它并不限制饭店股利的支付额大于当期利润，以保证饭店债权人的利益不受损害；三是无力偿付债务的规定，要求如果饭店无力偿付到期债务或因支付股利而使其失去偿还债务的能力，那么饭店就不能支付现金股利，以保障饭店的资产变现能力。

（2）契约性限制

当饭店以长期借款协议、债券契约、优先股协议及租赁合同等形式向饭店外部筹资时，常应对方的要求接受一些有关股利支付的限制条款，如饭店发放股利的前提条件是盈利达到某一水平，或将股利的发放限制在某一盈利额或盈利百分比之上，以促使饭店将部分利润按有关条款的形式进行再投资，增强饭店的经营实力，保障债款的如期偿还，维护债权人的利益。

（3）饭店内部的限制

饭店资金的灵活周转是饭店经营得以实现的必要条件，因此饭店正常的经营活动对现金的要求成为股利最重要的限制因素。其具体体现在五个方面：

①变现能力。若饭店的资产有较强的变现能力，现金的来源较充裕，则饭店的股利支付能力就比较强。但在现实中尽管饭店有较大的当期或以前的利润积累，但由于理财不善导致资产的变现能力较差，这时若饭店还要强行支付现金股利则是不明智的。

②筹资需求。饭店可将留存收益用于饭店的再投资，这不仅可以满足饭店资金的需要，而且其成本远远低于发行新股票筹资的成本。另外，将留存收益用于扩大饭店的权益，有助于改善饭店的资本结构，进一步提高饭店的潜在筹资能力。

③筹资能力。饭店在评估其财务状况时，不仅应考虑其筹资能力，而且还要考虑其筹资成本及筹资所需的时间。另外，股利的支付与饭店未来筹资之间同样存在矛盾。较多地发放现金股利有利于饭店未来以较有利的条件发行新证券筹集资金，但它同时又使饭店付出远远高于留存收益这种内部筹资的代价。这就要求饭店的财务管理人员对股利支付与筹资要求之间的利害得失进行合理地权衡，据以制定出饭店切实可行的股利政策。

④股权控制要求。饭店发行新股票会打破现已形成的控制格局，为此饭店可能会倾向

于采用较低的股利支付率，以便从内部的高留存收益中取得所需的资金。

⑤股东的意愿。饭店不可能实现可以使每位股东的财富都最大化的股利政策，但饭店制定股利政策的目的在于对绝大多数的股东财富产生有利的影响。股东的意愿主要表现在以下三个方面：一是税赋。若饭店拥有很大比例的高税率课税的富有股东，则其股利政策将倾向于多留盈利而少派发股利，因为这会给富有的股东带来较多的资本利得收入，从而达到少纳所得税的目的。相反，饭店的绝大部分股东是低收入阶层，则应采取较高的股利支付率。二是股东的投资机会。尽管饭店难以对每股股东的投资机会及其投资报酬率加以评估，然而饭店至少应对风险相同的饭店外部投资机会可获得的投资报酬率加以评估。若饭店外部的股东有较好的投资机会，则饭店应选择多支付现金股利的股利政策。三是股权的稀释。高股利支付率会导致现有股东股权和盈利的稀释。新普通股的发行使流通在外的普通股股数增加，导致普通股的每股收益和每股市价下降，从而对现有股东产生不利影响。

2）股利政策理论

（1）股利无关论

股利无关论是由米勒和莫迪格莱尼两位经济学家于1961年提出的，其主要观点是在假定存在一个完全的资本市场、没有个人或公司所得税的存在、公司有一个既定的不会变化的投资政策和每位投资者对未来投资机会和企业盈利有完全的把握的前提下，股利政策不会影响公司的价值。其原因是公司的盈利和价值增加完全视其投资政策而定。在公司投资政策已定的情况下，公司的股利政策不会产生任何的影响结果。因此，任何股利政策都是最佳的股利政策。股利无关论的关键在于存在一种套用机制，通过这一机制使支付股利与外部筹资这两项经济业务所产生的效益与成本正好相互抵消。当公司做出正确的投资决策后，它就必须决定是将其盈利留存下来，还是将盈利以股利的形式发放给股东，并发行新股票筹措等额的资金，以满足投资项目的资金需要。如果公司采用后一方案，就存在股利发放与外部筹资之间的套利过程。股利支付带给股东的财富正好会使股票的价值上升，但发行新股票会使股票的价值下降，而套利的结果是股东的股利所得正好被股票价值的下降抵消。筹资和股利支付后的每股市价等于股利支付前的每股市价，因此股东的财富也就不受公司现在与未来的股利政策的影响。当然，这些假设与实际有一定的差距。但所有的经济理论都是根据一些十分简化的假设推演出来的，因此，我们应以理论所具备的预测未来行为能力的高低来判断理论的有效性。

（2）股利相关论

股利相关论是由戈登、杜莱得和林特纳等人提出的，其主要观点是在不确定的条件下，饭店的盈利在留存和股利之间的分配确实影响到股票的价值。由于股利的税率比资本利得的税率高，而且资本利得税可以递延到股东实际出售股票为止。因此投资者可能希望公司少支付股利，而将几年的利润留存下来用于再投资；而为了获得较高的预期资本利得，投资者愿意接受较低的普通股必要报酬率。由此认为，在股利税率比资本利得税率高的情况下，只有采取低股利支付率政策，公司才有可能使其价值达到最大化。同理，如果新股票发行存在发行费用，则也将使投资者更倾向于多留存收益、少发放股利的股利政策。如果公司的投资政策已定，则股利的支付必然要求公司为投资项目筹集外部资金。然而，由于发行费用的存在，又将使外部权益筹资付出更高的代价。因此，外部权益筹资将提高公司的资金成本，并使公司的价值下降，这一情况也会促使许多公司更倾向于采用内部筹资政策。

同步业务6-2

金陵饭店：2012年半年度报告

1) 董事会报告

报告期内，公司实现营业收入28 743.23万元，比去年同期下降7.74%，其中酒店业务收入15 562.22万元，同比下降1.60%；商品贸易收入13 051.01万元，同比下降13.82%。归属于母公司所有者的净利润2 687.23万元，比去年同期下降7.64%。报告期末，公司总资产24.76亿元，比上年度期末增长3.52%；净资产12.25亿元，比上年度期末增长2.24%。

报告期内，公司坚持完善公司治理，优化产业架构，创新经营管理，推进品牌运营和资本扩张"双轮驱动"，努力实现品牌价值、资产质量和市场竞争力的持续提升。公司被人力资源和社会保障部、国家旅游局联合授予"全国旅游系统先进集体"；"金陵Jinling"商标被国家工商总局认定为"中国驰名商标"，公司品牌建设再度实现新飞跃；公司四度蝉联"上市公司金圆桌奖优秀董事会"，公司治理绩效保持上市公司领先水平。在第九届"中国酒店金枕头奖"评选中，"金陵"五度蝉联"中国最受欢迎本土酒店品牌"，金陵饭店七度蝉联 "中国十大最受欢迎商务酒店"，成为唯一连续七年摘取此项殊荣的民族酒店品牌。公司党委荣获"江苏省创先争优先进基层党组织"称号；金陵饭店再度蝉联"中国饭店金星奖"。

公司加快实施金陵饭店扩建工程，加强建设期间的招投标和投资管理，确保施工建设的安全、质量和进度。报告期内，金陵饭店扩建工程——"亚太商务楼"塔楼、裙楼主体结构全面封顶，幕墙外立面施工至40层，部分机电设备完成安装检测，同时与政府共同搭建招商平台，聘请DTZ戴德梁行作为租赁代理及驻场式物业管理顾问，租赁招商项目全面启动，后续经营筹备工作稳步推进。争取2012年11月写字楼交付装修，2013年6月酒店投入运营。扩建后的金陵饭店客房总数近千间，成为江苏地区最大规模的五星级酒店综合体，将为集聚江苏总部经济、推进现代服务业发展注入新的活力。

公司高标准建设盱眙"金陵天泉湖旅游生态园"，推进紫霞岭五级级会议度假酒店和玫瑰园养生养老公寓一期的施工建设，努力打造全国一流的休闲旅游度假区。报告期内，酒店、SPA、养生会所完成主体结构封顶和墙体砌筑，机电安装正在同步进行；养生养老公寓01栋七层，02栋、03栋五层主体建筑封顶。力争2013年5月前酒店投入使用，养生养老公寓实现预销售。

公司本部积极应对经济环境变化、通货膨胀持续、市场竞争加剧、扩建工程施工等多方面不利影响，有针对性地做好餐厅、厨房、商场等经营格局调整，精耕细作重点市场，加大营销推广，创新质量经营，与Pegasus、Expedia、HRS、Priceline等全球分销巨擘签约合作，与在宁92%的世界五百强企业签订全球订房协议，进一步巩固了高端市场占有率。金陵饭店上半年先后接待韩国前总理李洪久、肯尼亚前副总统穆西约卡、纳米比亚前总统努乔马、亚奥理事会南京亚青会协调委员会、台湾海峡两岸观光旅游协会等重大活动和商务会议387批次。金陵贵宾会员已达68万名，商务客人保持在97%以上，常住客比例达到62%。公司积极整合标准化管理体系，不断提高整体绩效和管控水平，报告期内顺利通过ISO9001国际质量管理体系、ISO14001国际环境管理体系、OHSAS18001国际职业健康安全管理体系认证，公司卓越绩效管理和标准化建设跃入更高层次。

公司稳步推进酒店管理业务，加大市场渗透力、辐射力，加强八大系统专业化建设，加速拓展酒店连锁化进程。截至报告期末，金陵连锁酒店数量达到120家（其中五星级92家，四星级14家，经济型14家），遍布北京、上海及全国十省，旗下五星级酒店总数位居全国第一，以"细意浓情"卓越品质为根基的"金陵模式"已在神州大地开花结果。

公司积极优化贸易经营模式，大力加强金陵物流系统信息化建设，通过扩大地区经销代理权，与高端酒类品牌公司深度合作，拓宽融资渠道，优化营运流程，完善渠道网络，已成为江苏地区中高档名优酒类品牌的主导运营商和最大批发商。

公司强化社会责任体系建设，丰富产品生态内涵，推行食品供应链"绿色管理"，大力推广金陵饭店专属有机基地的原生态食材，在行业树立绿色生态酒店榜样。特别是从2012年3月1日起停止供应鱼翅食品，成为江苏省率先停售鱼翅的五星级酒店，该举措得到国际环保组织、野生动物保护组织的高度评价、酒店同行的积极响应和社会各界的广泛赞誉。

2012年以来，外部经济环境更趋复杂严峻，酒店食品原材料、能源、人工成本仍呈上升态势，酒店运营面临较大压力；国家对房地产、金融等领域的从紧调控也给跨区域开发带来不确定性。扩建工程项目建设进入攻坚阶段，新老楼对接施工集中展开、老楼经营格局大幅调整、机电设备系统更新改造等，对于现有饭店经营关联性强、影响性大、涉及面广，给酒店本部经营带来较大影响，同时各类社会资本、国际品牌对酒店业投资和管理的介入，使高端酒店市场竞争日益激化。此外，宏观经济调控以及政府限制"三公消费"对中高端酒类行业产生了较大影响，给公司贸易经营和酒店餐饮带来一定压力。

公司将密切关注宏观经济形势变化，科学分析市场态势和政策走向，平稳有序地推进投资发展战略，深化内部控制与风险管理体系建设，加强对全资、控股子公司的管控与监督，深化预算管理和绩效考核，提高资金使用效率和投资收益水平，并通过深入市场调研、控制投资节奏等方式有效防范投资风险。做好酒店本部经营格局调整、新老楼对接施工和机电设备更新改造等工作，积极采取针对性的经营销售策略，注重人本化、精细化管理，发挥收益系统功效，做好五星级复核检查工作，确保品牌形象和规格水准，降低扩建项目施工对本部经营的影响。加强成本费用控制，加大源头采购力度，探索合约节能新模式，推进电子物流系统专业化运作，有效降低酒店营运成本。建立以绩效管理、结构优化为导向的人力资源系统，优化薪酬考核体系和激励保障机制，通过职业生涯规划、培训体系完善、人才梯队建设等，培育创新和谐、充满活力的企业文化。抓紧研究新金陵饭店、天泉湖酒店及写字楼物业管理、养生养老服务等人力资源的集中配置、招聘培训、管理机制和薪资制度，提高人才队伍建设与企业快速发展的匹配度、融合度。

金陵饭店扩建工程项目拟投资总额为161 038万元。截至报告期末，项目累计已投资总额为101 172.44万元，其中本公司以募集资金及利息投入46 630.89万元，以自有资金投入4 966.91万元。

为了进一步完善公司持续、稳定、科学的利润分配政策，提高现金分红信息披露的透明度，保护中小投资者的合法权益，根据中国证监会《关于进一步落实上市公司现金分红有关事项的通知》（证监发〔2012〕37号）、江苏证监局《关于进一步落实上市公司现金分红有关要求的通知》（苏证监公司字〔2012〕276号）等相关文件的要求，公司于2012年7月23日召开第四届董事会第七次会议，审议通过了《关于修改〈公司章程〉部分条款的议案》《关于公司未来三年（2012—2014）股东回报规划》，对公司章程第一百五十五条"公司利润分配政策"作如下修改：

（1）利润分配原则

公司实行持续、稳定、科学的利润分配政策，公司利润分配应重视对投资者的合理投资回报，并兼顾公司的持续发展需要。

（2）利润分配形式

公司可以采取现金、股票、现金与股票相结合的方式或者法律、法规允许的其他方式分配利润。

（3）利润分配条件和要求

①现金分红的条件：公司该年度实现的可分配利润（即公司弥补亏损、提取公积金后剩余的税后利润）为正值且现金流充裕，实施现金分红不会影响公司后续持续经营和长远发展。

②现金分红的比例及期间间隔：在满足现金分红条件时，公司原则上每年年度股东大会召开后进行一次现金分红，在有条件的情况下可以进行中期现金分红。在任意3个连续会计年度内，以现金方式累计分配的利润不少于该3年实现的年均可分配利润的50%。

③股票股利分配的条件：在确保现金分红最低比例和公司股本规模、股权结构合理的前提下，若公司营业收入和净利润保持持续稳定增长，公司可以另行采取股票或现金与股票相结合的方式进行利润分配。

④存在股东违规占用公司资金情况的，公司应当扣减该股东所分配的现金红利，以偿还其占用的资金。

（4）利润分配的决策程序和机制

①公司利润分配预案由董事会根据公司利润分配政策，结合公司年度盈利情况、未来资金需求和股东回报规划拟定。董事会应当认真研究和专项论证现金分红的时机、条件和最低比例、调整的条件及其决策程序要求等事宜，并做好相关记录，完整、准确地反映制定和决策过程。独立董事应当对利润分配预案进行审核并发表明确的独立意见。利润分配预案由董事会半数以上表决通过后提交股东大会审议，并经出席股东大会的股东或股东代理人所持表决权的半数以上通过后实施。

②公司在对利润分配预案的论证、制定和决策过程中，应当充分考虑独立董事和社会公众股东的意见，通过多种渠道主动与股东特别是中小股东进行沟通和交流（包括但不限于接受现场调研、开通专线电话、提供投资者邮箱、邀请中小股东参会等方式），充分听取中小股东的意见和诉求，并及时答复中小股东关心的问题。

③公司董事会未提出以现金方式进行利润分配预案的，应当在定期报告中详细说明未进行现金分红的原因、未用于分配的资金留存公司的使用安排以及利润分配政策的制定和执行情况等，独立董事应当对此发表独立意见。

（5）调整利润分配政策的条件、决策程序和机制

①因国家法律法规和监管部门对上市公司的利润分配政策颁布新的规定或公司外部经营环境、自身经营状况发生较大变化而需要调整、变更利润分配政策的，应以保护股东权益为出发点，通过投资者电话咨询、现场调研、投资者互动平台等方式充分听取广大投资者关于公司利润分配政策的意见。

②公司根据经营情况、投资规划和长期发展需要，确有必要对公司章程确定的利润分配政策进行调整或者变更的，在经过详细论证后，由公司董事会提出利润分配政策调整议案，独立董事对此发表独立意见，并提交股东大会审议。其中，对现金分红政策进行调整或变更的，应当满足公司章程规定的条件，并在议案中详细说明原因以及调整或变更的条件和程序是否合规和透明等，经出席股东大会的股东或股东代理人所持表决权的三分之二以上通过后生效。

（6）公司监事会应对董事会和管理层执行公司利润分配政策情况及决策程序进行监督

公司全体独立董事发表了同意该议案的独立意见，本议案需提交公司股东大会审议。

2）重要事项

（1）公司治理的情况

报告期内，公司严格按照《公司法》《证券法》等法律法规的要求，不断完善公司法人治理结构，规范公司日常运作。公司治理的实际情况与中国证券监督管理委员会发布的有关上市公司治理的规范性文件要求不存在差异。

①关于股东和股东大会：公司依法充分保障全体股东享有法律、行政法规和公司章程规定的合法权利，特别是中小股东的合法权益，保证全体股东能够充分地行使自己的股东权利，公司严格按照《股东大会议事规则》的要求召集、召开股东大会。公司聘请具有证券从业资格的律师对股东大会作现场见证，并出具法律意见书。

②关于控股股东与上市公司的关系：公司具有独立的业务及自主经营能力，控股股东的行为规范，没有超越股东大会直接或间接干预公司的决策和经营活动的行为发生，没有占用公司资金或要求为其进行担保或替他人担保，公司与控股股东在人员、资产、财务、机构和业务方面做到"五独立"，公司董事会、监事会和内部机构能够独立运作。

③关于董事与董事会：报告期内，公司严格按照法律法规和《公司章程》的规定，规范地完成了董事会换届选举。公司董事会由10名董事组成，其中独立董事4人，公司董事会的人数和人员的构成符合法律、法规的规定。董事会按照《公司章程》和《董事会议事规则》的规定开展工作，各位董事以认真负责的态度出席董事会和股东大会，切实履行《公司法》《公司章程》和股东大会赋予的权利，积极参加相关培训，学习有关法律、法规，明确作为董事的权利、义务和责任，勤勉尽责地履行董事的职责。

④关于监事与监事会：报告期内，公司严格按照法律法规和《公司章程》的规定，规范地完成了监事会换届选举。公司监事会由3名监事组成，公司监事会组成人员的产生和人员的构成符合法律、法规的要求。公司监事会按照《公司章程》《监事会议事规则》的规定开展工作，公司监事能够认真履行职责，本着对全体股东和公司整体利益负责的态度，对公司财务以及公司董事和其他高级管理人员履行职责的情况进行监督。

⑤关于利益相关者：公司能够充分尊重和维护公司员工、客户、股东、供应商、债权

人、社区等公司利益相关者的合法权利,共同推动公司持续、快速、健康地发展。

⑥关于信息披露及透明度:依据《上市公司信息披露管理办法》《投资者关系管理制度》的规定,公司董事会秘书室工作人员全面负责对外信息披露工作以及接待股东、公众投资者的来访和咨询。公司积极与投资者沟通,按照《信息披露事务管理制度》和有关法律法规的要求,真实、准确、完整、及时地进行信息披露。

⑦为了全面提升公司治理水平,促进公司规范运作和健康发展,公司根据江苏证监局《关于做好江苏上市公司实施内部控制规范有关工作的通知》(苏证监公司字〔2012〕101号)、《企业内部控制基本规范》、《企业内部控制配套指引》等相关规定的要求,以源头治理和过程控制为核心,在报告期内积极开展了一系列内控体系提优深化工作,健全统一、高效、协调的内部控制与风险管理体系,推进上市公司运行质量和治理水平迈上新的台阶。

A.加强内控规范实施工作的组织领导,进一步健全了内部控制规范实施领导小组、工作小组、评价小组。

B.结合市场环境和经营特点,制订了《公司内部控制规范实施工作方案》,并提交公司第四届董事会第四次会议审议通过。

C.确定了内部控制实施范围,明确了风险管理职责,建立了风险评估的标准、程序和方法。

D.组织公司高管人员、各职能部门及分子公司负责人、财务人员、内控人员,对内控基础知识、风险评估与管控、业务流程优化等内容进行了针对性的学习和培训,全面贯彻落实风险管理控制的理念。

E.从酒店本部、分子公司业务层面到公司战略层面,全面梳理管控制度和业务流程,排查辨识重大决策、重点项目、重要流程的内外部风险和关键控制点,对不同风险程度进行分析测评,组织编制了"公司内控风险清单",建立了内外部风险数据库,并积极查找分析内部控制缺陷。

公司董事会将严格按照《公司法》《证券法》和中国证监会有关法律法规及本公司自律性规定的要求,不断完善公司法人治理结构,依法规范公司日常运作,建立符合公司特色的公司治理长效机制,增强企业核心竞争力和品牌影响力,切实维护中小股东的权益。公司近3年未发生违规信息披露、违规担保、资金占用、环保责任或者劳动关系等事项受过监管机构处分的情形。公司治理的实际情况与中国证券监督管理委员会发布的有关上市公司治理的规范性文件要求不存在差异。

(2)报告期实施的利润分配方案执行情况

本报告期无利润分配实施事项。

(3)半年度拟订的利润分配预案、公积金转增股本预案

本报告期不进行利润分配和公积金转增股本。

(4)重大诉讼、仲裁事项

本报告期公司无重大诉讼、仲裁事项。

(5)破产重整相关事项

本报告期公司无破产重整相关事项。

(6)公司持有其他上市公司股权、参股金融企业股权情况

略。

资料来源 佚名. 金陵饭店：2012年半年度报告 [EB/OL]. [2012-07-28]. http://stock.jrj.com.cn/share, disc, 2012-07-28, 601007, 00000000000005pbuo. shtml.

本章概要

□ 内容提要

饭店营业收入的日常管理包括正确计算营业收入、及时办理结算手续、积极扩大营业渠道和认真执行合同规定等。饭店的价格管理包括分析影响饭店价格的因素和了解饭店价格的特点。饭店价格的制定应遵守国家的政策规定，坚持按质论价的原则，稳定价格变化的幅度。饭店的客房、菜品、商品和康乐娱乐设施的价格制定方法不同。

饭店的成本按其与经营业务量的关系不同可划分为固定成本、变动成本和混合成本；按管理的责任不同可划分为可控成本和不可控成本。饭店成本费用的管理应严格遵守成本费用的开支范围，按照权责发生制的原则严格进行成本费用的核算，正确处理降低成本费用与保证质量的关系和实行全员成本管理。饭店的成本管理包括餐饮成本、客房部销售费用和商品部销售费用及人力成本的控制。

饭店的利润是由营业利润、投资净收益和营业外收支净额三部分构成。饭店利润的分配顺序是：第一，弥补饭店以前年度的亏损；第二，按净利的10%提取法定的盈余公积金；第三，经股东会或者股东大会决议，还可以从税后利润中提取任意盈余公积金；第四，向投资者分配利润。股份制饭店利润的分配顺序为：第一，支付优先股股利；第二，按公司章程或股东会议的规定提取任意盈余公积金；第三，支付普通股股利。股份制饭店股利的支付程序包括确定股利宣告日、确定股权登记日、确定除息日和确定股利支付日4个方面。股份制饭店股利的支付方式有现金股利、财产股利、负债股利、股票股利和股票购回。影响股利政策的因素有法律性限制、契约性限制和饭店内部的限制。股利政策理论包括股利无关论和股利相关论。

□ 主要概念和观念
▲ 主要概念
服利宣告日　股权登记日　除息日　现金股利　财产股利　股票股利　股票购回
▲ 主要观念
饭店成本费用　饭店利润　股利政策理论
□ 重点实务
房价的确定　菜价的确定

基本训练

□ 知识训练
▲ 复习题
1）饭店营业收入的日常管理主要表现在哪几个方面？
2）饭店成本费用的管理原则主要表现在哪几个方面？
3）饭店利润的分配顺序主要表现在哪几个方面？
4）简述饭店价格的制定原则。

5）简述康乐娱乐设施价格的确定方法。

6）餐饮成本有哪些特点？

7）简述餐饮成本的控制内容。

8）简述原料采购的控制内容。

9）简述饭店人力成本的控制内容。

10）简述股份制饭店股利的支付程序。

▲ 讨论题

1）如何控制客房部的销售费用？

2）如何控制商品部的销售费用？

3）影响股利政策的因素有哪些？

□ 能力训练

▲ 计算题

某饭店2017年1月的经营利润为1 000万元，管理费用为300万元，财务费用为200万元，投资收益为25万元，投资损失为10万元，营业外收入为5万元，营业外支出为6万元。请你确定该饭店的利润总额。

▲ 案例分析

新康饭店订货量的确定

背景与情境： 新康饭店制胜的法宝是努力降低成本，从进货、经营以及销售等环节加大管理力度，并使酒店员工意识到优质低价是饭店最佳的经营策略。另外，饭店在合理纳税的前提下，运用各种合理的避税方法增加饭店的盈利。其财务人员根据本饭店存货的特点，制定了饭店商品部旅游纪念品的合理订货点和订货量，2013年全年旅游纪念品分6次进货，新康饭店2013年全年旅游纪念品进货一览表见表6-1。

表6-1　　　　　　　　新康饭店2013年全年旅游纪念品进货一览表

日期	进货数量（万件）	进货单价（元）	进货金额（万元）
1月1日	20	9	180
3月1日	25	10	250
5月1日	30	12	360
7月1日	27	11	297
9月1日	35	13	455
11月1日	30	11	330
合计	167		1 872

问题：

1）请分析上述策略对饭店是否有利。

2）本案例给你带来什么启示？

分析要求： 同第1章本题型的"分析要求"。

▲ 实训操作

【实训项目】饭店股利分配方案

【实训要求】通过本模块的实训，使学生对饭店不同股利政策形式及其优缺点有进一步的了解，把握股利政策与饭店筹资、投资及其股票市场价值之间的关系，对不同股利政策的适用条件和影响因素有更深的理解。要求学生能够运用所学股利分配政策的知识，对饭店股利分配方案进行分析，或根据饭店具体情况设计出适合的股利分配方案。

【实训步骤】

1）利用报纸、杂志或网络等工具收集饭店股利分配方案的资料。

2）收集饭店筹资、投资和股票走势的资料。

3）分析饭店股利政策的决定因素。

4）对饭店的股利政策提出自己的看法和观点。

5）写出分析报告或为饭店设计出新的股利分配方案。

□ 善恶研判

今年每股股利发多少？

背景与情境：某饭店上一年度提取盈余公积金后净利为2 500万元，今年由于经济不景气，提取盈余公积金后净利为1 000万元，目前流通在外普通股股数为500万股。该饭店决定再投资200万元设立新厂，投资资金中60%来自举债，40%来自权益资金（即目标资本结构为3/2）。另外，该饭店去年股利为每股2元。

资料来源 刘锦辉. 财务管理学 [M]. 上海：上海财经大学出版社，2010.

问题：

出于行业自律或职业操守的考虑，依据剩余股利政策，该饭店今年每股可分配股利是否比去年的高？

研判要求：同第1章本题型的"研判要求"。

第 7 章 ▶ 饭店财务预算

● 学习目标

通过本章学习，你应该达到以下目标：

职业知识：学习和掌握饭店财务预算的编制方法、饭店财务预算的内涵及特点、饭店编制财务预算的意义和程序等知识；能用其指导"饭店财务预算"中的相关认知活动，规范其相关技能活动。

职业能力：用本章的专业知识正确解答"基本训练"中的综合题，训练与"饭店财务预算"相关的综合能力；运用本章专业知识研究相关案例，培养在"饭店财务预算"业务情境中的分析预测能力；通过"饭店财务预算的编制"实训操练，培养相关专业操作技能。

职业道德：结合本章教学内容，依照行业道德规范或标准，分析"营业收入预算是整个预算的编制起点"业务情境中企业或从业人员服务行为的善恶，强化职业道德素质。

引例：关于饭店财务预算的座谈

背景与情境：

主持人：杜觉祥，浙江省饭店业协会秘书长

参与者：张瑞云，浙江世贸君澜大饭店财务总监

吴森灿，宁波南苑集团财务总监

钱立言，开元酒店集团财务总监

孙家信，乌镇黄金水岸大酒店总经理

杨建英，杭州天元大厦总经理（下文中皆以姓代称）

杜：对于财务预算我不是十分了解，以前都是"被预算"，或者说是"被算计"的一员。为了更公正客观，我在网络上把"饭店财务预算"这个关键词下面的文章看了不少，也查了些资料进行了解。

现在我先提出一个问题，可能不一定专业，但是希望能引起大家的讨论：总经理或董事会、财务部门、其他各个部门，饭店在财务预算中这几方以谁为主？我们今天可以分为两个组来讨论，一边是财务组，包括三位财务总监；另一边两位再加上我，是总经理组。

钱：预算的实质，是以货币形式表示的，体现控制标准的计划。首先预算既然要以货币形式表现，我从财务总监的角度看，预算管理的核心部门肯定是财务部门，预算管理是财务部门义不容辞的一项工作职责。

但是这并不等于说预算就是财务部一个部门的事，经营预算是以市场为主，资本预算是以各项经营需求以及投资计划为主，这些预算要由相关的职能部门提出。所有计划的最终目的都是用货币形式来表示创造的价值，即我们要花多少钱来做多少事，这些都是以货币形式来表示的。最后到控制标准，它关系到预算能不能落实。

在预算控制过程中，企业里总是有人唱红脸、有人唱白脸，而财务部门就要来承担唱白脸的责任，它要对各部门提出的预算加以控制。因为财务部门不可能是所有方面的专家，它不是经营专家、市场专家，而很多预算都要基于市场变化、产品调整和客户需求来做出，只有面对这些的一线部门才是专家，它们有充足的理由提出预算，而财务部门要对其进行分析和评价，这就是控制预算。

所以说，预算的整个过程，从源头到中间，再到结果——预算考核，都要由财务部门来落实。预算有长期预算和短期预算，一个企业如果没有长期规划，就不可能创造长期价值。各种绩效考核中至少有50%在财务绩效考核的范畴内，而财务绩效考核的依据就是预算。要做好这些，给未来的预算制定和修正提供真实客观的数字，财务部门是核心。所以我的想法是：预算是财务部门的职责，预算要以财务部门为中心。

杜：那么钱总的想法是：预算是财务部门的职责工作，财务预算中财务部门最重要。下面有请孙总来说说，预算中谁最重要？

孙：我和钱总没有大的分歧。不过，关于财务预算，作为总经理方，我认为首先要由总经理带头抓、总经理控制，而财务部门起到牵头的作用。因为历史数据和分析都来自财务部门，所以由财务部门牵头，然后各个部门参与，由于每个部门情况不同，它们对形势的判断和对变化的掌控会更全面，如果各个部门的参与度高，预算的可执行性就会更高。

另外，如果各个部门能参与到预算编制中来，那么预算执行和落实的效果就会更好。如果各个部门参与度不高，仅由财务部门或总经理制定预算来叫他们执行，那么各个部门

都会感觉预算和自己无关，这样提出的预算就无法顺利执行。当预算是由各个部门提出数据、通过财务部门审核、总经理审批，再上交董事会讨论通过时，如果这个预算执行不了，各个部门都会着急，这样他们就会严格地实施。

所以说，总经理亲自抓，财务部门牵头，各个部门积极参与，才能形成一个完善的财务预算。

杜：在这里，孙总提出了总经理的位置，也提到各个部门的参与。南苑有众多饭店，相当于是众多部门了，那么吴总认为在集团中，财务预算中应该谁最重要呢？

吴：从职务上讲，可能是从董事会到财务部门，再到各个部门。董事会先提出中长期的规划目标，即以货币形式展现的企业的经营规划，规划的最后落实肯定需要下面各个部门或者成员饭店的支持，而财务部门则起到贯穿上下的桥梁作用。

对于昨天钟老师讲的对于财务报表的分析数据，可能在座的财务总监觉得一目了然，但是放到经营部门去讲，他们却无法理解。而财务部门通过预算，将这些表单数据进行提炼细化和翻译表达，起到了一个纽带作用，把上面的意思传达下去，把下面的意思汇总上来，财务部门在其中起到控制和审核的作用。

杜：吴总似乎谦虚一点，提出了财务部的纽带作用——上传下达，总的来说还是强调财务为重。下面有请世贸君澜的张经理说一下她的看法。

张：我和各位看法基本一致，但是我认为一个饭店的财务预算好不好，能不能执行下去，最关键的还是看总经理。总经理要有这个意识，要参与预算制定的全过程，而财务部门只是起到承上启下的作用。财务部将分配给各部门的指标汇总并进行分析，然后经过几上几下，才能制定预算。但预算的执行要全员参与，在这整个过程中，财务部门只是进行把控和分析，然后提交给总经理各经营部门，作为下一阶段经营策略的依据。

杜：张总更加谦虚，将财务的位置更往后靠了些，由总经理牵头，财务部门把控，员工参与。那么来听听杨总的，他可能有些不同的看法。

杨：作为饭店，经营管理必然要产生收益，总经理在企业中是主抓"人、财、物"的。"财"就是财务，财务中很重要的部分就是预算。每年第一个季度的开始就要做预算，然后在日常经营管理中，发动饭店全体员工执行，或者监督检查、反馈修正。第一，总经理作为主抓饭店"人、财、物"的角色，当然要心里有数；第二，主办部门是财务部门；第三，其他各个部门是预算"人、财、物"的重要组成部分，财务部门外的其他部门是预算的基础和协助。

所以总经理是领导和主抓，财务部门是职能部门，相当于饭店预算的办公室，其他各部门是协助。预算具体怎样做，应该由财务部门这个职能部门来决定，财务部门制定格式和编制表单，方便其他部门协助。其他部门不是财务专家，不是这方面的操作者，对这些无法深入理解。工程部经理可能了解电工方面和材料的计算，但他不会考虑为什么要这样计算，包括工人工资多少、材料报价多少。比如说钱江新城，在烟花节上要大赚一笔，这时候的客房房价和餐饮价格跟平时相比就大有不同。平时的旋转餐厅一个晚上利润在2万元左右，烟花节的时候却有10万元。在这种特殊情况下，就要由财务部门设计表单，然后总经理召集所有部门经理，由财务部门解释表单是怎么组织的，应该怎么填写和计算，然后由其他部门来配合，这就是我们的运作方式。

财务部门先进行整理，然后上交总经理，总经理可能说不行，下来的指标更高，比如说明年的经济形式更好，或者明年的经济形势不好，或者某一部门的潜力更大——这种宏观上的变化，一般的部门经理不清楚，而需要总经理把关。

财务部门这个职能部门是一个技术的、专门的部门，它的强制性、号召性、权威性相对较弱，这时候总经理就要站出来，就像座谈会上杜总是主持人，他可以给题目，但是这些题目由我们来回答，我们是他的操作者。所以说，财务部总监和经理的权威性是在总经理默默地支持下树立起来的。

天元是政府主办的饭店，采用的就是民主集中制：由下而上、由上而下、几下几上，才最终决定，最后财务部门形成正式文件报上级审批，再转到各个部门执行。关于这个题目，到底谁是主要的、谁在主办、谁在协办？预算做好了以后，在下一年工作大会进行部署，召开大会然后进行宣布。由财务部经理将过去一年的经营情况向大家汇报，然后把下一年的预算进行通报。

但是执行部门也很重要，如果发生异常变化，比如2010年上海召开世博会对于杭州旅游的影响非常大，天元大厦主要做会议市场，原则上是不做旅游团队的，这种情况下预算的过程就有很大变化，这需要我们预估、预测，并积极地进行调整。经营部门、市场营销部门对这种非常情况向总经理报告、在主业会议做出反馈，同时如果财务部总监和经理认为这种预算存在偏差，应该及时进行调整。

天元进行了棋文化改造，想做出中国唯一的棋文化主题饭店，朝着这个目标，相应地进行了客房、餐厅、会议室的改造，这就让年初预算发生变化，应该积极地进行调整。该向上报的向上报、该向下传达的向下传达、该进行调整的进行调整，本着务实的态度，不要瞒报。

预算要给经营管理者、各个部门的总监或经理以及全部员工留有空间和余地，如果指标定错了，最终造成年底预算看起来扣完或者扣不下去都会影响信心。预算控制的准确率，原则上是正负5%范围内，预算高了，奖励也奖得起，预算低了，也在可控范围内，不会影响财务的预算工作，也不会影响全体经营管理者的工作。

以上是我对于预算编制，以及它的组成、控制提出的一些看法。

杜：几位嘉宾都表达了看法，现在我想征求大家的意见，现在已经出现了四个层面，第一个是总经理、董事会和总经理在一个层面；第二个是财务、财务部门；第三个是各个部门；第四个是员工。那么在这里四个层面当中谁最重要？我想征求大家的意见，请大家表决一下。（现场举手之后）好像从举手的结果看，支持孙总也就是总经理的人较多，也就是大多数人都认为老板最重要，对这个问题的争议并不大。

那么通过讨论，我们在一点上可以达成共识：预算当然要听总经理的，并且是由财务部门主持，但是各个部门的参与尤其是员工的参与不容忽视。

在这里有一点可以关注一下，就是员工参与和部门参与的问题。员工和部门的参与有一个好处：员工和部门参与了，他们会认为这是"我们的预算"，这是"我们部门的预算"，这是"我的预算"；但如果他们理解为这是"别人给我们的预算"，是很不一样的。这就是主动和被动预算的区别。那么如何让员工了解和参与预算，这恐怕是一个新的课题，也是一个新的理念。

孙：关于员工参与我有一个看法：员工参与是必要的，但通过什么形式参与也是很重要的。

员工参与不是说每个人去算这个账，当部门的收益和成本费用数字出来以后，可以让这个部门开一个会——部门的全员会议，比如说营销部明年费用是多少，费用控制率是多少。这样第一是让员工知道，第二可以让员工提出建议，第三就是所有员工要为这个目标共同努力。因为一个员工要参与预算很难，但是在报财务部门之前可以开个部门会议，通过一种信息的传达使员工参与进来。或者说财务部门把这些报总经理决策之前，可以征求员工的意见，这也是员工参与的一个形式。

杜：这是很好的一个办法，就是奖惩。让员工知道完成了多少，可以得到多少奖励，跳起来多高可以摘到果实，也就是说奖惩的落实，这是员工参与很重要的一点。

钱：刚才孙总说到员工参与的话题，我感触很深。其实要真正做到员工参与，就要让员工明确——完成和超额完成的区别，明确地告知超额完成的可实现程度，因为这是员工真正关心的。对于各项成本费用的控制，可以按照具体部门的可控成本去宣传、讲解、分析、落实，这一块和员工的关系不是很大。对预算的理解，我和杨总有些不同的看法。刚才举手的财务总监为什么认为总经理最重要，而到财务部就没多少人举手，而且越往后越没人举手？

现在开元的集团公司预算过程中，财务部不过是董事会下面的一个常设机构和职能部门罢了，真正的预算已经不是由财务部门来制定，这些表单和预算计划都是由市场部门去做的。

我从2003年开始成为饭店集团的财务总监，我原本是在工业企业工作的，来到开元以后负责萧山宾馆、萧山度假村，但是没有管理过五星级饭店，我们当时理解的五星级饭店还是外资品牌。要了解外资饭店到底是怎么管理的，我认为就该请真正的外资饭店的财务总监来担任我们的财务总监。所以当时我们在千岛湖的财务总监就是从外资企业聘请来的，他不是外籍人士，但是在7家五星级饭店做过财务。当时他从长沙飞来面试时给我的第一份资料就是外资饭店的所有预算体系，这份预算体系给我启发最深的，首先是收入预算。

它的收入预算是按照每个部门、每月、每天来制定的，把全年可以列出来的所有节假日都考虑到了。比如说今年的10月1日是星期日，而明年的10月1日可能是星期五，星期日和星期五对度假饭店和商务饭店的意义完全不一样。它可以把两个节日变成一个节日，或者把一个节日变成两个节日。所以说，它的整套预算体系很细致。

自从这一年开始，我们慢慢开始把预算交给市场部门来做。当然，前期推行确实很困难，一直以来大家都在做"预算"和"被预算"的斗争，感觉预算其实是个博弈。从集团的角度来说，集团和饭店是个博弈，而饭店和部门也是个博弈，饭店的预算就是在层层的博弈当中制定出来的，我们要考虑的就是如何在博弈中把被动变为主动。

如果把收入预算交给财务部门制定，然后到各个部门去审批，那么各部门的想法是："你要我这样做，你说是这样的，那么你来做做看啊？"为什么要把财务部门放在被告席上呢？预算就是该让市场部门来制定。

开元的预算方式一直推行到2010年，才实现财务部门再也不制定收入预算了，而交由市场部门，而原来市场部门只负责客房市场，可想而知，这是个多么漫长的过程。到了2011年，开元的房价发生了翻天覆地的变化。原先在北京饭店市场，市场部门不负责收益管理的时候，五星级饭店的房价可能刚超过500元，能达到600元已经很好；而2011年，房价上升到近800元。我现在甚至敢于去拼香格里拉。

当把全年的时间都列出来，就知道到底多少时间是满房的，为什么满房。比如冬博会的时候一定是满房的，那么这时就不该满足于当前的价格，而应该提高价格，这些预算就该由市场部门来制定。另外，人力资源的预算就该由人力资源部门来制定。

但财务部门也不是被动的，在这个过程中，财务部门还是要去控制，如果认同市场部门的说法，那么就可以通过；如果在分析之后认为市场部门可以做得更好，那么就提出更高的标准。在这里，部门与部门之间的沟通，并不是跨权的、随意的沟通。让部门与部门从直线层面到平行层面，反复地交叉沟通，在这个过程中会有矛盾体现出来。而简单的点对点沟通有时候无法发现问题，也就得不到最准确、最合适的方法。当然，在这个交锋中，由总经理最终决策。只有这样的预算才会更加科学合理。

所以我的看法是，大多财务报表已经不是由财务部门在编制，财务部门对预算进行汇总，它对其他部门提出的各种预算和计划进行分析，然后报董事会审批通过。

杜：钱总给了我们一个新的思考。刚才大家谈到各种方式的部门和员工参与，还有财务部门以它的专业知识，以及对市场的了解、对经济形势的判断来指导各个部门制定预算。当然最终决策的还是总经理，所以总经理对预算的理解和重视程度也很重要。

同时从钱总的话中我们知道一个讯息，开元之所以做得这么好，是因为他们从国际品牌获得了专业资料。学习国际饭店的一些经验，这是中国饭店业快速发展的重要原因。下面大家来听听南苑集团的吴总是怎么想的。

吴：刚才说到全员参与预算，我也想说说自己的想法。全员预算包括三点：全员、全面、全额。其中的"全员"这一块，我认为需要打个问号，因为"全员"不是说所有员工都要去参与到预算中，但是关键岗位是必须参与的。

预算表单以部门为单位编制，最后肯定要细分到每个班组，那么最底层报表的主要负责人一定要参与进来。比如餐饮部的报表肯定要餐厅来编制，那么餐厅的主管、领班肯定要参与到预算中来。

员工其实很现实，很多时候员工的想法是"预算别和我有关系，工资和我有关系就可以了"。现在企业都在讲奖惩制度，因为部门员工担心预算像是卡在他们头上的紧箍咒一样，预算完不成要扣他们的钱，他们可能会误解，觉得预算制定者是高高在上的管理层，实际给出的预算却很难完成。领班主管这些基层管理员参与进来，让他们来指导员工，就能将预算化被动为主动。

例如，餐具费用是怎么造成的？是餐具损耗。如果能将损耗降低，就能做到控制成本。把这些很直观地和厨师长沟通，他就能知道从哪入手去控制。

另外要说到配套考核制度，比如针对餐具损耗有奖惩，这在工资上有所体现。比如200万元的损耗预算，如果控制到了一半，那么节约的一半中的20%是要奖励给员工的。奖惩措施实施以后，我们可以看到员工每天都在说：今年我们这个月已经完成了多少，离目标还有多少。他们细致到每天到财务部门去汇报数据，如果有差错就立刻提出来，员工们对每个月能发多少工资比我还清楚。

这就是关键岗位的员工必须参与预算的原因，要让他们意识到预算和自己是息息相关的。这是我对"全员"参与的理解，包括对考核指标的想法。

资料来源 佚名.关于饭店财务预算的座谈［EB/OL］.［2012-12-01］. http://www.zjhotels.org/Association/Detail? id=5ac69cef-4597-41c3-b88e-96774807075f.

问题：上述引例告诉我们什么？

案例表明：饭店的财务预算有着严格的规程。你知道饭店编制财务预算有何特点和意义吗？我们马上向你作介绍。

7.1 饭店财务预算概述

饭店财务预算是利用货币量度对饭店某个时期的全部经济活动正式计划的数量反映，也是对饭店未来某个时期财务报表所列项目计划的一种数量反映。

同步思考7-1

财务预算不同于财务预测，二者既有联系又有区别。财务预算以财务预测为前提，即只有做出正确的预测，才有可能做出正确的预算。但从更准确的含义上讲，二者是有区别的。财务预测主要是估计未来一定时期内饭店某些经济情况和经济活动将会发生的变化，而财务预算则是在财务预测的基础上，为实现饭店目标而编制的用数量形式反映的正式计划。

问题： 你认为，财务预算和财务预测哪个应该是饭店控制的依据和考核的标准？

理解要点： 财务预算。

7.1.1 饭店财务预算的特点

1）预见性

饭店财务预算所反映的内容是饭店未来时期的经营活动和财务状况，具有明显的预见性。

2）适用性

饭店财务预算以业务预算为基础，总预算或全面预算是由各部门的预算汇总而成的。必须从实际出发，编制出适合于各部门的财务预算，并使财务预算最终得以实施，并更好地控制饭店的各项经营活动。

3）波动性

预算的编制通常以1年为一期，与预算期间及会计年度保持一致以便对预算执行结果的考核、分析和评价。在年度预算的基础上还可以再分成更短期的预算，这是为了更有效地实施控制，并反映饭店经营的波动性。

同步思考7-2

问题： 在年度预算的基础上还可以再分成更短期的预算，都包括哪些？

理解要点： 如季度预算、月份预算、周预算和日预算等。

4）科学性

饭店财务预算是用数量形式反映出来的正式计划，这些数量形式具有突出的科学性。

7.1.2 饭店编制财务预算的意义

1）明确经营目标

科学的财务预算能指导饭店更好地开展业务经营活动。预算为饭店及饭店内部各部门分别规定了具体的目标和任务，各部门据此安排各自的经济活动，从不同的角度去完成饭店的总体战略目标。

2）控制财务活动

财务预算所规定的各项指标是控制饭店经营活动的依据。在执行预算的过程中要以财务预算指标为依据，进一步分析和揭露预算与实际之间的差异，并采取适当的措施加以改进，以保证财务预算指标的顺利完成，从而使预算起到控制日常财务活动的作用。

3）协调各部门的工作

由于饭店各营业部门及其职能部门的经济活动之间存在局部与整体的关系，因此从系统论的观点来看，局部预算的最优化对全局来说不一定是最合理的。为了实现饭店总体战略目标，饭店各部门的行动必须密切配合和相互协调。为此，饭店必须将各部门的财务预算从全局的角度进行综合平衡。而财务预算的编制过程正是各部门反复协商，加深对彼此工作理解的过程，可以避免互相冲突，使整体服务质量进一步提高。

4）考核工作业绩

实行业绩考核是推行经济责任制的必要条件。衡量业绩单纯用超过历史水平来评价是不够的，因为超过历史水平只能说明有所进步，但不能说明这种进步已达到了应有的程度。财务预算是考核实际工作业绩的更好标准，但在某些情况下没有完成预算未必是坏事，对预算的某些偏离也许更符合饭店利益，而预算得到完全执行也不一定意味着工作没有漏洞，因此饭店要结合实际情况去判断。

7.1.3 饭店编制财务预算的程序

1）制定编制财务预算的方针

预算方针的内容对预算的质量有直接的影响。为使财务预算编制得更为准确，应尽可能通过金额和数量的形式指明饭店及其各部门在某一个会计期间开展经营活动的目标。财务预算方针的制定通常由饭店的常务董事会负责，不设董事会的饭店可以由预算委员会负责。

2）编制各部门的财务预算

饭店各部门根据财务预算方针的要求，编制各部门的财务预算草案并报送预算委员会。编制预算要注意发动群众并征求群众的意见，使财务预算更全面、更具有群众基础，从而使饭店的财务预算更便于贯彻执行。

3）进行综合平衡

饭店各部门从自身完成财务预算的角度考虑，在编制财务预算时有时会留有一定的余地，由此可能会产生一些不必要的浪费和低效率的现象。同时，饭店的财务预算委员会也需从全局考虑，对各部门的财务预算进行相应调整，以使饭店的财务预算发挥更大的作用。因此，饭店各部门的财务预算草案必须报财务预算委员会审议并进行综合的平衡，由总经理批准后才能得以最终确定。

4）下达正式的财务预算

饭店财务预算委员会将批准确定的财务预算方案下达到各部门，以便各部门按财务预算的指标实施经营活动。为更好地贯彻和执行财务预算，各部门可以将财务预算指标进行分解，进而发挥财务的控制职能。

同步业务7-1

浅谈客房部预算管理

预算是全年经营活动的指南，是管理人员用来控制和指导经营活动的依据，预算能改善资金使用效率，制定预算时要力求谨慎，因为一经制定它就成为指导收入和支出的纲领。客房部的预算与酒店的预算一样，每年制定一次，主要包括以下两个方面：

1) 固定资产预算

固定资产预算是指客房部负责人根据酒店的要求，对酒店内部客房的设备、设施根据更新改造计划或工作需要提出购置和补充的预算。这个预算主要包括各种清洁机器设备的购置和补充、家具的更新或翻新，如婴儿床、加床等；各种大件棉织品的更新购置，如窗帘、床罩等；各种服务型设备的购置，如制冰机、热水器、消毒柜、吸尘器等。

2) 经营预算

(1) 年度收入预算

客房年度收入主要包括客房收入、会议室收入、其他收入等。

①客房收入预算即客房年度销售预测，是指对预期的年度客房销售进行营业收入计划分析的过程，其结果是制定客房年度销售预算。

②制订客房年度销售预算计划要依据以下三个方面的预测资料：

A.饭店总经理下达的各项客房年度销售指标。

B.近2年客房实际营业状况统计资料。

C.预期年度的客房预订统计资料。

③预测步骤。

A.根据统计资料提供的数据，分析并权衡出租率，以及平均房价与各项客房年度销售指标之间的关系。

B.商定客房出租率和平均房价的浮动百分比。

C.计算年度客房出租间天数。

D.根据季节差别和饭店接待能力，科学、合理地将客房销售预计达到的平均房价、出租率、出租间天数及客房总收入按月分解并单列。

E.填制客房年度销售预算表并报饭店总经理审核。

(2) 年度费用支出预算

①客房部员工薪酬预算。

A.员工工资：员工的工资、奖金、补贴，养老金等。

B.住房公积金：实际每月为员工支付的住房公积金。

C.职工教育经费：实际每月为员工支付或将支付的职工教育经费。

②清洁用品预算，如化学清洁剂、拖把、刷子、扫帚等。客房、公共区域卫生清洗，包括中性清洁剂、地毯清洗剂、浴厕清洁剂等一切清洗用品及杀虫剂、消毒剂等。

③客用品预算，包括各种客房内摆放的供客人使用的洗发水、浴帽、卫生纸、香皂等。客房的一次性消耗品包括洗漱用品、拖鞋、房间的赠品等。

④办公用品预算，如各种文具、办公用品和各种表单等。

⑤棉织品预算。酒店的所有棉织品，包括面巾、地巾、浴巾、方巾、床上用品等的费用。

⑥客用洗涤费用预算，包括客房的面巾、地巾、浴巾、方巾、床单、被套、枕套等的洗涤费用。

⑦工服洗涤费用预算，即员工的工作服发生的清洗费用。

制定合理有效的预算，还需要注意以下几点：

①检查各类物品的库存量，客房部经理要做到对现有库存心中有数。

②确定年消耗量，客房部经理要使预算做得合理，必须研究各类物品的年消耗量。

③了解酒店近期规划是否有更新改造或某类产品的改型，并根据规划制定预算。

④了解年度销售计划和平均出租率，结合年消耗量和库存因素制定预算。

⑤由于客房部还负责其他部门的家具配备、财产更新维修工作，因而应与相关部门协商制定预算，统一开支。

⑥预算制度应分轻重缓急。

⑦了解供应商各种物品原料的价格，以及价格上涨指数。

⑧了解各部门的人员编制情况，从而确定工服预算。

总之，客房部是酒店的重要部门之一，客房部的预算至关重要。年度预算一经制定、批准，客房部负责人就要严格按预算行事，将经营活动控制在预算范围之内。因此，客房管理人员必须对预算执行情况进行检查，一般每年不得少于2次，通常是每月检查1次。

由于预测不可能是准确无误的，所以预算指标与实际业务运行发生较大的误差也不足为奇，它可以通过预算进行弥补。在预算与实际状况发生较大误差时，客房部负责人应立即召集所有管理人员开会汇报情况（即使预算指标均已达到，这样的会议也应每半年召开一次），寻找方法来消除开支过大造成的赤字，或是寻找途径利用剩余资金提高效益。

资料来源 佚名. 浅谈客房部预算管理 [EB/OL]. [2010-06-03]. http://www.canyin168.com/glyy/cwgl/201006/22116_2.html.

7.2 饭店财务预算的方法

饭店财务预算的方法主要有传统预算法、滚动预算法、零基预算法和弹性预算法。

7.2.1 传统预算法

传统预算法以历史数据为基数，按预算期内一定的增长率或节约率来编制预算。如某饭店2016年营业收入为500万元，预计2017年将递增5%，则2017年营业收入预算指标为525万元。

同步应用7-1

2016年某饭店管理费用支出为400万元，预计2017年管理费用将降低2%，则2017年管理费用预算指标为：

2017年管理费预算指标=400×（1-2%）=392（万元）

可见，采用传统预算法编制财务预算的优点是简便易行且省时省力；其缺点是缺乏科学性和先进性。

7.2.2 滚动预算法

滚动预算法又称永续预算法，这是一种预算期随着时间的推移自行延伸进而始终使预算期保持在一个特定期限内的预算方法。如果以4个季度为1个预算周期，2017年全年费用预算已编制完毕，当2017年第一季度的预算已执行完毕时，应续上2018年第一季度的预算，只有这样企业才能始终保持4个季度的预算。除了按季度滚动外，还可以按月、按周甚至按日滚动编制预算并需要逐期修改编制，但这样工作量就会更大。不过随着计算机的普遍使用，相关的计算工作量会大大缩减。如某饭店2017年全年销售费用预算为350万元，其中第一季度100万元、第二季度101万元、第三季度55万元、第四季度94万元。当第一季度过去后，应将2018年第一季度的预算提上来，这样整个预算期仍为4个季度，如此反复连续不断。

可见，采用滚动预算法编制财务预算的优点是符合实际，便于控制；其缺点是编制预算的工作量相对较大。

7.2.3 零基预算法

零基预算法就是以零为基础编制预算的方法。它要求对预算期内任何一种项目的开支要从实际出发，考虑每项开支的必要性，进而确定每项开支的金额。这种预算方法一般适用于饭店管理费用预算的编制。通常饭店管理费用是在上一年的基础上适当有所增减，但历史上已发生的支出未必都是合理的，以历史资料为基础编制饭店管理费用的预算就会使饭店管理费用不合理地上升，因此零基预算对控制管理费用是十分有效的。饭店可以结合自身的实际情况来选择应用零基预算法。

可见，采用零基预算法编制财务预算的优点是节约开支、提高效益，并能充分地发挥控制实际支出的作用；其缺点是编制预算的工作量很大。

7.2.4 弹性预算法

弹性预算法是以饭店预算期内预计的业务量为基础，编制出能反映预算期内多种业务量水平的预算。由于影响饭店客源的因素很多，饭店实际完成的销售量或营业收入常与预算发生较大的差异，所以饭店必须编制弹性预算。

1）弹性预算的特点

（1）设定相关区域的若干级

一系列的经营业务量使饭店可能经常发生的若干级活动水平。根据历史资料和发展趋势确定的业务量会经常发生波动，在弹性预算法下设定相关的区域，在各区域内按5%或10%的间距划分为若干级，从而以此来适应不同的业务量水平。

（2）适时调整成本预算数

弹性预算有利于随业务量的变动调整其计划。它按变动成本的变化情况分类排列，据此计算预算期末实际业务量的成本预算数额，然后再对实际结果和预算数进行比较，因此弹性预算是管理上非常有用的决策工具。

（3）动态考核饭店的经营业绩

弹性预算不仅能衡量销售方面的业绩，而且能在更加现实和可比的基础上进行成本控制方面的业绩考核，利于准确地考核饭店及其各部门的工作业绩。

2）编制弹性预算的程序

首先，确定预算期内所涉及的业务量发生波动的相关范围；其次，根据成本习性将成本划分为固定成本和变动成本；再次，确定在预算中所包含的各个成本项目的成本特性模式；最后，编制弹性预算。

3）编制弹性预算的方法

在编制弹性预算时，业务量的计量单位要与成本费用之间存在必然的联系。弹性预算可以使实际执行的结果与经营业绩进行比较和考核，进而寻找存在的问题和解决的途径。

同步思考7-3

问题：在编制弹性预算时，饭店的客房部、餐饮部和商品部的业务量计量单位应怎样选择？

理解要点：饭店的客房部选择客房出租率，餐饮部选择就餐人数和人均消费额，商品部选择人次数。

同步业务7-2

酒店企业注意：财务预算控制方面的科学性不足

预算控制是企业财务管理中的一项重要管理工具。国际酒店集团普遍采用预算控制的方法。国内的合资酒店或是由国际酒店集团管理的酒店绝大多数都在运用这种方法，但是一些本土酒店目前还只是刚刚计划，执行层面还处于初级阶段。大部分是根据上一年年底的情况，结合上级主管单位下达的新一年的客房出租率、利润指标、费用水平核算一下。接受计划指标的也尽量是压低指标，以便年底向上级单位交差。

资料来源 姜楠. 我国酒店企业财务控制的问题与对策［EB/OL］. ［2011-12-12］. http://www.luosangbbs.com/thread-11647-1-1.html.

教学互动7-1

互动问题：饭店财务预算有多种方法。

1）在饭店财务预算的多种方法中，哪一种方法最好？

2）传统预算法属于定性还是定量研究方法？

要求：同【教学互动1-1】的"要求"。

7.3 饭店财务预算的编制

营业收入预算是饭店财务预算的起点和基础，其质量已成为饭店整个财务预算质量的可靠保证。

7.3.1 饭店营业收入预算的编制

由于饭店各部门的经营特点不同，其编制营业收入预算的方法各异，现分别说明如下：

1）客房部营业收入预算的编制

编制客房部营业收入的预算要结合可供出租的客房数、预计出租率、预计名义房价、预计折扣率和预算期营业天数等因素进行综合考虑。由于客房部的客房档次和规格不同，所以应该对不同类型的客房分别预算，然后再汇总。其计算公式为：

$$客房部某类客房预算营业收入 = 该类客房可供出租的客房数 \times 预计出租率 \times 预计名义房价 \times 预计折扣率 \times 预算期营业天数 \tag{7.1}$$

同步业务 7-3

国际饭店有标准间客房 300 间，预计 2017 年 3 月出租率为 65%，名义房价为 200 元，折扣率为 90%，则其客房预算收入为：

客房预算收入=300×65%×200×90%×30=1 053 000（元）

可见，决定客房收入的因素主要有客房出租率、名义房价和折扣率三个因素。一般情况下，出租率越高，客房收入也越多。除此之外，影响客房出租率高低的其他因素还有客房服务、客房质量、饭店环境、餐饮条件等。

另外，如果同期举办世界性的体育大赛，将促使客房销售量在正常增加的基础上进一步增加。但有时出租率很高而客房收入却并没有明显地增加，这是因为饭店常常要在房价上给予优惠甚至免费。若有几间客房经过重新装修或增添了设备，或者入住客人的消费结构发生变化等都会影响客房部营业收入。因此，在编制客房营业收入预算时应考虑各方面的因素，只有这样才能使财务预算更符合实际。某国际饭店客房部营业收入预算表（2017年）见表7-1。

表 7-1　　　　　　　**某国际饭店客房部营业收入预算表（2017 年）**　　　　　　单位：元

营业收入	月份												全年
	1	2	3	4	5	6	7	8	9	10	11	12	
	380 000	415 000	814 500	969 500	1 379 500	1 381 300	1 383 200	1 383 800	1 388 000	1 490 700	1 058 800	671 000	12 715 300
年初应收账款余额	186 000												186 000
1	266 000	114 000											380 000
2		290 500	124 500										415 000
3			570 150	244 350									814 500
4				678 650	290 850								969 500
5					965 650	413 850							1 379 500
6						966 910	414 390						1 381 300
7							968 240	414 960					1 383 200
8								968 660	415 140				1 383 800
9									971 600	416 400			1 388 000
10										1 343 490	447 210		1 790 700
11											741 160	317 640	1 058 800
12												469 700	469 700
合计	452 000	404 500	694 650	923 000	1 256 500	1 380 760	1 382 630	1 383 620	1 386 740	1 759 890	1 188 370	787 340	1 300 000

注：每个月的营业收入中有 30% 要到下个月才能收到现金。

2）餐饮部营业收入预算的编制

编制餐饮部营业收入的预算要结合就餐人数、人均消费额和各种促销手段来综合考虑。由于早、午、晚餐的座位周转率和人均消费额差别很大，所以应针对不同的餐厅和不同的就餐时间分别编制预算，然后再汇总。其计算公式为：

某餐厅某一餐的预算营业收入=餐厅座位数×座位周转率×人均消费额×预算期营业天数 (7.2)

宴会收入=宴会厅数量×预算期天数×宴会厅利用率×平均就餐人数×人均就餐标准 (7.3)

零点收入=零点餐位数×预算期天数×上座率×人均消费额 (7.4)

同步业务7-4

某国际饭店各餐厅2017年3月份收入情况见表7-2。

表 7-2　　　　　　　　**某国际饭店各餐厅2017年3月份收入情况表**　　　　金额单位：元

部门	计算依据	金额
中餐厅	早餐：200×40%×10×31=24 800 午餐：200×50%×28×31=86 800 晚餐：200×50%×28×31=86 800	198 400
西餐厅	早餐：100×45%×15×31=20 925 午餐：100×40%×30×31=37 200 晚餐：100×50%×30×31=46 500	104 625
宴会厅	早、午餐：— 晚餐：200×20%×50×31=62 000	62 000
自助餐厅	早餐：60×30%×28×31=15 624 午、晚餐：60×30%×35×31×2=39 060	54 684
咖啡厅	早餐：50×40%×8×31=4 960 午、晚餐：50×45%×12×31×2=16 740	21 700
酒吧	早餐：— 午餐：40×40%×20×31=9 920 晚餐：40×60%×20×31=14 880	24 800
合计		466 209

将每月营业收入预算汇总成国际饭店餐饮部全年营业收入预算，同客房部营业收入预算一样，在预算表下面列出现金收入预算。国际饭店餐饮部营业收入预算表（2017年）见表7-3。

表 7-3　　　　　　　　**国际饭店餐饮部营业收入预算表（2017年）**　　　　单位：元

营业收入	月份												全年
	1	2	3	4	5	6	7	8	9	10	11	12	
	208 300	214 000	395 600	417 000	466 209	467 100	464 700	471 000	479 300	501 600	438 500	305 700	4 829 009
年初应收账款余额	91 500												91 500
1	145 810	62 490											208 300
2		149 800	64 200										214 000
3			276 920	118 680									395 600
4				291 900	125 100								417 000
5					326 346	139 863							466 209
6						326 970	140 130						467 100
7							325 290	139 410					464 700
8								329 700	141 300				471 000
9									335 510	143 790			479 300
10										351 120	150 480		501 600
11											306 950	131 550	438 500
12												213 990	213 990
合计	237 310	212 290	341 120	410 580	451 446	466 833	465 420	469 110	476 810	494 910	457 430	345 540	4 828 799

注：每个月的营业收入中有30%要到下个月才能收到现金。

3）商品部营业收入预算的编制

商品部营业收入预算的编制，可以根据各类商品预计销量和预计售价来计算。其计算公式为：

商品部预算营业收入 $= \sum$（某类商品预计销量×预计售价）　　　　　　　　　（7.5）

此外，也可将商品部划分为不同的营业柜组，分别按不同的营业柜组编制预算，然后再汇总。

用平均发展速度法预测2017年各营业柜组的预算营业收入，其计算公式为：

营业柜组预算营业收入 $= T_n \cdot \sqrt[n-1]{T_n \div T_1}$　　　　　　　　　　　　　　　（7.6）

其中：T_n 为第 n 年的营业收入（离预测年最近的一年）；T_1 为第1年的营业收入（离预测年最远的一年）。

同步业务7-5

国际饭店商品部可分为百货柜组、工艺品柜组、食品柜组和医药柜组四组，国际饭店商品部2012—2016年营业收入表7-4。

表7-4　　　　　　　　　**国际饭店商品部2012—2016年营业收入表**　　　　　　单位：元

部门 ＼ 年份	2012	2013	2014	2015	2016
百货柜组	512 000	674 300	685 130	742 100	763 920
工艺品柜组	819 300	847 400	936 910	939 750	991 450
食品柜组	436 700	529 100	537 000	561 300	594 400
医药柜组	641 800	653 730	665 410	718 430	982 730
合计	2 409 800	2 704 530	2 824 450	2 961 580	3 332 500

根据上述统计资料，可以得出以下结论：

百货柜组预算营业收入 $=763\,920 \times \sqrt[4]{763\,920 \div 512\,000} = 844\,291$（元）

工艺品柜组预算营业收入 $=991\,450 \times \sqrt[4]{991\,450 \div 819\,300} = 1\,039\,867$（元）

食品柜组预算营业收入 $=594\,400 \times \sqrt[4]{594\,400 \div 636\,700} = 642\,026$（元）

医药柜组预算营业收入 $=982\,730 \times \sqrt[4]{982\,730 \div 941\,800} = 1\,093\,183$（元）

商品部2017年预算营业收入 $=844\,291 + 1\,039\,867 + 642\,026 + 1\,093\,183 = 3\,619\,367$（元）

饭店的其他部门也可编制本部门的营业收入预算，将各部门营业收入预算汇总可形成饭店营业收入的总预算，此外依照弹性预算法还可编制不同水平的营业收入预算。

4）饭店在编制营业收入预算时应注意的问题

饭店在编制营业收入预算时应坚持定性分析与定量分析相结合的原则。饭店应把握市场变化的轨迹和客户的需求动向，并采取积极的预算措施以获得更多的利润。同时，在实际的营业收入预算中饭店应关注理论知识的实际应用。由于理论知识只注重全面性和系统性，而实际工作则注重针对性和实效性，因此营业收入预算理论在实际中能够全面应用的情况很少。如何使两者紧密结合是一个不容忽视和亟待解决的问题。

7.3.2　饭店成本费用预算的编制

饭店成本费用预算是在营业收入预算的基础上编制的。为更有效地进行成本费用控制，在弹性营业收入预算的基础上应编制弹性成本费用预算。各部门费用预算分别说明如下：

1）客房部销售费用预算的编制

在编制客房部销售费用预算时，首先应将费用项目按照其与客房出租量的关系划分为固定费用和变动费用，并分别计算预计的发生额，然后再汇总即为客房部销售费用预算。客房部的固定费用是指不随客房出租量的变化而变化的费用，如工资及福利费、折旧、大修理费、工装费和保险费等；变动费用是指随着客房出租量的变化而变化的费用，如燃料费、洗涤费、水电费、物料用品消耗、修理费和其他费用等。其计算公式为：

客房部预算变动费用=间日变动费用消耗额×客房数×出租率×天数　　　　　　　(7.7)

同步业务 7-6

某国际饭店 2017 年 3 月份，客房部固定费用预算数为 289 000 元，出租率为 75%，则客房部销售费用弹性预算（2017 年 3 月）见表 7-5。

表 7-5　　　　**客房部销售费用弹性预算表（2017 年 3 月）**　　　　金额单位：元

实际出租数占预计出租数的百分比（%）①	80	90	100	110	120
出租率（%）②=①×75%	60	68	75	83	90
出租客房间数（间）③	3 720	4 216	4 650	5 146	5 580
变动费用：					
燃料费④=2.8×③	10 416	11 805	13 020	14 409	15 624
洗涤费⑤=3.0×③	11 160	12 648	13 950	15 438	16 740
水电费⑥=8.0×③	29 760	33 728	37 200	41 168	44 640
物料用品消耗⑦=5.0×③	18 600	21 080	23 250	25 730	27 900
修理费⑧=2.0×③	7 440	8 432	9 300	10 292	11 160
其他费用⑨=1.2×③	4 464	5 059	5 580	6 175	6 696
变动费用小计⑩=④+⑤+⑥+⑦+⑧+⑨	81 840	92 752	102 300	113 212	122 760
固定费用小计⑪	289 000	289 000	289 000	289 000	289 000
费用总计⑫=⑩+⑪	370 840	381 752	391 300	402 212	411 760

注：变动费用中燃料费 2.8 元/间，洗涤费 3.0 元/间，水电费 8.0 元/间，物料用品消耗 5.0 元/间，修理费 2.0 元/间，其他费用 1.2 元/间。

在上述饭店销售费用预算中，有些费用在发生后无法直接计入某个营业部门，如燃料费、水电费等。这些费用需要按一定的标准分摊到各个部门，例如可以根据各个部门的营业收入占饭店总收入的比例分摊。具体的分摊方法是：先计算出某个营业部门的营业收入占饭店总收入的百分比，再用本期各项费用总额分别乘以该百分比。将客房部每月销售费用预算汇总为客房部的销售费用年度预算。通常在销售费用预算表的下面加列现金支出预计表，为编制现金预算做准备。

2）餐饮部成本费用预算的编制

餐饮部成本费用预算包括营业成本预算和销售费用预算两个方面。现分别介绍如下：

（1）餐饮部营业成本预算

营业成本又称直接成本，是指随接待数量及消费者消费水平的不同而变化，只能通过毛利率来预算的成本支出额。其计算公式为：

餐饮预算营业成本=餐饮预算营业收入×（1-预计餐饮毛利率）　　　　　　（7.8）

此外，不同的餐厅和的餐饮毛利率是不同的，应分别计算，然后汇总为营业成本。某国际饭店餐饮部各餐厅营业成本预算（2017年3月）见表7-6。

表7-6　　　　　**某国际饭店餐饮部各餐厅营业成本预算表（2017年3月）**　　　金额单位：元

部门	计算依据	金额
中餐厅	198 400×（1-55%）=89 280	89 280
西餐厅	104 625×（1-50%）=52 313	52 313
宴会厅	62 000×（1-60%）=24 800	24 800
自助餐厅	54 684×（1-60%）=21 874	21 874
咖啡厅	21 700×（1-70%）=6 510	6 510
酒吧	24 800×（1-70%）=7 440	7 440
合计		202 217

（2）餐饮部销售费用预算

餐饮部的销售费用分为固定费用和变动费用。固定费用预算可以采用同客房部固定费用一样的方法编制；变动费用，如燃料费、低值易耗品摊销、洗涤费、水电费、物料用品消耗及其他费用等，要和餐饮部营业成本一起编制弹性预算。

同步业务7-7

某国际饭店2017年3月份西餐厅预计营业收入为198 400元，固定费用为40 000元，变动费用中食品原料成本率为45%、水电能源消耗率为8%、物料用品及其他消耗率为3%，则其弹性销售费用预算见表7-7。

表7-7　　　　　**某国际饭店餐饮部销售费用预算表（2017年3月）**　　　金额单位：元

实际营业收入占预计营业收入的百分比（%）①	80	90	100	110	120
实际营业收入②=198 400×①	158 720	178 560	198 400	218 240	238 080
变动费用：					
食品原料成本③=②×45%	71 424	80 352	89 280	98 208	107 136
水电能源消耗④=②×8%	12 698	14 285	15 872	17 459	19 046
物料用品及其他消耗⑤=②×3%	4 762	5 357	5 952	6 547	7 142
变动费用小计⑥=③+④+⑤	88 884	99 994	111 104	122 214	133 324
固定费用小计⑦	40 000	40 000	40 000	40 000	40 000
费用合计⑧=⑥+⑦	128 884	139 994	151 104	162 214	173 324

餐饮部其他部门可参照此格式编制各自的成本费用弹性预算，并将各餐厅的预算汇总为餐饮部成本费用的总预算。在对餐饮部做出成本费用预算的基础上同时也要对各期现金支出做出预测，列在预算表下，并注明现购与赊购的比例。

3）商品部营业成本预算的编制

商品部的营业成本指已售商品的进价成本。因商品部经营的商品种类较多，为严谨起见应分别计算各类商品的成本，或将毛利率相同的商品归为一类，分类计算，然后再汇总。其计算公式为：

$$商品部预算营业成本 = \sum [某类商品预计营业额 \times (1 - 商品毛利率)] \tag{7.9}$$

同步业务 7-8

某国际饭店商品部四个柜组的预算营业收入如【同步业务 7-5】所示，其毛利率分别为 30%、50%、40% 和 45%，则其营业成本预算表见表 7-8。

表 7-8　　　　　　　　　　　　**国际饭店商品部营业成本预算表**　　　　　　　　　金额单位：元

项目 ＼ 类别	百货柜组	工艺品柜组	食品柜组	医药柜组	合计
预算营业收入	844 291	1 039 867	642 026	1 093 183	3 619 367
毛利率（%）	30	50	40	45	
毛利额	253 287	519 934	256 810	491 932	1 521 963
营业成本	591 004	519 933	385 216	601 251	2 097 404

4）康乐部销售费用预算的编制

康乐部的主要服务项目有保龄球、桑拿浴、按摩、美容、卡拉 OK 和台球等，其成本费用主要受住店客人的影响，一般比较稳定，其预算方法基本与商品部相同。

5）洗涤部销售费用预算的编制

饭店的洗涤部主要用来满足客人洗衣的需要，同时也承担本饭店各部门的洗涤任务。洗涤部销售费用是指洗涤部耗用的洗衣用品、用料等费用，可以根据消耗定额和预计业务量予以确定。

6）管理费用的预算编制

管理费用预算可采用零基预算法，结合预算期费用节约的潜力和因素对不同项目分别确定。固定资产折旧预算表的基本格式见表 7-9。

7.3.3　饭店利润预算的编制

饭店利润预算是各部门经营活动努力的目标，它是在营业收入预算和成本费用预算的基础上编制的。

1）饭店利润预算的编制方法

（1）直接计算法

此法是根据营业收入预算、成本费用预算和税金预算直接计算出利润额的大小，它需分别计算不同营业项目的预算利润，然后再汇总。其计算公式为：

$$预算利润 = 预算营业收入 - 预算成本费用 - 预算税金 \tag{7.10}$$

表7-9	固定资产折旧预算表	单位：元
行次	项　目	本年预算
1	期初固定资产总值	
2	期初应计折旧固定资产总值	
3	增加固定资产总值	
4	增加应计折旧固定资产总值	
5	增加应计折旧固定资产平均总值	
6	减少固定资产总值	
7	减少应计折旧固定资产总值	
8	减少应计折旧固定资产平均总值	
9	期末固定资产总值	
10	期末应计折旧固定资产总值	
11	期末应计折旧固定资产平均总值	
12	年折旧率（分类折旧率）	
13	年度折旧计提总额	

（2）指标计算法

此法是利用相关指标来预测利润的一种方法，如利用销售利润率、费用率等来预测利润。

同步业务7-9

若某国际饭店预算营业收入为860 000元，销售利润率为20%，则该国际饭店弹性利润预算表见表7-10。

表7-10	某国际饭店弹性利润预算			金额单位：元	
预算营业收入	688 000	774 000	860 000	946 000	1 032 000
完成预算的比例（%）	80	90	100	110	120
预算利润	137 600	154 800	172 000	189 200	206 400

（3）变动成本法

此法是在保本点分析的基础上预测利润的一种方法，其计算公式为：

预算经营利润=（预算营业收入-保本点收入）×毛利率　　　　　　　　　　（7.11）

同步业务7-10

餐饮部预算营业收入为500 000元，毛利率为50%，保本点收入为240 000元，则预算经营利润为多少？

预算经营利润=（500 000-240 000）×50%=130 000（元）

利润预算表编制出来之后还要编制利润分配预算，它是根据饭店董事会或最高决策层的决议，对预算期利润总额进行分配并反映年末未分配利润结余情况的一种预算。

2）饭店在进行利润预算中应注意的问题

利润预算是饭店利润管理的首要内容，也是饭店经营管理决策的重要内容，因此，饭店应根据其经营目标的具体要求，切实做好利润预算的各项工作。利润预算是在分析研究饭店内部条件、外部环境的基础上，充分考虑预算期情况的变化，运用科学的方法测算饭店未来的利润水平。饭店在实际运用中应深入分析饭店自身及所处外部环境的变化对利润预算方法选择的影响。饭店利润预算的结果既要积极先进，又要留有余地，以实现综合平衡。

7.3.4 饭店现金预算的编制

1）饭店编制现金预算的作用

（1）合理调度资金

通过现金预算的编制，可以事先掌握现金流动的信息，使饭店的管理者了解不同时期现金结余的情况，做好资金的调度，最大限度地提高资金的使用效率，使饭店的资金运作健康有序地进行。

（2）防范现金风险

通过对现金预算执行情况的检查和考核，可以获知饭店是否存在现金短缺的风险。饭店经营的季节性较强，尤其在旅游旺季有可能会出现现金支出大于现金收入的状况。通过编制现金预算，饭店可以与有关部门共同采取防范措施来化解潜在的风险，从而将事后监督转化为事前监督，将被动应付变为主动防范，以此来保证饭店经营活动的顺利进行。

（3）挖掘资金潜力

通过对现金预算的分析和检查，能够发现饭店资金的潜力，如是否有潜力扩大经营规模、是否有足够的现金支付利息和股利、是否有能力偿还到期债务等，从而为饭店的经营决策提供依据。

2）编制现金预算的步骤

现金预算涉及面广，需要资料多。它与销售、劳动工资等其他预算紧密相关，实际上就是现金预算和其他预算的有关现金收支部分的汇总。要及时编制现金预算，必须明确编制预算的资料来源、时间要求和提供单位。在实行财务管理责任制的前提下，以销售预算为中心，由财务部门会同有关职能部门按照下列程序编制现金预算：首先，在编制预算前由经营部门、采购部门、人事部门、投资部门及财务部门等有关部门根据饭店的整体计划和上期预算的完成情况编制预算草案，经内部有关人员讨论通过后上报财务部门。然后，财务部门对各部门上报的预算进行全面汇总和审查，并统一进行平衡。对平衡中发现的问题与有关部门共同协商，提出解决办法，对重大问题向领导汇报，研究相应的处理办法，提出预算草案并报送领导批准。最后，由财务部门下达执行批准后的现金预算，按月进行检查，发现问题要及时提出解决建议，并对预算进行补充修正。

3）编制现金预算的方法

饭店经常采用现金收支法按季、按月甚至按周或按日编制现金预算。现金收支法又称直接法，是直接地逐项预测预算期饭店各项现金的收支数额，并以此来平衡财务收支的一种方法。现金预算表的内容主要包括期初现金余额、现金收入、现金支出、期末现金余额和现金余缺等项目。编制现金预算必须掌握足够的会计信息,并根据以往的会计资料确定营业额中现销与赊销的比例、成本中即付与赊购的比例,同时还要参照其他营业时期的支付清单等。

同步业务7-11

雨海餐厅每月营业额的60%是现销,40%是赊销;食品成本中25%须当月用现金支付,75%可延至下月支付。该餐厅2017年1月营业额为50 000元,2月预计营业额为40 000元。1月实际食品成本为30 000元,2月预计食品采购成本为20 000元。2月初结转上月现金余额为20 000元。预计2月工资为10 000元、销售费用为3 000元、保险费为1 500元、抵押费用为500元,这些费用须当月用现金支付,所得税按季支付。根据以上资料可编制现金预算表见表7-11。

表7-11 **雨海餐厅2017年2月现金预算表** 单位:元

上月结转现金余额①	20 000
估计现金收入②	44 000
其中:现金销售额	24 000
应收账款收回	20 000
估计现金支出③	42 500
其中:本月采购食品原料支出	5 000
应付账款付款	22 500
工资	10 000
销售费用	3 000
保险费	1 500
抵押费用	500
估计期末现金(转下月)④=①+②-③	21 500
理想的现金余额⑤	20 000
现金多余或不足⑥=④-⑤	1 500

采用现金收支法编制现金预算的优点是能直接与现金的收支情况进行比较,使闲置的现金余额减少到合理的程度,并便于控制和分析现金预算的执行情况;其缺点是工作量较大。

4)现金预算的控制和检查

(1)控制管理责任

现金预算需要依靠有关部门共同执行,必须实行货币收支指标分管的责任制,将饭店月度收支指标分解并落实到各部门,以此确定有关部门的经济责任。各部门在预算的执行、法律制度的遵守和节约支出等方面必须持认真负责的态度,并及时参与检查和分析。

(2)遵守结算规定

现金预算应以有关方针政策和规章制度为依据,使饭店的货币收支具有合法性和有效性。各有关部门及财务部门必须严格遵守现金管理制度和银行结算办法,不得损害国家、社会和投资人的利益。

（3）保障现金安全

实行钱账分管，以明确责任。要严格遵守现金收支的相关规定，不得滥用现金。同时还要坚持查库制度，每天核对库存现金，每月核对银行存款，以此来保证账账相符和账实相符。

（4）检查执行情况

检查的内容主要包括核算资料的真实性、结存数量的合理性、收支项目的合法性和支出项目的节约性。有关部门应按月上报收支预算的执行情况，找出问题并提出改进意见。财务部门应汇总核算资料并进行检查和分析，之后提出分析报告，对重大问题应以专题的形式报请领导研究解决，有变动时应对预算进行修改。

同步案例 7-1

饭店集团预算的编制

背景与情境： 企业财务预算是由销售、生产、采购、现金流量等各个单项预算组成的财务责任指针体系。它是以企业目标成本、目标利润为财务预算目标，以销售前景为预算编制基础，综合考虑市场和企业生产经营等因素，按照权责清晰的原则，由企业最高权力机构讨论通过的企业未来一定期间经营决策和目标规划的财务数据说明和责任约束。

财务预算以货币为基本计量工具，凡是影响财务目标实现的企业生产经营的各个环节均在财务预算的范围之内。

实行以预算为中心的财务管理模式，其最主要的特征是一切经营活动都围绕财务目标的实现而开展，在预算的执行过程中落实财务政策、强化财务控制，以此加强财务管理在企业管理领域中的中心地位，带动和推动企业各项工作水平的提高。

1）饭店集团预算编制要求

（1）围绕目标利润编制财务预算

采用弹性预算法、零基预算法确立企业的目标成本、目标利润，并预测和分解销售、生产、采购、研发、行政管理等具体预算，在反复策划调整的过程中，寻求实现目标利润的最佳预算组合，力求预算既科学合理又贴近实际。迫使企业内各部门挖掘潜力，开源节流，增收节支，实现资本增值和利润目标。

（2）围绕实现财务预算、落实财务制度，提高财务的控制和约束力

财务预算一经确定，在企业内部便具有法律效应，企业各战略职能部门和责任单位在生产经营及相关的各项活动中，都要充分考虑财务预算的可能，围绕实现财务预算开展经营活动，按季、按月滚动下达预算任务，建立每周资金调度会、每月预算执行情况分析会等例会制度，促进全员和全方位财务管理局面的形成。

（3）围绕资本运营、绩效考核预算结果，兑现财务政策

财务部门的期终决算要和财务预算相衔接，内部责任会计报告必须分设预算数、决算数栏，依据各责任单位财务预算的执行结果，提出绩效考核意见。

可实行月度预算考核、季度兑现、年度清算的办法。清算结果坚决奖惩到位，使财务预算制度和经济责任制有效地结合起来，同时要及时从预算执行的正负差异中，分析出主客观因素，适时提出纠正预算偏差的财务对策，必要时可调整个别期间的预算方案，非重

大意外因素不宜调整年度预算方案。执行财务预算始终要发动和依靠企业全体员工,充分调动各方实现财务目标的积极性。

(4) 推行预算化财务管理,加强财务管理的基础工作

①要强化财务信息的集成和分析工作,增强财务的预警能力,建立灵敏准确的企业财务反应机制,保证财务预算的实施和管理计划的实现。为此需建立健全财务信息系统、财务分析系统、财务控制系统、财务预警系统。

②要建立并完善与预算化管理相结合的内部财务制度,使预算实施有法可依、有章可循、有标准可比。要建立与预算化管理相结合的内部财务制度,企业财务部门应坚持依法理财,加大财务预算监控力度,督促企业的各项经营活动在财务制度许可的范围内实施。

③建立健全严格的预算责任制度,正确划分各责任单位的责、权、利,确立责任中心,全面建立责任会计制度,确保财务预算落实并取得实效。当然,建立财务预算机制,实行财务预算管理,不只是企业财务部门的职责,而是全员、全方位、全过程的管理控制体系,各部门的经营活动、经营责任都要将资本运营增值目标量化为相应的财务预算,通过预算执行,监督保证资本增值、利润最大化目标的实现。

④编制饭店集团预算时,应先建立饭店集团内部的预算编制口径,统一各费用项目的预算解释,明确各相关的计算公式。

2) 饭店集团预算的编制

(1) 编制预算的准备工作

①预料并努力预见组织的工作环境状况。

②识别以下各项事实,并进行调查和分析:

A.基本趋势,恰当的"移动平均"数据。

B.重要的控制比率。

C.研究假设,经过分析的概率。

D.有依据的基本设想。

③对以下项目定期进行(每月、每季、每年)安排检查:

A.对实际成果进行分析以便预测(预算)。

B.修正计划或有效的改正措施。

C.每一阶段连续地修订计划。

④安排和排列管理计划会议,将其作为各级管理人员工作的一个特别方面。

⑤运用集体智慧的力量,在管理的每一阶层,为所有直接符合计划和目标成果的负责人员提供适当的参与机会。

(2) 编制预算的主要目的

①阐明所要达到的最终成果、衡量绩效的准则以及全面的计划和日程,以便使组织中的每一个管理人员都知道整个组织以及部门的期望是什么。

②确定并说明组织中的每一个部门应该做什么,为什么要做这些事以及应该在何时去做,以便每项活动都同其他有关活动配合起来,尽可能避免重复和遗漏。

③为日常执行高级决策的所有人员提供明确的政策,作为指导和协调的方针。

④预先估计会发生哪些问题,并在这些问题不太严重以前就采取补救措施。对所有重大活动进行协调,以便及时安排人员、设备和材料,按期完成任务。

⑤制定并维持必要的、最低限度的管理控制措施，以便保证取得符合已确定的目标、政策、程序的成果。

（3）编制预算的基本假设

①基本假设。

A．对公司经营有重大影响的事项。

B．公司未来经营的基础条件。

C．公司未来经营的前提条件。

D．预算假设的前提条件。

②正面的假设条件。

在对下一个业务周期的预算数据进行预测和汇总时，有关部门和预算负责人应该注意正面的假设条件：

A．价格：从1月起所有产品的价格将上调5%。

B．市场条件：消费者的同期消费支出将增长6%。

C．债务：在收到发票的30天内，债务人将支付80%的应付账款，60天内支付其余账款。

D．供货商（原材料/零部件）：所有的采购价格从1月起将上调5%。

E．通货膨胀率：根据预测，通货膨胀率将保持在3%。

F．汇率：汇率将保持不变。

G．税率：所有的税率将根据国家现行的规定维持不变。

H．工资：所有人员的工资假定从1月1日起上调10%。

I．法律事务费用及其他固定性的费用维持不变。

预算人员应自行确定所负责部分的收入和费用数据，并按照预算程序在预算委员会的指导下完成预算工作。

（4）编写发展目标和规划

①规划未来。战略计划明确了企业主要的长期商业活动，制定了财务目标，是设定部门目标的基础。战略计划简明地定义了商业活动以及企业在规模、质量、安全、竞争方面的发展方向。

②遵循商业目标。只有在战略计划的定义中才能设定最重要的商业目标，并把组织目标和部门的作业控制联系在一起。

③决定公司目标。商业目标将商业活动视为一个整体，而且只有部分可以量化表达。一些目标具有普遍性，另一些则与营销、组织或者财务联系在一起。为部门设定目标，以便在可获得的成果与所期望的目标之间进行平衡。

④制定财务目标。把部门目标转变为正式的财务目标，需要考虑营销、生产（或服务）、采购、人事和行政等多方面。这些财务目标将表达在每一年度全部预算期的损益账户、平衡表和现金流量表的说明中。为了涵盖业务的全部方面，还应在预算中包括非财务的测试指标，如GSTS、ESPS。

（5）确定预算单位

预算也叫计划，是对未来年度的预测。计划使我们的思想具体化，体现出我们期望做什么，何时做好，谁去做，如何做。预算单位以各部门为相对独立的核算中心来编制预算，分为费用中心和损益中心。

（6）区分预算的种类

预算的种类有长期预算与短期预算、资本预算、营业预算、部门预算、总预算。这里所要讲解的是除长期预算与短期预算以外的各种预算，主要是指饭店的年度预算。

①资本预算，与资产负债表中的项目有关，通常是指资本性的支出预算，如大修理、更新改造预算。

②营业预算，是指营业收入和支出项目的预测，或对利润表有影响的项目的预测。

③部门预算，是针对某个特定部门的预算，为该特定部门预测营业收入、营业支出，或部门某一特定时期的预期费用。一般来说，部门预算是按月做出的，一直预算到1年。

④总预算，是所有其他预算的汇总。总预算一般是由财务部门制定，以1年为期限。

编制预算的目的是提供关于未来各时期的收入、支出及所需人力和设备等的估计情况，并把这些情况分解为各个时期、各个部门的详细情况，提供用会计项目表达的时间和短期相协调的管理政策和控制方法，以便用预算来调节和评价实际情况。

（7）统一预算表格式

集团在编制统一的预算之前，应有统一的格式，对预算中所涉及的内容应有统一的定义，如对出租率、市场分类、客源结构的定义等。集团财务部门对各下属饭店的预算预审后进行汇总。现在饭店集团在编制预算时通常都借助于INTERNET技术，在网上进行预算的编制和申报。

（8）预算编制的程序

从整个集团的发展战略体系来讲，饭店集团应先有自己的远景，根据集团远景制订集团的战略方案，然后制订3~5年的规划，再制定年度经营预算。

在通常情况下，饭店管理集团8月份布置预算，9月份上交预算初稿，10月份进行预算的修改和调整，11月份管理公司对所管理的饭店下达预算批复、饭店向业主上报预算，12月31日前业主对饭店上报的预算进行批复。

资料来源 叶予舜．饭店集团预算的编制［EB/OL］．［2011-04-01］．http://wenku.baidu.com/view/22c746250722192e4536f6d6.html.

问题： 你认为该饭店预算编制的程序是否正确？

分析提示： 饭店财务预算是利用货币量度对饭店某个时期的全部经济活动正式计划的数量反映，也是对饭店未来某个时期财务报表所列项目计划的一种数量反映。饭店财务预算具有预见性、适用性、波动性和科学性的特点。

▶ 本章概要

□ 内容提要

本章介绍了财务预算的内涵，认为饭店财务预算是利用货币量度对饭店某个时期的全部经济活动正式计划的数量反映，也是对饭店未来某个时期财务报表所列项目计划的一种数量反映。饭店财务预算具有预见性、适用性、波动性和科学性的特点。饭店编制财务预算的意义在于明确经营目标、控制财务活动、协调各部门的工作和考核工作业绩。饭店编制财务预算的程序是：制定编制财务预算的方针；编制各部门的财务预算；进行综合平衡；下达正式的财务预算。饭店财务预算的方法有传统预算法、滚动预算法、零基预算法、弹性预算法。

饭店财务预算的编制包括饭店营业收入预算的编制、饭店成本费用预算的编制、饭店利润预算的编制和饭店现金预算的编制。营业收入预算是饭店财务预算的起点和基础。编制客房部营业收入的预算要结合可供出租的客房数、预计出租率、预计名义房价、预计折扣率和预算期营业天数等因素进行综合考虑。由于客房部的客房档次和规格不同，所以应该对不同类型的客房分别预算，然后再汇总。编制餐饮部营业收入的预算要结合就餐人数、人均消费额和各种促销手段来综合考虑。由于早、午、晚餐的座位周转率和人均消费额差别很大，所以应针对不同的餐厅和不同的就餐时间分别编制预算，然后再汇总。商品部营业收入预算的编制，可以根据各类商品预计销量和预计售价来计算。饭店在编制营业收入预算时应坚持定性分析与定量分析相结合的原则。饭店应把握市场变化的轨迹和客户的需求动向，并采取积极的预算措施以取得更多的利润。饭店成本费用预算是在营业收入预算的基础上编制的。为更有效地进行成本费用控制，在弹性营业收入预算的基础上应编制弹性成本费用预算。在编制客房部的费用预算时首先应将费用项目按照其与客房出租量的关系划分为固定费用和变动费用，并分别计算预计的发生额，然后再汇总即为客房部销售费用预算。客房部的固定费用是指不随客房出租量的变化而变化的费用，如工资及福利费、折旧费、大修理费、工装费和保险费等。变动费用是指随着客房出租量的变化而变化的费用，如燃料费、洗涤费、水电费、物料用品消耗、修理费和其他费用等。餐饮部成本费用预算包括营业成本预算和销售费用预算两个方面。营业成本又称直接成本，是指随接待数量及客人消费水平的不同而变化，只能通过毛利率来预算的成本支出额。餐饮部的销售费用分为固定费用和变动费用。餐饮部固定费用预算可以采用同客房部固定费用一样的方法编制；变动费用，如燃料费、低值易耗品摊销、洗涤费、水电费、物料用品消耗及其他费用等，要和餐饮部营业成本一起编制弹性预算。商品部的营业成本指已售商品的进价成本。因商品部经营的商品种类较多，为科学起见应分别计算各类商品的成本，或将毛利率相同的商品归为一类，分类计算，然后再汇总。康乐部的主要服务项目有保龄球、桑拿浴、按摩、美容、卡拉OK和台球等，其成本费用主要受住店客人的影响，一般比较稳定，其预算方法基本与商品部相同。饭店的洗涤部主要用来满足客人洗衣的需要，同时也承担本饭店各部门的洗涤任务。洗涤部销售费用是指洗涤部耗用的洗衣用品、用料等费用，可以根据消耗定额和预计业务量予以确定。管理费用预算可采用零基预算法，结合预算期费用节约的潜力和因素对不同项目分别确定。饭店利润预算是各部门经营活动努力的目标，它是在营业收入预算和成本费用预算的基础上编制的。饭店利润预算的编制方法有直接计算法、指标计算法、变动成本法。饭店编制现金预算的作用是合理调度资金、防范现金风险和挖掘资金潜力。饭店经常采用现金收支法按季、按月甚至按周或按日编制现金预算。采用现金收支法编制现金预算的优点是能直接与现金的收支情况进行比较，使闲置的现金余额减少到合理的程度，并便于控制和分析现金预算的执行情况；缺点是工作量较大。现金预算的控制和检查的内容包括控制管理责任、遵守结算规定、保障现金安全和检查执行情况。

□ 主要概念和观念

▲ 主要概念

饭店财务预算　传统预算法　零基预算法　滚动预算法　弹性预算法

▲ 主要观念

滚动预算法　弹性预算法

□ 重点实务

饭店财务预算的基本方法

基本训练

□ 知识训练

▲ 复习题

1）饭店编制财务预算的意义主要表现在哪几个方面？

2）饭店编制现金预算的作用主要表现在哪几个方面？

▲ 讨论题

1）饭店编制财务预算的程序。

2）饭店利润预算的编制方法。

3）饭店现金预算的控制和检查。

□ 能力训练

▲ 综合题

预算是用来编制计划和进行控制的一种有效手段，但遗憾的是，有些预算控制计划过于全面和详细，以致显得笨重拖沓、毫无意义，甚至劳民伤财。

预算编制得过于烦琐是有风险的，它详细地列出了明细费用，以致剥夺了主管人员管理本部门时所必需的自由。如在一家预算编制得很差的饭店里，一个部门负责人因办公用品的支出超出了预算数额而在一项重要的促销工作上受阻，即使该部门的总支出没有超出预算，而且还有一些资金用来给写推销信函的人员支付薪水，新的支出还是不能增加。

预算编制中的另一个风险是把预算目标置于饭店目标之上。有些主管人员热衷于使自己部门的费用不超过预算，但他们忘记了自己的首要职责是实现饭店的整体目标。在一家实行预算控制程序的饭店里，销售部门无法从工程部门获取必要的信息，原因是现有的预算中没有这笔费用。这种局部与全面控制目标之间存在的矛盾，以及由此产生的部门过分的独立性、缺乏协作精神都是管理不善的症状，因为预算应当构成一个互相支持和互相连接的网络，而每项预算都应当以有助于实现饭店目标的方式体现在预算之中。

预算编制中另一个常见的风险是潜在的效能低下。预算具有按先例递增的习惯，过去使用的某些费用成为今天编制预算的依据。饭店的主管人员有时也知道在预算获得最后批准的过程中，预算申请数多半是要被削减的，因而他们的预算申请数要多于其实际需要数。除非在编制预算的同时不断地复查预算措施转化为数字所依据的标准和换算系数，否则预算就有可能成为懒散又无效的管理部门的保护伞。

即使预算编制未被用来取代管理工作，把预算人为地缩略成数字后也会造成确切无疑的错觉。事情的发展完全有可能证明这种人工费用或那种原料费用应该多花费些，而另外的则应该少花费些；或者证明实际销售额将超过或低于预测的销售额。这种差异可以使一个刚刚缩减的预算马上过时，如果在这种情况下主管人员还必须受预算束缚的话，那么预算的有效性就会减弱或消失，在提前编制长期预算时更是如此。

你认为如何在编制及执行预算的过程中避免可能产生的问题？

▲ 案例分析

某中外合资饭店的营业额预测

背景与情境： 2016年7月，李先生毕业后就职于某中外合资饭店，负责财务主管工作。该饭店以经营客房、餐饮和旅游纪念品为主，2016年1—6月的营业收入分别为5 140万元、5 126万元、5 308万元、6 017万元、5 862万元和6 430万元。7月份预计营业收入为6 397万元。另外，8月份饭店计划开展外卖业务，并聘请了8名专家对外卖的营业情况进行了预测。

问题：

1）李先生拟采用趋势分析法对原产品8月份营业额进行预测的结果是什么？

2）采用专家判断法对外卖产品8月份的营业额进行预测的结果是什么？

3）该饭店8月份总营业额预计是多少？

分析要求： 同第1章本题型的"分析要求"。

▲ 实训操练

【实训项目】饭店财务预算的编制

【实训要求】通过本模块的实训，使学生理解全面预算管理的意义、作用，了解财务预算的编制程序、内容和方法，熟练掌握现金预算、预计财务报表的编制方法。要求学生能够运用所学的财务预算知识，为选定的项目投资方案编制财务预算。

【实训步骤】

1）布置任务：教师提前两周布置财务预算的实训任务和要求。

2）实训指导：教师采用案例教学法，介绍财务预算的编制程序、方法和要领。

3）资料搜集：各小组对之前【实训项目】的有关预测资料进行整理，并搜集所需的其他相关资料。

4）项目全面预算的编制步骤：（1）营业业务预算包括：销售预算、生产预算、各项成本费用预算；（2）现金预算；（3）财务预算（预计利润表、预计资产负债表和预计现金流量表）。

5）小组分工协作、讨论交流，共同完成项目全面预算的编制。

6）班级课堂交流。

7）各小组提交项目预算报告。

8）教师评价预算报告，并总结。

□ 善恶研判

营业收入预算是整个预算的编制起点

背景与情境： 营业收入预算是整个预算的编制起点，其他预算的编制都以营业收入预算作为基础，根据预算期现销收入与回收赊销货款的可能情况反映现金收入，以便为编制现金收支预算提供信息。表7-12是某饭店营业收入预算表。

表 7-12 　　　　　　　　　　　　某饭店营业收入预算表 　　　　　　　　　　金额单位：元

季度	一	二	三	四	全年
预计销售量（件）	150	100	180	200	630
预计单位售价	200	200	200	200	200
营业收入	30 000	20 000	36 000	40 000	126 000
预计现金收入					
上年应收账款	6 200				6 200
第一季度（销货30 000）	18 000	12 000			30 000
第二季度（销货20 000）		12 000	8 000		20 000
第三季度（销货36 000）			21 600	14 400	36 000
第四季度（销货40 000）				24 000	24 000
销售收入合计	24 200	24 000	29 600	38 400	116 200

　　在实际工作中，由于产品销售往往不是现购现销的，即产生了很大数额的应收账款。上述资料中，每季度的营业收入在本季度收到60%的现金，其余40%为赊销账款，在下季度收回。

资料来源　刘锦辉. 财务管理学［M］. 上海：上海财经大学出版社，2010.

　　问题：会计人员如何从行业自律的角度编制销售预算？

　　研判要求：同第1章本题型的"研判要求"。

第 8 章 ▸ 饭店财务分析

● **学习目标**

通过本章学习，你应该达到以下目标：

职业知识：学习和掌握饭店基本财务比率的计算方法、财务分析的一般步骤和原则、财务分析的目的等知识；能用其指导"饭店财务分析"中的相关认知活动，规范其相关技能活动。

职业能力：用本章的专业知识正确解答"基本训练"中的综合题，训练与"饭店财务分析"相关的综合能力；运用本章专业知识研究相关案例，培养在"饭店财务分析"业务情境中的分析问题能力；通过"饭店财务分析"实训操练，培养相关专业操作技能。

职业道德：结合本章教学内容，依照行业道德规范或标准，分析"财务分析的其他影响因素"业务情境中企业或从业人员服务行为的善恶，强化职业道德素质。

引例：餐饮企业主要财务指标分析案例

背景与情境：餐饮企业面对的是一个竞争日趋激烈的市场，企业资金的筹集与投放、分布与耗费，以及由此带来的收益及其分配都与餐饮企业的生存发展密切相关。作为对企业理财活动进行观察、控制的手段，财务指标分析能够以其令人信服的数据来诊断企业的财务状况和经营成果。对餐饮企业进行财务指标分析，就是以餐饮企业的财务核算资料为主要依据，运用特定的分析方法，对企业的财务状况和经营成果进行的一种定性和定量分析。下面以某公司招待所餐饮部2016年10月的财务报表数据为例，就其主要财务指标进行比较分析。

1) 经营状况

招待所地处公司院内，招待所餐饮部营业面积300平方米，拥有4个普通包厢、2个套间包厢、1个豪华大包厢和1个大餐厅，共计160个餐位。近几年来，由于公司周围开了多家餐馆，再加上公司招待所的菜肴品种较少、口味欠佳，价格偏高，服务不太好，导致公司招待所餐饮生意越做越差。2016年1—10月除5月盈利2 793.12元、9月盈利7 719.22元外，其他各月均为亏损。其中，2016年10月亏损919.93元，2016年1—10月累计亏损40 455.25元。

2) 主要财务指标比较分析

财务指标是财务分析的依据和关键，不论是投资人、债权人还是企业经营者都日益重视财务指标。反映餐饮企业财务状况和经营成果的财务指标很多，本例中挑选了营业收入、营业成本、销售费用、毛利率等主要指标加以分析。

(1) 营业收入分析

营业收入即餐饮企业经营过程中向消费者提供劳务或销售商品等而取得的收入，是进行财务分析的一项基本指标。它的大小决定了餐饮企业盈利的大小，也反映出餐饮企业的经营规模和水平。

通过调查了解：当地高档宾馆、招待所和饭店平均每天营业收入在15 000元以上；中档宾馆、招待所和饭店平均每天营业收入在6 000元~15 000元之间；一般小饭店和大排档，平均每天营业收入在1 500元~6 000元之间。餐饮部规模较大，但2016年10月营业收入只有51 144元，平均每天营业收入不足1 700元，实在太低。餐饮部2016年10月营业收入比上年同期降低了31.90%。其中，烟、酒收入下降速度最快，菜肴收入的下降速度虽然最慢，但其绝对值大（占总收入的比例为73.95%），这是影响营业收入的最主要因素，经营者应充分重视对菜肴的经营。

(2) 营业成本分析

营业成本即餐饮企业经营过程中向消费者提供劳务或销售商品等而发生的成本，其中，菜肴成本即所耗原材料（包括主料、配料和调料）成本。根据现行企业会计制度规定，餐饮产品所耗用的原材料计入营业成本，将燃料、水电、工资、维修等费用列入"销售费用"，这就从制度上对餐饮企业的成本与费用作了明确的界定。营业成本是企业的一项重要经济指标，企业经济效益的好坏既取决于营业收入的多少，也取决于营业成本的高低。

据统计，在我国，餐饮行业营业成本占营业收入的45%左右。实际上，该餐饮部2016年10月营业成本占营业收入的比例为66.38%，远远超过45%，与上年相比提高了3.31%。餐饮部2016年10月的营业收入为51 144元，若按45%的比例计算，10月的营业成本为

23 014.80 元（51 144×45%），然而 2016 年 10 月的实际营业成本为 33 948.98 元，超支 10 934.18 元（超支 47.51%）。其中，菜肴成本占营业收入的 51.53%，与上年相比提高了 3.98%，菜肴成本增长过快是营业成本提高的主要原因。

（3）销售费用分析

销售费用是指生产经营过程中的各项开支，包括水电费、燃料费、工资、福利费、工作餐费、服装费、洗涤费、广告宣传费、折旧费、租赁费、办公费和维修费及其他销售费用。餐饮企业销售费用占营业收入的比例较大，及时、有效地监督企业经营过程中的各项费用支出，是提高经济效益的重要途径。

销售费用占营业收入比重呈上升趋势，2016 年 10 月该餐饮部销售费用占营业收入的比例为 30.42%，比上年提高了 14.99%，各项费用都有不同程度的增加。其中，工资支出占营业收入的比例为 17.40%，比上年提高了 9.32%。据调查了解，餐饮企业的工资支出一般占营业收入的 10%（工资率）。2016 年 10 月营业收入 51 144 元，若按 10% 的比例计算，工资支出应为 5 114.4 元（51 144×10%），实际工资支出 8 900 元，超支 3 785.6 元（超支 74.02%）。由于工资支出太多，导致销售费用增长太快。

（4）毛利率分析

毛利等于营业收入减去营业成本。毛利率是毛利与营业收入之间的比率。毛利率是餐饮企业很重要的经济指标。

据了解，当地高档宾馆、饭店和招待所的经营费用大，其毛利率在 55%~60% 之间；中档宾馆、饭店和招待所服务设施和服务功能不及高档宾馆、饭店和招待所，经营费用相对低些，毛利率在 45%~55% 之间；一般饭店或大排档经营费用较低，毛利率在 40%~45% 之间；餐饮业平均毛利率一般为 50%。餐饮部 2016 年 10 月因为营业收入偏低，营业成本偏高，导致各类产品毛利率偏低，平均毛利率只有 33.62%，与餐饮业平均毛利率 50% 相比，有较大的差距。

3）结束语

财务指标分析也有一定的局限性，它建立在财务报表的基础上，而财务报表有特定的假设前提，并要执行统一的规范，报表上的数据也是在基本假设的情况下列示的。也就是说，我们只能在规定意义上使用报表，并进行财务指标分析，不能片面地认为对报表的指标分析可以揭示企业全部的实际情况。但只要掌握好它的局限性，综合考虑企业的实际情况，就可以更好地把握企业的财务状况和经营成果。

财务报表的局限性主要有：①以历史成本报告资产，不代表其现行成本或变现价值；②假设货币值不变，不按通货膨胀率或物价水平调整；③稳健原则要求预计损失而不预计收益，有可能夸大费用，少计收益和资产；④按年度分期报告，只报告了短期信息，不能提供反映长期潜力的信息。

从餐饮企业财务分析的理论和实践来看，财务分析指标体系除定量指标、定性说明，以及各种分析指标以外，还应包括非财务分析指标（如产品市场占有率、劳动生产率、产品质量指标、新产品开发能力等），从而使餐饮企业的财务分析指标体系更趋完善，在参与企业发展决策过程中更好地发挥支撑和保障作用。

资料来源　刘贤仕. 餐饮企业主要财务指标分析案例［J］. 会计之友，2009（9）：43-45.

问题： 上述引例告诉我们什么？

案例说明：正确地进行财务分析是饭店科学管理的前提。那么，除此之外，财务分析还有什么其他目的呢？

8.1　饭店财务分析概述

财务分析是以财务报表和其他资料为依据和起点，采用专门的方法，系统分析和评价饭店过去和现在的经营成果、财务状况及其变动。

8.1.1　财务分析的目的

1）财务分析的一般目的

财务分析的一般目的是评价过去的经营业绩、衡量现在的财务状况和预测未来的发展趋势，包括变现能力分析、资产管理能力分析、偿债能力分析、盈利能力分析和发展能力分析等。

2）财务分析的具体目的

对外发布的财务报表是根据全体使用人的一般要求设计的，并不适合特定报表使用人的特定要求。报表使用人要从中选择自己需要的信息，重新排列，并研究其相互关系，使之符合特定的决策要求。饭店财务报表的主要使用人有七种，他们的财务分析目的各不相同。现分别介绍如下：

（1）饭店的投资人

饭店的投资人为决定是否投资而分析饭店的资产和盈利能力；为决定是否转让股份而分析盈利状况、股价变动和发展前景；为考查经营者业绩而分析资产盈利水平、破产风险和竞争能力；为决定股利分配政策而分析筹资状况。

（2）饭店的债权人

饭店的债权人为决定是否给饭店贷款而分析贷款的报酬和风险；为了解债务人的短期偿债能力而分析其流动状况；为了解债务人的长期偿债能力而分析其盈利状况；为决定是否出让债权而评价其价值。

（3）饭店的经理人员

饭店的经理人员为改善财务决策而进行财务分析。其涉及内容广泛，几乎包括外部使用人关心的所有问题。

（4）饭店的供应商

饭店的供应商需要了解饭店能否与之长期合作和饭店的销售信用水平，以此判断是否应对饭店延长付款期。

（5）政府

政府要通过财务分析了解饭店的纳税情况、遵守政府法规和市场秩序的情况、职工收入和就业状况等。

（6）饭店的雇员和工会

饭店的雇员和工会通过财务分析判断饭店盈利与雇员收入、保险、福利之间是否相适应。

（7）饭店的中介机构

饭店的中介机构是指审计师和咨询人员等。审计师通过财务分析可以确定审计的重点。财务分析领域的逐渐扩展与咨询业的发展有关，在一些国家财务分析师已成为专门的职业，他们为各类报表使用人提供专业咨询。

教学互动 8-1

互动问题： 财务分析有多种目的。

1）在财务分析的多种目的中，哪一个目的最重要？

2）饭店的投资人通过财务分析能够获得哪些信息？

要求： 同【教学互动 1-1】的"要求"。

8.1.2　财务分析方法

1）比较分析法

比较分析法是对两个或两个以上有关的可比数据进行对比，揭示差异和矛盾的分析方法。比较是分析的最基本方法，其具体方法种类繁多，现分别介绍如下：

（1）按比较对象不同进行比较

按比较对象不同可分别与以下资料比较：

①与本饭店历史比较，即不同时期的指标相比，也称趋势分析。

同步思考 8-1

问题： 在指标相比时，饭店的不同历史时期一般指多长时间？

理解要点： 一般为 2~10 年。

②与同类饭店比较，即与行业平均数或竞争对手比较，也称横向分析。

③与预算比较，即实际执行结果与预算指标比较，也称差异分析。

（2）按比较内容不同进行比较

按比较内容不同可分别比较以下内容：

①比较会计要素的总量。总量是指报表项目的总金额，如总资产、净资产和净利润等。总量比较主要用于时间序列分析，如研究利润的逐年变化趋势，评价其增长的潜力。有时也用于同行业对比，评价饭店的相对规模和竞争地位。

②比较结构百分比。把利润表、资产负债表、现金流量表转换成结构百分比报表。例如以收入为 100%，看利润表各项目的比重。结构百分比报表用于发现有显著问题的项目，揭示进一步分析的方向。

③比较财务比率。财务比率是各会计要素的相互关系，反映其内在联系。比率的比较是最重要的比较分析，它是相对数，排除了规模的影响，在不同比较对象之间建立起可比性。财务比率的计算比较简单，但对它加以说明和解释是相当复杂和困难的。

2）因素分析法

因素分析法是依据分析指标和影响因素的关系，从数量上确定各因素对指标的影响程度。饭店的活动是一个有机整体，每个指标的高低都受到若干因素的影响。从数量上测定各因素的影响程度，可以帮助管理者抓住主要矛盾，或者更有说服力地评价经营状况。因素分析的方法包括差额分析法、指标分解法、连环替代法和定基替代法等，在实际分析中各种方法可结合使用。

8.1.3 财务分析的一般步骤和原则

1）财务分析的一般步骤

财务分析的内容是非常广泛的。不同的人，处于不同的目的，根据不同的数据范围进行分析时，应采用不同的方法。财务分析不是一种有固定程序的工作，不存在唯一的通用分析程序，而是一个研究和探索过程。分析的具体步骤和程序是根据分析目的、一般分析方法和特定分析对象，由分析人员个别设计的。

同步思考8-2

财务分析的一般步骤如下：

（1）明确分析目的；

（2）收集有关的信息；

（3）深入研究各部分的特殊本质，并进一步研究各部分的联系；

（4）解释结果，并提供对决策有帮助的信息。

问题： 收集有关信息时应注意哪些问题？

理解要点： 根据分析目的把整体的各个部分分割开来，并予以适当的安排，使之符合需要。

2）财务分析的原则

一是要从实际出发，坚持实事求是，反对主观臆断和搞数字游戏。二是要全面地看问题，兼顾成功经验与失败教训、有利因素与不利因素、主观因素与客观因素、经济问题与技术问题、外部问题与内部问题等方面。三是要注重事物的联系，注意局部与全局的关系、偿债能力与盈利能力的关系、报酬与风险的关系等。四是要发展地看问题，注意过去、现在和将来的关系。五是要做到定量分析与定性分析相结合，坚持以定量为主。定性分析是分析的基础和前提，没有定性分析就弄不清本质、趋势、与其他事物的联系；定量分析是分析的工具和手段，没有定量分析就弄不清数量界限、阶段性和特殊性。财务分析要透过数字看本质，没有数字就得不出结论。

8.1.4 财务报告分析的资料

财务报告分析的资料包含资产负债表、利润表、现金流量表、所有者权益变动表及附注等内容。

1）资产负债表

（1）资产负债表结构与项目的列示

资产负债表，又称财务状况表，是指反映饭店在某一特定日期的财务状况的会计报表，它能反映饭店某一特定日期所拥有或控制的经济资源、所承担的现时义务和所有者对净资产的要求权。它是根据"资产=负债+所有者权益（或股东权益）"这一会计等式的基本原理，按照一定分类标准和顺序，将饭店一定日期的资产、负债、所有者权益各项目予以适当排列编制而成的。它能够提供饭店在某一特定日期资产、负债和所有者权益的全貌，资产负债表所列示的相关内容有助于分析、评价并预测饭店的财务弹性、资本结构及偿债能力。此外，通过资产负债表和利润表有关指标的结合分析，有助于评价、预测饭店的获利能力和发展前景。在我国，资产负债表按账户式反映，即报表分为左方和右方。左方列示资产各项目，反映全部资产的分布及存在形态；右方列示负债和所有者权益各项目，反映全部负债和所有者权益的内容及构成情况。通过账户式资产负债表，反映资产、负债和所有者权益之间的内在关系，并达到资产负债表左方和右方平衡，即资产各项目的合计等于负债和所有者权益各项目的合计。同时，资产负债表还提供年初余额和期末余额的比较资料。我国资产负债表的基本格式见表 8-1。资产和负债应按流动资产和非流动资产、流动负债和非流动负债分别列示。

表 8-1　　　　　　　　　　　　　　　　资产负债表

编制单位：××公司　　　　　　　　　2016 年 12 月 31 日　　　　　　　　　　单位：元

资产	期末余额	年初余额	负债和所有者权益	期末余额	年初余额
流动资产：			流动负债：		
货币资金			短期借款		
以公允价值计量且其变动计入当期损益的金融资产			以公允价值计量且其变动计入当期损益的金融负债		
应收票据			应付票据		
应收款项			应付款项		
预付账款			预收账款		
应收利息			应付职工薪酬		
应收股利			应交税费		
其他应收款			应付利息		
一年内到期的非流动资产			其他应付款		
其他流动资产			一年内到期的非流动负债		
流动资产合计			其他流动负债		
非流动资产：			流动负债合计		
可供出售金融资产			非流动负债：		
持有至到期投资			长期借款		
长期应收款			应收债券		
长期股权投资			长期应付款		
投资性房地产			专项应付款		
固定资产			预计负债		
在建工程			递延所得税负债		
工程物资			其他非流动负债		
固定资产清理			非流动负债合计		
生产性生物资产			负债合计		
油气资产			所有者权益或股东权益：		
无形资产			实收资本（或股本）		
开发支出			资本公积		
商誉			减：库存股		
长期待摊费用			盈余公积		
递延所得税资产			未分配利润		
其他非流动资产			所有者权益或股东权益合计		
非流动资产合计					
资产总计			负债和所有者权益总计		

满足下列条件之一的资产,应当归类为流动资产:①预计在一个正常营业周期中变现、出售或耗用。正常营业周期,通常是指饭店从购买用于加工的资产起至实现现金或现金等价物的期间。正常营业周期不能确定的,应当以一年(12个月)作为正常营业周期。②主要为交易目的而持有;③预计在资产负债表日起一年内(含一年)变现;④自资产负债表日起一年内,交换其他资产或清偿负债的能力不受限制的现金或现金等价物。

流动资产以外的资产应当归类为非流动资产,并按其性质分类列示。

满足下列条件之一的负债,应当归类为流动负债:①预计在一个正常营业周期内清偿;②主要为交易目的而持有;③自资产负债表日起一年内到期应予清偿;④饭店无权自主地将清偿推迟至资产负债表日后一年以上。

流动负债以外的负债应当归类为非流动负债。对于在资产负债表日起一年内到期的负债,企业有意图且有能力自主地将清偿义务展期至资产负债表日后一年以上的,应当归类为非流动负债;不能自主地将清偿义务展期的,即使在资产负债表日后、财务报告批准报出日前同意签订了重新安排清偿计划协议,该项负债仍归类为流动负债。

饭店在资产负债表日或之前违反了长期借款协议,导致贷款人可随时要求清偿的负债,应当归类为流动负债。贷款人在资产负债表日或之前同意提供在资产负债表日后一年以上的宽限期,饭店能够在此期限内改正违约行为,且贷款人不能要求随时清偿的,该项负债应当归类为非流动负债。

(2)资产负债表的编制方法

资产负债表各项目数据的来源,是通过有关账簿记录及备查记录取得的。有的项目直接根据总账账户余额填列;有的项目根据若干个总账账户余额合计数填列;有的项目直接根据明细账户余额填列;有的项目根据总账账户和明细账户的余额分析填列;还有的项目是根据总账账户与其备抵账户抵销后的净额填列。

2)利润表

(1)利润表的结构

利润表是反映饭店在一定会计期间内经营成果的会计报表。利润表把一定会计期间的收入与同期相关的费用、成本进行配比,计算出饭店当期的净利润。通过利润表反映的收入、成本与费用,能够反映饭店经营的业绩和管理者的经营能力;通过利润表的分析,可以评价饭店的获利能力,预测饭店的经营前途及利润增减趋势。这些都为报表的使用者的评估投资价值、考核管理工作、掌握信用价值等经济决策提供了重要的财务信息。

在利润表中,费用应当按照功能分类,分为从事经营业务发生的成本、管理费用、销售费用和财务费用等。根据我国企业会计准则的规定,饭店利润表主要包括以下五个方面的内容,见表8-2。

利润表的格式主要有单步式利润表和多步式利润表两种。单步式利润表是将当期各项收入汇总,然后将各项费用汇总,一次扣减计算出当期损益。多步式利润表是从营业收入开始,依次分步计算出营业利润、利润总额及净利润。在我国,饭店利润表采用的基本上是多步式格式。

表 8-2　　　　　　　　　　　　　　　**利润表**

编制单位：××公司　　　　　　　　　2016 年度　　　　　　　　　　　　　单位：元

项　　目	本期金额	上期金额（略）
一、营业收入		
减：营业成本		
税金及附加		
销售费用		
管理费用		
财务费用		
资产减值损失		
加：公允价值变动净收益（损失以"-"填列）		
投资收益（损失以"—"号填列）		
其中：对联营企业和合营企业的投资收益		
二、营业利润（亏损以"-"号填列）		
加：营业外收入		
其中：非流动资产处置利得		
减：营业外支出		
其中：非流动资产处置损失		
三、利润总额（亏损以"-"号填列）		
减：所得税费用		
四、净利润（亏损以"-"号填列）		
五、其他综合收益的税后净额		
（一）以后不能重分类进损益的其他综合收益		
1.重新计量设定受益计划净负债或净资产的变动		
2.权益法下在被投资单位不能重分类进损益的其他综合收益中享有的份额		
……		
（二）以后将重分类进损益的其他综合收益		
1.权益法下在被投资单位以后将重分类进损益的其他综合收益中享有的份额		
2.可供出售金融资产公允价值变动损益		
3.持有至到期投资重分类为可供出售金融资产损溢		
4.现金流量套期损益的有效部分		
5.外币财务报表折算差额		
……		
六、综合收益总额		
七、每股收益		
（一）基本每股收益		
（二）稀释每股收益		

（2）利润表的编制方法

"本期金额"栏反映各项目的本期实际发生数。如果上年度利润表的项目名称和内容与本年度利润表不相一致，应对上年度利润表项目的名称和数字按本年度的规定进行调整，填入报表的"上期金额"栏。"上期金额"栏反映各项目的上年同期实际发生数。利润表各项目内容及编制方法为：

"营业收入"项目，反映饭店从事经营业务所取得的收入总额。本项目应根据"主营业务收入"和"其他业务收入"账户的发生额分析填列。

"营业成本"项目，反映饭店从事经营业务发生的实际成本。本项目应根据"主营业务成本"和"其他业务成本"账户的发生额分析填列。

"税金及附加"项目，反映饭店从事经营业务应负担的消费税、城市维护建设税、资源税、土地增值税和教育费附加等。本项目应根据"税金及附加"账户的发生额分析填列。

"销售费用"项目，反映饭店在销售商品和材料、提供劳务的过程中发生的各种费用。本项目应根据"销售费用"账户的发生额分析填列。

"管理费用"项目，反映饭店为组织和管理饭店生产经营所发生的管理费用。本项目应根据"管理费用"账户的发生额分析填列。

"财务费用"项目，反映饭店为筹集生产经营所需资金等而发生的筹资费用。本项目应根据"财务费用"账户的发生额分析填列。

"资产减值损失"项目，反映饭店计提各项资产减值准备所形成的损失。本项目应根据"资产减值损失"账户的发生额分析填列。

"公允价值变动净收益"，该项目反映饭店交易性金融资产、交易性金融负债、采用公允价值模式计量的投资性房地产、衍生工具、套期保值业务等公允价值变动形成的应计入当期损益的利得或损失。本项目应根据"公允价值变动损益"账户分析填列；如为公允价值变动损失，以"-"号填列。

"投资收益"项目，反映饭店确认的投资收益或投资损失。本项目应根据"投资收益"账户的发生额分析填列；如为投资损失，以"-"号填列。

"营业外收入"项目和"营业外支出"项目，反映饭店发生的与其生产经营无直接关系的各项收入和支出。这两个项目应分别根据"营业外收入"账户和"营业外支出"账户的发生额分析填列。

"利润总额"项目，反映饭店实现的利润总额。如为亏损总额，以"-"号填列。

"所得税费用"项目，反映饭店确认的应从当期利润中扣除的所得税费用。本项目应根据"所得税费用"账户的发生额分析填列。

"净利润"项目，反映饭店实现的净利润。如为净亏损，以"-"号填列。

"每股收益"项目，反映普通股或潜在普通股已公开交易的饭店以及正处于公开发行普通股或潜在普通股过程中的饭店，应当在利润表中分别列示基本每股收益和稀释每股收益。

基本每股收益仅考虑当期实际发行在外的普通股股份，按照归属于普通股股东的当期净利润除以当期实际发行在外普通股的加权平均数计算确定。

计算基本每股收益时，分子为归属于普通股股东的当期净利润，即饭店当期实现的可供普通股股东分配的净利润或应由普通股股东分担的净亏损金额。发生亏损的饭店，每股收益以负数列示。计算基本每股收益时，分母为当期发行在外普通股的算术加权平均数，即期初发行在外普通股股数根据当期新发行或回购的普通股股数乘以其发行在外的时间权重计算的股数进行调整后的数量。

$$\text{发行在外普通股} \atop \text{加权平均数} = {\text{期初发行在外} \atop \text{普通股股数}} + {\text{当期新发行} \atop \text{普通股股数}} \times {\text{已发行} \over \text{时间}} \div {\text{报告期} \over \text{时间}} - {\text{当期回购} \atop \text{普通股}} \times {\text{已回购} \over \text{时间}} \div {\text{报告期} \over \text{时间}}$$

已发行时间、报告期时间和已回购时间一般按天数计算；在不影响计算结果合理性的前提下，也可以采用简化的计算方法。

饭店存在稀释性潜在普通股的，应当根据其影响分别调整归属于普通股股东的当期净利润以及发行在外的普通股的加权平均数，并据以计算稀释每股收益。计算稀释每股收益时，假设潜在普通股在当期期初已经全部转化为普通股，如果潜在普通股为当期发行的，则假设在发行日就全部转换为普通股，据此计算稀释每股收益。潜在普通股是指赋予其持有者在报告期或以后期间享有取得普通股权利的一种金融工具或其他合同。目前我国饭店发行的潜在普通股主要有可转换公司债券、认股权证、股份期权等。稀释性潜在普通股，是指假设当期转换为普通股会减少每股收益的潜在普通股。

3）现金流量表

现金流量表，是指反映饭店在一定会计期间现金和现金等价物的流入和流出的报表（见表8-3）。通过现金流量表提供的信息，报表使用者可以了解和评价饭店获得现金和现金等价物的能力，并据以预测饭店未来现金流量。

（1）现金流量表中的几个重要概念

现金指饭店持有的库存现金以及可随时用于支付存款，具体包括：库存现金、银行存款、其他货币资金、现金等价物。

现金等价物是指饭店持有的期限短、流动性强、易于转换为已知金额现金、价值变动风险很小的投资。期限短，一般是指从购买日起三个月内到期。现金等价物通常包括三个月内到期的债券投资等。权益性投资变现的金额通常不确定，因而不属于现金等价物。饭店应当根据具体情况，确定现金等价物的范围，一经确定不得随意变更。

（2）现金流量表中对现金的分类

现金流量，是指饭店一定会计期间内现金流入和流出的数量。衡量饭店经营状况是否良好、是否有足够的现金偿还债务、资产的变现能力等，现金流量是非常重要的指标。现金流量表应按照饭店经济业务发生的性质将饭店一定期间内产生的现金流量划分为以下三类：

①经营活动产生的现金流量。经营活动是指饭店投资活动和筹资活动以外的所有交易和事项，包括销售商品或提供劳务、购买商品或接受劳务、收到的税费返还、支付职工薪酬、支付广告费用、支付各项税费等。通过经营活动产生的现金流量，可以说明饭店的经营活动对现金流入和流出的影响程度，判断饭店在不动用对外筹得资金的情况下，是否足以维持生产经营、偿还债务、支付股利、对外投资等。

②投资活动产生的现金流量。投资活动是指饭店长期资产购建和不包括在现金等价物范围内的投资及其处置活动。编制现金流量表所指的"投资"既包括对外投资，又包括长期资产的购建和处置，包括取得和收回权益性投资、购买和收回债权性投资、购建和处置固

表 8-3

现金流量表

编制单位：××公司 　　　　　　　2016年度 　　　　　　　　　　　　单位：元

项　　目	本期金额	上期金额
一、经营活动产生的现金流量		
销售商品、提供劳务收到的现金		
收到的税费返还		
收到其他与经营活动有关的现金		
经营活动现金流入小计		
购买商品、接受劳务支付的现金		
支付给职工以及为职工支付的现金		
支付的各项税费		
支付其他与经营活动有关的现金		
经营活动现金流出小计		
经营活动产生的现金流量净额		
二、投资活动产生的现金流量		
收回投资所收到的现金		
取得投资收益所收到的现金		
处置固定资产、无形资产和其他长期资产收回的现金净额		
处置子公司及其他营业单位收到的现金净额		
收到其他与投资活动有关的现金		
投资活动现金流入小计		
购建固定资产、无形资产和其他长期资产所支付的现金		
投资所支付的现金		
取得子公司及其他营业单位支付的现金净额		
支付其他与投资活动有关的现金		
投资活动现金流出小计		
投资活动产生的现金流量净额		
三、筹资活动产生的现金流量		
吸收投资所收到的现金		
借款收到的现金		
收到其他与筹资活动有关的现金		
筹资活动现金流入小计		
偿还债务所支付的现金		
分配股利、利润或偿付利息所支付的现金		
支付其他与筹资活动有关的现金		
筹资活动现金流出小计		
筹资活动产生的现金流量净额		
四、汇率变动对现金及现金等价物的影响		
五、现金及现金等价物净增加额		
加：期初现金及现金等价物净增加额		
六、期末现金及现金等价物余额		

定资产、无形资产和其他长期资产等。投资活动产生的现金流量中不包括作为现金等价物的投资，作为现金等价物的投资属于现金自身的增减变动，如购买还有1个月到期的债券等，都属于现金内部各项目转换，不会影响现金流量净额的变动。通过投资活动产生的现金流量，可以分析饭店通过投资获取现金流量的能力，以及投资活动对饭店现金流量净额的影响程度。

③筹资活动产生的现金流量。筹资活动是指导致饭店资本及债务规模和构成发生变化的活动，包括吸收权益性资本、发行债券、借入资金、支付股利、偿还债务等。通过筹资活动产生的现金流量，可以分析饭店筹资的能力，判断筹资活动对饭店现金流量净额的影响程度。

编制现金流量表进行现金流量分类时，对于未特别指明的现金流量，应按照现金流量的分类方法和重要性原则，判断某项交易或事项所产生的现金流量应当归属的类别和项目，对于重要的现金流入或流出项目应当单独反映。

（3）影响现金流量的因素

饭店日常经营业务是影响现金流量的重要因素，但并不是所有的经营业务都影响现金流量。影响或不影响现金流量的因素主要包括：

①现金各项目之间的增减变动，不会影响现金流量净额的变动，如从银行提取现金、将现金存入银行、用现金购买2个月到期的债券等，均属于现金各项目之间内部资金转换，不会使现金流量增加或减少。

②非现金各项目之间的增减变动，也不会影响现金流量净额的变动，如用固定资产清偿债务、用原材料对外投资、用存货清偿债务、用固定资产对外投资等，均属于非现金各项目之间的增减变动，不涉及现金的收支，不会使现金流量增加或减少。

③现金各项目与非现金各项目之间的增减变动，会影响现金流量净额的变动，如用现金购买原材料、用现金对外投资、收回长期债券等，均涉及现金各项目与非现金各项目之间的增减变动，这些变动会引起现金流入或现金流出。现金流量表主要反映现金各项目与非现金各项目之间的增减变动情况对现金流量净额的影响，非现金各项目之间的增减变动虽然不影响现金流量净额，但属于重要的投资和筹资活动，应在现金流量表的附注中反映。

（4）现金流量表的作用

现金流量表能够说明饭店一定期间内现金流入和流出的方向。现金流量表将经营活动、投资活动和筹资活动产生的现金流量，按类别分流入和流出项目进行反映，能够清晰地说明现金从哪里来，又流到哪里去，即反映现金流入、流出的原因，这些信息是资产负债表和利润表所不能提供的。

现金流量表能够说明饭店的偿债能力和支付股利的能力。资产负债表和利润表虽然能在一定程度上说明饭店的偿债能力和支付股利的能力，但是在某些情况下，饭店一定时期内获得的利润并不代表饭店真正的偿债或支付能力，有的饭店利润表上反映的经营业绩并不可观，但却有足够的偿付能力。产生以上情况的原因，其中之一就是会计核算中所包含的估计因素。而现金流量表完全以现金的收支为基础，消除了估计因素所产生的影响，因此能够使投资者和债权人了解饭店真实的获取现金的能力和现金的偿付能力，从而增强投资者的投资信心和债权人收回债权的信心。

现金流量表有助于分析饭店未来获取现金的能力。现金流量表中经营活动现金净流量本质上代表了饭店获取现金的能力，因此，经营活动现金净流入占总来源的比率越高，饭店的财务基础越稳固，在未来饭店内外部环境比较稳定或趋好情况下，未来的现金净流入也就越有保证。投资、筹资活动现金净流量代表饭店运用资金、筹集资金获得现金的能力，但筹资现金流入，却意味着未来偿还时的现金流出。此外，通过对现金流量表经营活动现金流量与本期净利润差异及其原因的分析，还可更合理地预测未来的现金流量，这是因为有些按权责发生制计入当期收入或费用的业务，虽不反映为当期现金流量，但却意味着未来会产生现金流入或流出。

现金流量表是连接资产负债表和利润表的桥梁与纽带。资产负债表能够提供饭店某一特定日期静态的财务状况，如货币资金年初、年末余额，通过比较可得出增减数，但资产负债表并不能反映财务状况变动的原因；利润表能够提供饭店一定期间净利润的构成情况，但不能反映净利润与现金流入、流出的关系。而现金流量表能够提供一定时期现金流入和流出的动态信息，表明饭店在报告期内由经营活动、投资活动和筹资活动获得多少现金，获得的现金是如何运用的，从而能够说明资产、负债、净资产的变动原因，对资产负债表和利润表起到连接和补充说明的作用。

现金流量表能够提供不涉及现金的投资和筹资活动的信息。现金流量表除了反映与现金有关的投资和筹资活动外，还通过附注方式提供不涉及现金的投资和筹资活动方面的信息，便于会计报表使用者全面了解和分析饭店的投资和筹资活动。

（5）现金流量表的编制方法

在具体编制现金流量表时，饭店可根据业务量的大小及复杂程度，采用工作底稿法、T型账户法或直接根据有关账户的记录分析填列。

4）所有者权益变动表

所有者权益变动表是指反映构成所有者权益各组成部分当期增减变动情况的报表。对于当期损益、直接计入所有者权益的利得和损失以及与所有者（或股东，下同）的资本交易导致的所有者权益的变动，应当分别列示。

所有者权益增减变动表全面反映了饭店的股东权益在年度内的变化情况，便于会计信息使用者深入分析饭店股东权益的增减变化情况，并进而对饭店的资本保值增值情况做出正确判断，从而提供对决策有用的信息。

（1）所有者权益变动表的内容及结构

在所有者权益变动表中，饭店至少应当单独列示反映下列信息的项目：①净利润；②直接计入所有者权益的利得和损失项目及其总额；③会计政策变更和差错更正的累积影响金额；④所有者投入资本和向所有者分配利润等；⑤按照规定提取的盈余公积；⑥实收资本（或股本）、资本公积、盈余公积、未分配利润的期初和期末余额及其调节情况。所有者权益变动表的格式见表8-4。

（2）所有者权益变动表的编制方法

"上年年末余额"项目，反映饭店上年资产负债表中实收资本（或股本）、资本公积、盈余公积、未分配利润的年末余额。

"会计政策变更"和"前期差错更正"项目，分别反映饭店采用追溯调整法处理的会计政策变更的累积影响金额和采用追溯重述法处理的会计差错更正的累积影响金额。

表 8-4　　　　　　　　　　　　　　　　　　**所有者权益变动表**

编制单位：××公司　　　　　　　　　　　2016 年度　　　　　　　　　　　单位：元

4.	本年金额						上年金额					
	实收资本(或股本)	资本公积	减：库存股	盈余公积	未分配利润	所有者权益合计	实收资本(或股本)	资本公积	减：库存股	盈余公积	未分配利润	所有者权益合计
一、上年年末余额												
加：会计政策变更												
前期差错更正												
二、本年年初余额												
三、本年增减变动金额（减少以"-"号填列）												
（一）净利润												
（二）直接计入所有者权益的利得和损失												
1.可供出售金融资产公允价值变动净额												
2.权益法下被投资单位其他所有者权益变动的影响												
3.与计入所有者权益项目相关的所得税影响												
4.其他												
上述（一）和（二）小计												
（三）所有者投入和减少资本												
1.所有者投入资本												
2.股份支付计入所有者权益的金额												
（四）利润分配												
1.提取盈余公积												
2.对所有者（或股东）的分配												
（五）所有者权益内部结转												
1.资本公积转增资本（或股本）												
2.盈余公积转增资本（或股本）												
3.盈余公积补亏												
4.其他												
四、本年年末余额												

"净利润"项目，反映饭店当年实现的净利润（或净亏损）金额。

"直接计入所有者权益的利得和损失"项目，反映饭店当年直接计入所有者权益的利得和损失金额。

"可供出售金融资产公允价值变动净额"项目，反映饭店持有的可供出售金融资产当年公允价值变动的金额。"权益法下被投资单位其他所有者权益变动的影响"项目，反映饭店对按照权益法核算的长股权投资，在被投资单位除当年实现的净损益以外其他所有者权益当年变动中应享有的份额。"与计入所有者权益项目相关的所得税影响"项目，反映饭店根据《企业会计准则第18号——所得税》规定应计入所有者权益项目的当年所得税影响金额。

"所有者投入和减少资本"项目，反映饭店当年所有者投入的资本和减少的资本。"所有者投入资本"项目，反映饭店接受投资者投入形成的实收资本（或股本）和资本溢价或股本溢价。"股份支付计入所有者权益的金额"项目，反映饭店处于等待期中的权益结算的股份支付当年计入资本公积的金额。

"利润分配"项目，反映饭店当年的利润分配金额。"提取盈余公积"项目，反映饭店按规定提取的盈余公积。"对所有者（或股东）的分配"项目，反映对所有者（或股东）分配的利润（或股利）金额。

"所有者权益内部结转"项目，反映饭店构成所有者权益的组成部分之间的增减变动情况。"资本公积转增资本（或股本）"项目，反映饭店以资本公积转增的资本或股本的金额。"盈余公积转增资本（或股本）"项目，反映饭店以盈余公积转增资本或股本的金额。"盈余公积补亏"项目，反映饭店以盈余公积弥补亏损的金额。

5）附注

附注是对在资产负债表、利润表、现金流量表和所有者权益变动表等报表中列示项目的文字描述或明细资料，以及对未能在这些报表中列示项目的说明。

附注是为了便于会计报表使用者理解会计报表的内容而对会计报表的编制基础、编制依据、编制原则和方法及主要项目等所做的解释。它是对会计报表的补充说明，是财务报表不可或缺的组成部分。报表使用者了解饭店的财务状况、经营成果和现金流量，应当全面阅读附注，附注相对于报表而言，同样具有重要性。

（1）附注的编制原则

附注应当披露财务报表的编制基础，相关信息应当与资产负债表、利润表、现金流量表和所有者权益变动表等报表中列示的项目相互参照。

（2）附注一般包括的内容

根据《企业会计则第20号——财务报表列报》规定，附注应当按照一定的结构进行系统合理的排列和分类，有顺序地披露信息。饭店应当按照规定披露附注信息，主要包括下列内容：饭店的基本情况、财务报表的编制基础、遵循饭店会计准则的声明。

饭店应当明确说明编制的财务报表符合饭店会计准则体系的要求，真实、完整地反映了饭店的财务状况、经营成果和现金流量等有关信息、重要会计政策和会计估计、会计政策和会计估计变更以及差错更正的说明、报表重要项目的说明、饭店对报表重要项目的说明，应当按照资产负债表、利润表、现金流量表、所有者权益变动表及其项目列示的顺序，采用文字和数字描述相结合的方式进行披露。报表重要项目的明细金额合计，应当与报表项目金额相衔接。

8.2 饭店基本的财务比率

财务报表中有大量的数据，可以根据需要计算出很多有意义的比率，这些比率涉及饭店经营管理的各个方面，如变现能力比率、资产管理比率、负债比率、盈利能力比率和发展能力比率等。现分别介绍如下：

8.2.1　变现能力比率

变现能力是饭店产生现金的能力，它的大小取决于可以在近期转变为现金的流动资产的多少，变现能力比率包括流动比率和速动比率。

1）流动比率

流动比率是流动资产除以流动负债的比值。饭店能否偿还短期债务，要看有多少债务以及有多少可变现偿债的流动资产。流动资产越多，短期债务越少，则偿债能力越强。若用流动资产偿还全部流动负债后饭店剩余的营运资金越多，就说明不能偿还的风险越小，因此营运资金的多少可以反映偿还短期债务的能力。但营运资金是流动资产与流动负债之差，是个绝对数。如果饭店之间规模相差很大，绝对数相比的意义就很有限。而流动比率是流动资产和流动负债的比值，是个相对数，排除了饭店规模的影响，更适合饭店之间以及本饭店不同历史时期的比较。其计算公式为：

$$流动比率=流动资产÷流动负债 \tag{8.1}$$

同步业务 8-1

　　蓝天饭店 2016 年年末的流动资产为 1 436 万元，流动负债为 600 万元，则其流动比率为：

　　流动比率=1 436÷600=2.39

　　一般来讲，饭店合理的最低流动比率是 2。这是因为流动资产中变现能力最差的存货金额约占流动资产总额的一半，剩下的流动性较大的流动资产金额至少要等于流动负债金额，只有这样饭店的短期偿债能力才有保证。这是人们长期以来一种共识，未能从理论上得以证明，还不能成为一个统一的标准。

2）速动比率

速动比率又称酸性测试比率，是从流动资产中扣除存货后，再除以流动负债的比值。因为在流动资产中存货的变现速度最慢，而且由于某种原因，部分存货可能已损失报废还未作处理，或者部分存货已抵押给某债权人，特别是存货估价还存在着成本与合理市价相差悬殊的问题，所以把存货从流动资产总额中减去而计算出的速动比率能够进一步反映短期偿债能力。其计算公式为：

$$速动比率=（流动资产-存货）÷流动负债 \tag{8.2}$$

同步业务 8-2

　　蓝天饭店 2016 年年末的流动资产为 1 436 万元，流动负债为 600 万元，存货为 250 万元，则其速动比率为：

　　速动比率=（1 436-250）÷600=1.98

　　一般来讲，正常的速动比率为 1，低于 1 的速动比率被认为是短期偿债能力偏低。当然这是一般的看法，由于行业不同，导致速动比率会有很大差别。由于饭店的应收账款较多，速动比率有可能要大于 1。

　　影响速动比率可信性的重要因素是应收账款的变现能力。账面上的应收账款不一定都能变成现金，实际坏账有可能比计提的准备多；季节性的变化可能使报表的应收账款数额不能反映饭店的平均水平。外部使用人不易了解这些情况，而财务人员却可以做出估计。由于各行业之间的差别，在计算速动比率时，除扣除存货以外，还可以从流动资产中去掉其他一些可能与当期现金流量无关的项目，以便准确计算变现能力，如保守速动比率（或称超速动比率）的计算公式为：

保守速动比率=（现金+短期证券+应收账款净额）÷流动负债 　　　　　　　　　（8.3）

3）影响变现能力的其他因素

有些因素在报表资料中并没有反映出来，但也会影响饭店的短期偿债能力，财务报表的使用者多了解一些这方面的情况，有利于做出正确的判断。增强饭店变现能力的因素有可动用的银行贷款指标、准备很快变现的长期资产和偿债能力的声誉；减少饭店变现能力的因素有未作记录的或有负债和担保责任引起的负债。

8.2.2　资产管理比率

资产管理比率又称运营效率比率，是用来衡量饭店资产管理效率的财务比率，主要包括营业周期、存货周转率、应收账款周转率、流动资产周转率和总资产周转率等。

1）营业周期

营业周期是指从取得存货开始到销售存货并收回现金为止的这段时间。营业周期的长短取决于存货周转天数和应收账款周转天数。其计算公式为：

营业周期=存货周转天数+应收账款周转天数 　　　　　　　　　　　　　　　　（8.4）

一般来讲，营业周期越短，说明资金周转速度越快；反之亦然。

2）存货周转率

存货周转率是衡量和评价饭店购入存货、投入经营、销售收回等各环节管理状况的综合性指标。一般用存货的周转速度指标来反映，包括存货周转次数或存货周转天数。其计算公式为：

存货周转次数=营业成本÷平均存货=营业成本÷［（期初存货+期末存货）÷2］ 　（8.5）

存货周转天数=360÷存货周转次数=［（期初存货+期末存货）÷2］×360÷营业成本 （8.6）

同步业务8-3

蓝天饭店2016年度的营业成本为2 644万元，期初存货为650万元，期末存货为250万元，则该饭店的存货周转率为：

存货周转次数=2 644÷［（650+250）÷2］ =5.88（次）

存货周转天数=360÷5.88=61.22（天）

一般来讲，存货周转速度越快，存货的占用水平越低，流动性越强，存货转换为现金或应收账款的速度就越快；反之亦然。

3）应收账款周转率

应收账款周转率是年度内应收账款转为现金的综合性指标，它说明应收账款流动的速度。用次数表示的周转速度称应收账款周转次数；用时间表示的周转速度称应收账款周转天数，也叫平均应收账款回收期或平均收现期，它表示饭店从取得应收账款的权利到收回款项并转换为现金所需要的时间。其计算公式为：

$$\frac{应收账款}{周转次数}=\frac{赊销}{净额}\div\frac{应收账款}{平均余额}=\frac{赊销}{净额}\div\left[\left(\frac{期初应收}{账款余额}+\frac{期末应收}{账款余额}\right)\div2\right] \quad (8.7)$$

$$应收账款周转天数=360\div应收账款周转次数=应收账款平均余额\times360\div赊销净额 \quad (8.8)$$

同步业务8-4

蓝天饭店2016年度的营业收入为3 000万元，年初应收账款余额为400万元，年末应收账款余额为800万元，则应收账款周转率为：

应收账款周转次数=3 000÷[（400+800）÷2]=5（次）

应收账款周转天数=360÷5=72（天）

一般来讲，应收账款周转次数越高，平均收账期越短，说明应收账款的收回越快；反之亦然。由于饭店的经营具有明显的季节性，所以该指标有时不能反映实际情况。

4）流动资产周转率

流动资产周转率是营业收入与全部流动资产的平均余额的比值。其计算公式为：

流动资产周转率=营业收入÷平均流动资产=营业收入÷[（年初流动资产+年末流动资产）÷2] （8.9）

同步业务8-5

其饭店年初流动资产为1 249万元，年末流动资产为1 436万元，全年营业收入为3 000万元，则流动资产周转率为：

流动资产周转率=3 000÷[（1 249+1 436）÷2]=2.23（次）

一般来讲，流动资产周转速度越快，盈利能力越强；反之亦然。

5）总资产周转率

总资产周转率是营业收入与平均资产的比值。其计算公式为：

总资产周转率=营业收入÷平均资产=营业收入÷[（年初资产+年末资产）÷2] （8.10）

同步业务8-6

蓝天饭店2016年度的营业收入为3 000万元，年初资产总额为3 380万元，年末资产总额为4 060万元，则总资产周转率为：

总资产周转率=3 000÷[（3 380+4 060）÷2]=0.81（次）

一般来讲，总资产周转越快，盈利能力越强；反之亦然。饭店可以通过薄利多销的办法，加速资产周转，从而增加利润。

8.2.3 负债比率

负债比率是指债务和资产、所有者权益的关系，反映饭店偿付到期长期债务的能力，包括资产负债率、产权比率、有形净值债务率和已获利息倍数等。

1）资产负债率

资产负债率是负债总额除以资产总额的比值，是衡量饭店在清算时保护债权人利益的程度。其计算公式为：

资产负债率=负债总额÷资产总额×100% （8.11）

同步业务8-7

蓝天饭店2016年的负债总额为2 180万元，资产总额为4 060万元，则资产负债率为：

资产负债率=2 180÷4 060×100%=53.69%

一般来讲，债权人希望债务比例越低越好；股东希望在全部资本利润率高于借款利息率时，债务比例越高越好。经营者应当在利用资产负债率制定借入资本决策时充分估计预期的利润和增加的风险，并在二者之间权衡利害得失，最终做出正确的决策。

2）产权比率

产权比率是负债总额与权益总额的比率。其计算公式为：

产权比率=负债总额÷权益总额×100%   (8.12)

同步业务8-8

蓝天饭店2016年期末权益总额为1 880万元，负债总额为2 180万元，则产权比率为：

产权比率=2 180÷1 880×100%=115.96%

一般来讲，产权比率越高，风险报酬也越高；反之亦然。

3）有形净值债务率

有形净值债务率是负债与有形资产净值的比率。其计算公式为：

有形净值债务率=负债÷（权益-无形资产净值）×100%   (8.13)

同步业务8-9

蓝天饭店2016年年末无形资产净值为12万元，其他资料同同步业务8-8，则有形净值债务率为：

有形净值债务率=2 180÷（1 880-12）×100%=116.70%

一般来讲，有形净值债务率越低越好。

4）已获利息倍数

已获利息倍数又称利息保障倍数，是指饭店息税前利润与利息费用的比率，用以衡量偿付借款利息的能力。利息费用指本期发生的全部应付利息，不仅包括财务费用中的利息费用，还包括计入固定资产成本的资本化利息。其计算公式为：

已获利息倍数=息税前利润÷利息费用=（净利+所得税+利息）÷利息费用   (8.14)

同步业务8-10

蓝天饭店2016年度的净利润为136万元，利息费用为80万元，所得税为64万元，则已获利息倍数为：

已获利息倍数=（136+64+80）÷80=3.5（倍）

一般来讲，已获利息倍数越大，付息的能力越强；反之亦然。

5）影响长期偿债能力的其他因素

（1）长期租赁

在融资租赁下，资本化的租赁在分析长期偿债能力时已经包括在债务比率指标的计算之中。如果饭店的经营租赁量比较大、期限比较长或具有经常性时，就会构成一种长期性的筹资，这虽然不包括在长期负债之内，但到期时必须支付租金，并且会对饭店的偿债能力产生影响。因此，如果饭店经常发生租赁业务，就应考虑租赁费用对偿债能力的影响。

（2）担保责任

担保项目的时间长短不一，有的涉及饭店的长期负债，有的涉及饭店的短期负债。在分析饭店的长期偿债能力时，应根据有关资料判断担保责任带来的潜在长期负债的问题。

（3）或有项目

或有项目的特点是现存条件最终结果的不确定，对它的处理方法要取决于未来的发展。或有项目一旦发生便会影响饭店的财务状况，因此饭店必须给予足够的重视。

8.2.4 盈利能力比率

盈利能力是饭店赚取利润的能力，包括销售净利率、销售毛利率、资产净利率和净资产收益率等。

1）销售净利率

销售净利率是指净利与营业收入的百分比。其计算公式为：

销售净利率=净利÷营业收入×100%   (8.15)

同步业务8-11

蓝天饭店2016年度的净利润为136万元，营业收入为3 000万元，则销售净利率为：

销售净利率=136÷3 000×100%=4.53%

一般来讲，该指标反映单位营业收入带来的净利润，该指标越高越好。此外，销售净利率还能分解为销售毛利率、销售税金率、销售成本率和销售期间费用率等，可作进一步分析。

2）销售毛利率

销售毛利率是指毛利与营业收入的百分比。其计算公式为：

销售毛利率=（营业收入−营业成本）÷营业收入×100%   (8.16)

一般来讲，销售毛利率表示单位营业收入扣除营业成本后的盈利，该指标越高越好。

同步思考8-3

问题：如何计算毛利？

理解要点：毛利=营业收入−营业成本。

3）资产净利率

资产净利率是净利与平均资产的百分比。其计算公式为：

资产净利率=（净利÷平均资产）×100%=净利÷[（期初资产+期末资产）÷2]×100%   (8.17)

同步业务8-12

蓝天饭店2016年期初资产为3 380万元，期末资产为4 060万元，净利润为136万元，则资产净利率为：

资产净利率=136÷[（3 380+4 060）÷2]×100%=3.66%

一般来讲，资产净利率越高，资产利用效率越高；反之亦然。

4）净资产收益率

净资产收益率又称净值报酬率或权益报酬率，是净利与平均净资产的百分比。其计算公式为：

净资产收益率=净利÷平均净资产×100%=净利÷［（年初净资产+年末净资产）÷2］×100%   (8.18)

同步业务8-13

　　蓝天饭店2016年度的净利润为136万元，年初净资产为1 760万元，年末净资产为 1 880万元，则净资产收益率为：

净资产收益率=136÷［（1 760+1 880）÷2］×100%=7.47%

　　一般来讲，净资产收益率反映饭店所有者权益的投资报酬率，具有很强的综合性，该 指标越高越好。

8.2.5　发展能力比率

　　饭店的发展是生存之本和获利之源。衡量饭店发展程度的指标有营业收入增长指标、 资产增长指标、资本扩张指标等。

1）营业收入增长指标

（1）营业收入增长率

　　这是指饭店本年营业收入增长额同上年营业收入总额的比率，是反映饭店营业收入增 减变动情况的重要指标。营业收入的短期波动会导致该指标异常。其计算公式为：

营业收入增长率=本年营业收入增长额÷上年营业收入总额×100%   (8.19)

同步业务8-14

　　蓝天饭店2016年度的营业收入为3 000万元，上年度营业收入为2 850万元，则 营业收入增长率为：

营业收入增长率=（3 000-2 850）÷2 850×100%=5.26%

（2）3年营业收入平均增长率

　　这表示饭店营业收入连续3年的增长情况，体现饭店的发展潜力。其计算公式为：

3年平均营业收入增长率=（$\sqrt[3]{年末营业收入总额÷3年前年末营业收入总额}$ -1）×100%   (8.20)

同步业务8-15

　　蓝天饭店2016年度的营业收入为3 000万元，3年前营业收入为1 800万元，则3 年营业收入平均增长率为：

3年平均营业收入增长率=（$\sqrt[3]{3 000÷1 800}$ -1）×100%=18.56%

2）资产增长指标

（1）总资产增长率

　　这是表示本年总资产增长额同年初总资产的比率，表明规模增长水平对饭店发展的影 响。资产短期波动因素的影响会导致该指标不准确。其计算公式为：

总资产增长率=本年总资产增长额÷年初资产总额×100%   (8.21)

同步业务8-16

　　蓝天饭店2016年年末资产总额为4 060万元，年初资产总额为3 380万元，则总 资产增长率为：

总资产增长率=（4 060-3 380）÷3 380×100%=20.12%

（2）3年平均资产增长率

这表示饭店资产连续3年的增长情况，体现了较长时期内的资产增长情况。其计算公式为：

$$3年平均资产增长率=（\sqrt[3]{年末资产总额÷3年前年末资产总额}-1）×100\% \qquad (8.22)$$

同步业务8-17

蓝天饭店2016年年末资产总额为4 060万元，3年前年末资产总额为1 600万元，则3年平均资产增长率为：

$$3年平均资产增长率=（\sqrt[3]{4 060÷1 600}-1）×100\%=36.40\%$$

（3）固定资产成新率

这是饭店当期平均固定资产净值同平均固定资产原值的比率，反映饭店固定资产更新的快慢和持续发展的能力。其计算公式为：

$$固定资产成新率=平均固定资产净值÷平均固定资产原值×100\% \qquad (8.23)$$

同步业务8-18

蓝天饭店2016年年初固定资产原值为3 200万元，净值为1 900万元；2016年年末固定资产原值为4 000万元，净值为2 500万元，则固定资产成新率为：

固定资产成新率=［（1 900+2 500）÷2］÷［（3 200+4 000）÷2］×100%=61.11%

3）资本扩张指标

（1）资本积累率

这是指饭店本年所有者权益增长额同年初所有者权益的比率，反映饭店资本的增长性。其计算公式为：

$$资本积累率=本年所有者权益增长额÷年初所有者权益×100\% \qquad (8.24)$$

同步业务8-19

蓝天饭店2016年年初所有者权益为1 760万元，年末所有者权益为1 880万元，则资本积累率为：

资本积累率=（1 880-1 760）÷1 760×100%=6.82%

（2）3年平均资本增长率

这表示饭店资本连续3年的积累情况，体现饭店的发展水平和发展趋势。其计算公式为：

$$3年平均资本增长率=（\sqrt[3]{本年末所有者权益÷3年前年末所有者权益}-1）×100\% \qquad (8.25)$$

同步业务8-20

蓝天饭店2016年年末所有者权益总额为1 880万元，3年前年末所有者权益总额为953万元，则3年平均资本增长率为：

$$3年平均资本增长率=（\sqrt[3]{1 880÷953}-1）×100\%=25.42\%$$

（3）股利增长率

这是本年发放股利增长额与上年股利的比率，反映发放股利的增长情况。其计算公式为：

股利增长率=本年每股股利增长额÷上年每股股利×100%　　　　　　　　　　（8.26）

同步业务8-21

蓝天饭店2016年发放股利每股0.15元，2015年发放股利每股0.12元，则股利增长率为：

股利增长率=（0.15-0.12）÷0.12×100%=25%

（4）3年平均股利增长率

这是表示饭店连续3年发放股利的平均增长比率，反映更长时期的股利增长情况。其计算公式为：

3年平均股利增长率=（$\sqrt[3]{本年每股股利÷3年前每股股利}$ -1）×100%　　　　（8.27）

同步业务8-22

蓝天饭店2016年发放股利每股0.15元，3年前发放股利每股0.10元，则3年平均股利增长率为：

3年平均股利增长率=（$\sqrt[3]{0.15÷0.10}$ -1）×100% =14.47%

8.3　饭店财务分析的应用

上述财务分析方法中，单独任何一项财务指标，都不足以全面地评价饭店的财务状况和经营成果，只有对各种财务指标进行系统的分析，才能对饭店的财务状况做出合理的判断。因此，在进行决策时，必须对饭店进行综合的财务分析。通常的财务分析方法包括杜邦财务分析体系和沃尔评分法。

8.3.1　杜邦财务分析体系

这种方法由美国杜邦公司创造出来，故也称之为杜邦系统。

1）杜邦财务分析体系的基本原理

其基本原理是建立在权益净利率这一指标的基础之上。权益净利率又称净资产收益率，它是所有比率中综合性最强、最具有代表性的一个指标。其计算公式为：

权益净利率=资产净利率×权益乘数=销售净利率×资产周转率×权益乘数　　（8.28）

可见，决定权益净利率高低的因素有销售净利率、资产周转率和权益乘数三个方面。

（1）销售净利率

销售净利率高低的因素分析应从营业收入和营业成本两个方面进行，在分析时可以参考有关盈利能力指标的分析，还可以根据饭店的一系列内部报表和资料进行更详尽的分析。

（2）资产周转率

资产周转率是反映运用资产产生营业收入能力的指标，在分析时不仅要对影响资产周转的各因素进行分析，还要通过对流动资产周转率、存货周转率、应收账款周转率等有关各种资产组成部分的使用效率的分析，来判明影响资产周转的因素。

（3）权益乘数

权益乘数是资产除以权益的比率，表示饭店的负债程度。其计算公式为：

权益乘数=资产÷权益=1÷（1-资产负债率）　　　　　　　　　　　　　　　（8.29）

其中：资产负债率是指全年平均的资产负债率，它是饭店全年平均负债总额与全年平均资产总额的百分比。权益乘数主要受资产负债率的影响。负债比例越大，权益乘数越高，说明饭店有较高的负债程度，就会给饭店带来较多的杠杆利益，同时也会给饭店带来较多的风险。

2）杜邦财务分析体系的作用

杜邦财务分析体系的作用是分析指标变动的原因和变动趋势，为采取措施指明方向。

同步业务8-23

蓝天饭店2016年年初负债总额为1 620万元，年末负债总额为2 180万元，年初资产总额为3 380万元，年末资产总额为4 060万元，则权益乘数为：

权益乘数=1÷{1-［（1 620+2 180）÷2］÷［（3 380+4 060）÷2］×100%}=2.04

若蓝天饭店2017年权益净利率有所下降，有关数据如下：

权益净利率=资产净利率×权益乘数

2016年：7.47%=3.66%×2.04

2017年：4.61%=2.26%×2.04

通过分解可以看出，权益净利率的下降不在于资本结构，而在于资产利用或成本控制方面出现了问题，使资产净利率下降。这种分解可在任何层次上进行，如可以对资产净利率进一步分解：

资产净利率=销售净利率×资产周转率

2016年：3.67%=4.53%×0.81

2017年：2.26%=2.15%×1.05

通过分解可以看出，资产的使用效率有所提高，但由此带来的收益不能够抵补销售净利率下降而造成的损失。至于销售净利率下降的原因是售价太低、成本太高还是费用过大，还需进一步通过分解指标来揭示。此外，通过与本行业平均指标或同类饭店指标的对比，杜邦财务分析体系还有助于分析变动的趋势。

同步业务8-24

飞龙饭店与蓝天饭店是同类饭店，假设其有关比较数据如下：

资产净利率=销售净利率×资产周转率

2016年：7.39%=4.53%×1.6304

2017年：6%=5%×1.2

蓝天饭店与飞龙饭店利润水平的变动趋势是一样的，但通过分解可以看出原因各不相同。蓝天饭店利润水平变动的原因是成本费用上升或售价下跌，而飞龙饭店利润水平变动的原因是资产使用效率下降。

8.3.2　沃尔评分法

1）沃尔评分法的基本原理

沃尔评分法提出了信用能力指数的概念，即把若干个财务比率用线性关系结合起来，以此评价饭店的信用水平。

2）沃尔评分法的步骤

（1）选定评价饭店财务状况的比率指标，如盈利能力的主要指标是资产净利率、销售净利率和净资产收益率；偿债能力的主要指标是自有资本比率、流动比率、应收账款周转率和存货周转率；发展能力的主要指标有营业收入增长率、净利增长率和总资产增长率等。

（2）根据各项比率指标的重要程度，确定其评分值，各项比率指标的评分值之和为100。

（3）确定各项比率指标的标准值。

（4）计算饭店在一定时期内各项比率指标的实际值。

（5）求各项指标实际值与标准值的比率，称为关系比率或相对比率。

①实际值大于标准值为理想的关系比率，其计算公式为：

关系比率=实际值÷标准值   (8.30)

②实际值小于标准值为不理想的关系比率，其计算公式为：

关系比率=［标准值−（实际值−标准值）］÷标准值   (8.31)

③实际值脱离标准值为不理想的关系比率，会导致比率畸高，掩盖情况不良的指标，给管理者造成一种假象。

（6）求得各项比率指标的综合指数及其合计数。各项比率指标的综合指数是关系比率和评分值的乘积，其合计数可作为评价饭店财务状况的依据。一般而言，综合指数合计数若为100或接近100，则表明饭店财务状况基本上符合标准要求；如与100有较大差距，则表明饭店财务状况偏离标准要求。

同步案例8-1

ABC饭店的盈利能力指标

背景与情境： ABC饭店代表盈利能力指标的三个财务比率总资产净利率、销售净利率和净资产收益率分别为15%、12%和13%，其行业标准值分别为10%、6%和8%；代表偿债能力的2个指标自有资本比率、流动比率为60%、150%；代表营运能力的2个指标应收账款周转率和存货周转率分别为500%和800%，其行业标准值分别为40%、150%、400%和600%；代表发展能力的3个指标营业收入增长率、净利增长率和人均净利增长率分别为21%、16%和16%，其行业标准值分别为15%、10%和10%。根据上述资料编制ABC饭店的沃尔综合评分表，见表8-5。

表8-5   **ABC饭店的沃尔综合评分表**

指标	评分值 ①	标准值（%） ②	实际值（%） ③	关系比率 ④=③÷②	综合得分 ⑤=①×④
盈利能力：					
总资产净利率	20	10	15	1.50	30.00
销售净利率	20	6	12	2.00	40.00
净资产收益率	10	8	13	1.63	16.30
偿债能力：					
自有资本比率	8	40	60	1.50	12.00
流动比率	8	150	150	1.00	8.00
营运能力：					
应收账款周转率	8	400	500	1.25	10.00
存货周转率	8	600	800	1.33	10.64
发展能力：					
营业收入增长率	6	15	21	1.40	8.40
净利增长率	6	10	16	1.60	9.60
人均净利增长率	6	10	16	1.60	9.60
合计	100				154.54

问题：你对沃尔综合评分表的结果如何评价？

分析提示：各项比率指标的综合指数是关系比率和评分值的乘积，其合计数可作为评价饭店财务状况的依据。一般而言，综合指数合计数若为 100 或接近 100，表明饭店财务状况基本上符合标准要求；如与 100 有较大差距，则表明饭店财务状况偏离标准要求。

3）沃尔评分法的改进

由于某一个指标严重异常时会对总评分产生不合逻辑的重大影响，因此需将财务比率的标准值由饭店最优值调整为本行业的平均值，在给每个指标评分时规定上限和下限，以减少个别指标异常对总分造成不合理的影响。上限可定为正常评分值的 1.5 倍，下限可定为正常评分值的 0.5 倍。此外，给分时不再采用乘的关系来处理，而采用加或减的关系，以克服沃尔评分法的缺点。沿用【同步案例 8-1】的资料，综合评分的标准见表 8-6。

表 8-6　综合评分的标准

指标	评分值 ①	标准值 （%）②	行业 最高比率 （%）③	最高评分 ④=①×1.5	最低评分 ⑤=①×0.5	每分比率的差（%） ⑥=（③-②）÷ （④-⑤）
盈利能力：						
总资产净利率	20	10	15	30	10	0.25
销售净利率	20	6	15	30	10	0.45
净资产收益率	10	8	15	15	5	0.70
偿债能力：						
自有资本比率	8	40	100	12	4	7.50
流动比率	8	150	200	12	4	6.25
应收账款周转率	8	400	600	12	4	25.00
存货周转率	8	600	800	12	4	25.00
发展能力：						
营业收入增长率	6	15	30	9	3	2.50
净利增长率	6	10	20	9	3	1.67
人均净利增长率	6	10	20	9	3	1.67
合计	100			150	50	

按此标准，重新对 ABC 饭店进行综合评分，改进后的沃尔综合评分表见表 8-7。

表8-7 改进后的沃尔综合评分表

指标	实际值（%）①	标准值（%）②	差异（%）③=①-②	每分比率的差④	调整分⑤=③÷④	评分值⑥	综合得分⑦=⑤+⑥
盈利能力：							
总资产净利率	15	10	5	0.25	20.00	20	40.00
销售净利率	12	6	6	0.45	13.33	20	33.33
净资产收益率	13	8	5	0.70	7.14	10	17.14
偿债能力：							
自有资本比率	60	40	20	7.50	2.67	8	10.67
流动比率	150	150	0	6.25	0.00	8	8.00
应收账款周转率	500	400	100	25.00	4.00	8	12.00
存货周转率	800	600	200	25.00	8.00	8	16.00
发展能力：							
营业收入增长率	21	15	6	2.50	2.40	6	8.40
净利增长率	16	10	6	1.67	3.59	6	9.59
人均净利增长率	16	10	6	1.67	3.59	6	9.59
合计						100	164.72

沃尔评分法是一种比较可取的评价饭店总体财务状况的方法，但该方法的准确性取决于指标的选定、标准值的合理程度、标准值评分值的确定等。只有经过长期连续地实践和不断地修正，才能取得较好的效果。

8.3.3 上市饭店财务报告的分析

饭店发行的股票如果上市交易，就要承担公开披露信息的义务。按照我国证监会的规定，上市公司信息披露的主要内容有招股说明书、上市公告、定期报告和临时公告四方面。这些报告虽然包括许多的非财务信息，但是大部分信息是财务性质或与财务有关的，因而具有财务报告的性质，我们统称为上市公司财务报告。

1）招股说明书

招股说明书是股票发行人向证监会申请公开发行的申请材料的必备部分，是向公众发行的旨在公开募集股份的书面文件。

同步思考8-4

问题： 招股说明书的有效期为自公告之日起多长时间？

理解要点： 招股说明书的有效期为自公告之日起6个月。

2）上市公告

股票获准在证券交易所交易之后，上市公司应当公布上市公告书。上市公告书包括招股说明书的主要内容，还包括股票获准在证券交易所交易的日期和批准文号、发行情况、公司创立大会或者股东大会同意公司股票在交易所交易的决议、近三年或者成立以来的经营业绩和财务状况以及下一年的盈利预测文件、证券交易所要求载明的其他事项。

3）定期报告

定期报告分为年度报告和中期报告。年度报告包括公司简介、会计数据和业务数据摘要、董事长或总经理的业务报告、董事会报告、监事会报告、股东会简介、财务报表、年度内发生的重大事件及其披露情况要览、关联饭店、饭店的其他有关资料及备查文件等。中期报告包括财务报告、经营情况的回顾和展望、重大事件的说明、发行在外股票的变动和股权结构的变化、股东大会简介等。中期报告中的财务报告包括财务报表和财务报表附注两部分。财务报表至少包括资产负债表（6月的最后一天）和利润表（本会计年度前6个月和上年同期比较），它们可以是简化的财务报表。此外，还应提供每股收益、净资产收益率和每股净资产指标。若净资产收益率低于同期银行存款利率，应说明原因。

4）临时公告

临时公告包括重大事件公告和公司收购公告。

（1）重大事件公告

重大事件是指这些事件的发生对上市公司原有的财务状况和经营成果已经或将要产生较大影响，并影响到上市公司的股票市价。对于这些重大事件，上市公司应立即报告证券交易所和证监会，并向社会公布，说明事件的性质。《股票发行与交易管理条例》第六十条规定，重大事项包括：公司订立的重要合同，该合同可能对公司的资产、负债、权益和经营成果中的一项或多项产生显著影响；公司的经营政策或者经营项目发生重大变化；公司发生重大的投资行为或者购置金额较大的长期资产的行为；公司发生重大债务；公司未能归还到期重大债务的违约情况；公司发生重大经营或非经营性亏损；公司资产遭受重大损失；公司生产经营环境发生重大变化；新颁布的法律、法规、政策和规章等，可能对公司的经营有显著影响；董事长、30%以上的董事或者总经理发生变动；持有5%以上的发行在外的普通股股东，其持有该种股票的增减变化每达到该种股票发行在外总额的2%以上；涉及公司的重大诉讼事项；公司进入清算、破产状态。此外，《公开发行股票公司信息披露实施细则》第十七条规定，以下事件也属于重大事件：公司章程变更、注册资金和注册地址变更；发生大额银行退票（相当于被退票人流动资金的5%以上）；公司更换为其审计的会计师事务所；公司公开发行的债务担保、抵押物的变更或者增减；股票的二次发行或者公司债到期或购回，可转换公司债依规定转为股份；公司营业用主要资产的抵押、出售或报废一次超过该资产的30%；发起人或者董事的行为可能依法负有重大损害赔偿责任；股东大会或公司监事会的决定被法院依法撤销；法院做出裁定禁止对公司有控股权的大股东转让其股份；公司的合并或分立。对于未作规定但确属可能对公司股票价格产生重大影响的事件也应当视为重大事件。最常见的重大事件报告是公司股份变动公告和配股说明书。

（2）公司收购公告

按照我国现行法规，任何个人不得持有一个上市公司5%以上的发行在外的普通股。任何法人直接或间接持有一个上市公司发行在外的普通股达到5%时，以及超过以后增减变化每达到发行在外总额的2%时，应向该公司、证券交易所和证监会做出书面报告并公告。发起人以外的任何法人直接或间接持有一个上市公司发行在外的普通股达到30%时，除按规定做出报告外，还应该在该事实发生之日起45日内向该公司所有股东发出收购公告书。收购事件对收购公司和被收购公司的股票价格会产生重要影响，有时甚至涉及整个证券市场。收购公告的内容主要包括：收购人的名称、所在地、所有制性质及收购代理人；收购人的董事、监事、高级管理人员名单及简要情况；收购人若为非股份有限公司，应公布其主管机构，主要经营管理人员及主要所属机构的情况；收购人的董事、监事、高级管理人员及其关联公司持有收购人和被收购人股份数量；持有收购人5%以上股份的股东和最大10名股东名单及简要情况；收购价格、支付方式、日程安排及说明；收购人欲收购股票数量；收购人和被收购人的股东的权利和义务；收购人最近3年的资产负债，盈亏概况及股权结构；收购人在过去12个月中的其他情况；收购人对被收购人继续经营的计划；收购人对被收购人资产的重整计划；收购人对被收购人员工的安排计划；被收购人资产重估及说明；收购后新公司的章程及有关的内部规则；收购后新公司对其关联公司的贷款、抵押及债务担保等负债情况；收购人和被收购人各自现有的重大合同及说明；收购后新公司的发展规划和未来会计年度的盈利预测；证监会要求载明的其他事项。

5）上市公司的财务比率

投资人要想通过众多的信息正确把握饭店的财务现状和未来，就必须正确使用财务比率。上市公司最重要的财务指标是每股收益、每股净资产和净资产收益率。证券信息机构定期公布按照这三项指标高低排序的上市公司排行榜。前文已经讲解过净资产收益率，下面主要介绍每股收益、每股净资产和市净率的计算与分析。

（1）每股收益

每股收益是本年净利润与年末普通股股数的比值。其计算公式为：

每股收益=净利润÷年末普通股股数　　　　　　　　　　　　　　　　　　（8.32）

同步业务8-25

开心饭店是一个上市公司，其2016年利润分配和年末股东权益的相关资料见表8-8。

表8-8　　　　　　开心饭店2016年利润分配和年末股东权益的相关资料　　　　单位：万元

净利润	1 500
加：年初未分配利润	600
可分配利润	2 100
减：提取法定盈余公积金	150
可供股东分配的利润	1 950
减：已分配优先股股利	0
提取任意盈余公积金	75
已分配普通股股利	1 000
未分配利润	875
股本	2 500
资本公积	2 600
盈余公积	1 400
所有者权益合计	7 375

该饭店当年净利润为1 500万元，发行在外的普通股为2 500万股，所以该饭店的每股收益为0.60元/股。

在计算每股收益时要注意以下四个问题：

①合并报表问题。编制合并报表的公司，应以合并报表的数据为基础计算该指标。

②优先股问题。如果公司发行了不可转换的优先股，则计算时要扣除优先股股数及其分享的股利，以使每股收益反映普通股的收益状况。已作部分扣除的净利润，通常被称为盈余，扣除优先股股利后计算出的每股收益称为每股盈余。

③年度中普通股的增减问题。按照证监会的规定，公式中的分子是本年度的净利润，分母是年末的普通股股数，该公式主要适用于本年普通股股数未发生变化的情况。由于计算各种财务比率时要求分子和分母的口径对称，本年净利润是整个年度内实存资本创造的，普通股发生增减变化时该公式的分母应使用按月计算的加权平均发行在外的普通股股数，其计算公式为：

平均发行在外的普通股股数$= \sum [$（发行在外的普通股股数×发行在外的月份数）$\div 12]$

④复杂的股权结构问题。有的公司具有复杂的股权结构，除普通股和不可转换的优先股外，还有可转换优先股、可转换债券和认股权证等。可转换债券的持有者可以通过转换使自己成为普通股股东，从而造成公司的普通股增加；认股权证持有者，可以按预定的价格购买普通股，也会使公司的普通股增加。普通股增加会使每股收益变少。这种转换和认购对每股收益的影响是比较复杂的，绝大多数上市公司属于简单的股权结构，所以证监会目前未对复杂结构下每股收益计算的具体方法做出规定。按照证监会目前的规定，发行普通股以外的其他种类股票的公司，应按国际惯例计算该指标，并说明计算方法和参照依据。每股收益是衡量上市公司盈利能力最重要的财务指标，它反映普通股的获利水平。在分析时可以进行公司间的比较，评价该公司相对的盈利能力；可以进行不同时期的比较，了解该公司盈利能力的变化趋势；可以进行经营业绩和盈利预测的比较，掌握该公司的管理潜能。在使用每股收益分析营利性时要注意以下问题：一是每股收益不反映股票所含有的风险；二是不同股票的每一股在经济上不等量；三是每股收益多，不一定意味着多分红，还要看公司股利的分配政策。为了克服每股收益指标的局限性，可以延伸分析市盈率、每股股利、股利获利率、股利支付率、股利保障倍数和留存盈利比率等财务比率。

A.市盈率。市盈率是指普通股每股市价为每股收益的倍数。其计算公式为：

市盈率=普通股每股市价÷普通股每股收益　　　　　　　　　　　　　　　　　　(8.33)

同步业务8-26

开心饭店的普通股每股收益为0.60元，每股市价为6元，则：

市盈率=6÷0.60=10（倍）

一般来讲，市盈率越高，表明市场对公司的未来越看好。在市价确定的情况下，每股收益越高，市盈率就越低，投资的风险就越小；反之亦然。在每股收益确定的情况下，市价越高，市盈率也越高，投资风险也就越大；反之亦然。仅从市盈率高低的横向比较看，高市盈率说明公司能够获得社会的信赖，具有良好的前景。由于一般的期望报酬率为5%~10%，所以正常的市盈率为10~20倍。

B.每股股利。每股股利是指股利总额与年末普通股股数之比。其计算公式为：

每股股利=股利总额÷年末普通股股数 (8.34)

同步业务 8-27

开心饭店的股利总额为 1 000万元，年末普通股股数为 2 500万股，则：

每股股利=1 000÷2 500=0.4（元/股）

一般来讲，每股股利越高，说明公司的业绩越好。

C.股票获利率。股票获利率又称市价股利比率，是指每股股利与股票市价的比率。其计算公式为：

股票获利率=普通股每股股利÷普通股每股市价×100% (8.35)

同步业务 8-28

开心饭店普通股每股股利为0.4元，普通股每股市价为6元，则：

股票获利率=0.4÷6×100%=6.67%

股票获利率反映股利和股价的比例关系。股票持有人通过股利和股价上涨两个方面获取收益。如果预期股价不能上升，股票获利率就成了衡量股票投资价值的主要依据。股票获利率主要用于非上市公司的少数股权，这些股东持有股票的动机主要在于获得稳定的股利收益。

D.股利支付率。股利支付率是指净收益中股利所占的比重，它反映公司的股利分配政策和支付股利的能力。其计算公式为：

股利支付率=每股股利÷每股净收益×100% (8.36)

同步业务 8-29

开心饭店每股股利为0.40元，每股净收益为0.60元，则：

股利支付率=0.40÷0.60×100%=66.67%

一般来讲，股利支付率越高，对投资人越有利。

E.股利保障倍数。股利保障倍数是股利支付率的倒数，它是一种安全性指标，反映净利率减少到什么程度时公司仍然能按目前的水平支付股利。其计算公式为：

股利保障倍数=普通股每股收益÷普通股每股股利 (8.37)

同步业务 8-30

开心饭店普通股每股收益为0.60元，普通股每股股利为0.40元，则：

股利保障倍数=0.60÷0.40=1.5（倍）

一般来讲，股利保障倍数越大，公司支付股利的能力越强。

F.留存盈利比率。留存盈利比率是指留存盈利与净利润的比率。其计算公式为：

留存盈利比率=留存盈利÷净利润×100%=（净利润-全部股利）÷净利润×100% (8.38)

同步业务 8-31

开心饭店净利润为 1 500万元，全部股利为 1 000万元，则：

留存盈利比率=（1 500-1 000）÷1 500×100%=33.33%

留存盈利比率的高低反映饭店的理财方针。若饭店认为有必要从内部积累资金，以便扩大经营规模，经董事会同意可以采用较高的留存盈利比率；若饭店不需要资金或者有可能用其他方式筹集资金，为满足股东取得现金股利的要求可降低留存盈利比率。

（2）每股净资产

每股净资产又称每股账面净值或每股权益，是指期末净资产与年末普通股股数的比值。其计算公式为：

$$每股净资产=期末净资产÷年末普通股股数 \qquad (8.39)$$

同步业务 8-32

开心饭店期末净资产为 7 300 万元，年末普通股股数为 2 500 万股，则：

每股净资产=7 300÷2 500=2.92（元/股）

该指标反映发行在外的每股普通股所代表的净资产成本。

其在理论上提供了股票的最低价值。正因为如此，在新建饭店时不允许股票折价发行。国有饭店改组为股份制饭店时，一般以评估后的净资产折为国有股的股本；如果不全部折股，则折股方案与募股方案和预计发行价格一并考虑，折股比例（国有股股本÷发行前国有净资产）不低于65%，股票发行溢价倍数（股票发行价÷股票面值）应不低于折股倍数（发行前净资产÷国有股股本）。

（3）市净率

市净率是指每股市价与每股净资产的比率，是投资分析的决策指标。其计算公式为：

$$市净率=每股市价÷每股净资产 \qquad (8.40)$$

同步业务 8-33

开心饭店股票的每股市价为 6 元，每股净资产为 2.92 元，则：

市净率=6÷2.92=2.05（倍）

一般来讲，市净率达到 3 就可以树立良好的饭店形象。投资者认为，市价高于账面价值时饭店有较大的发展潜力。但市价低于每股净资产的股票也不一定没有购买价值，问题在于该饭店今后是否有转机，或者购入后能否经过资产重组提高获利能力。

▶ 本章概要

□ 内容提要

财务分析以财务报表和其他资料为依据和起点，采用专门的方法，系统分析和评价饭店的过去和现在的经营成果、财务状况及其变动。财务分析的一般目的是评价过去的经营业绩，衡量现在的财务状况和预测未来的发展趋势，包括变现能力分析、资产管理能力分析、偿债能力分析、盈利能力分析和发展能力分析等。不同的财务报表使用人进行财务分析的具体目的不同。财务分析方法有比较分析法和因素分析法。财务分析的一般步骤是：首先，明确分析目的；其次，收集有关的信息，并根据分析目的把整体的各个部分分割开来，予以适当的安排，使之符合需要；再次，深入研究各部分的特殊本质，并进一步研究各部分的联系；最后，解释结果，并提供对决策有帮助的信息。财务分析的原则有：从实际出发，坚持实事求是，反对主观臆断和搞数字游戏；全面地看问题，兼顾成功经验与失败教训、有利因素与不利因素、主观因素与客观因素、经济问题与技术问题、外部问题与内部问题等方面；注重事物的联系，注意局部与全局的关系、偿债能力与盈利能力的关系、报酬与风险的关系等；发展地看问题，注意过去、现在和将来的关系；定量分析与定性分析相结合，坚持以定量为主。

　　财务分析与评价是饭店财务管理中不可缺少的组成部分，但财务分析与评价的结果不一定绝对准确，有时甚至与实际相去甚远，这是由于财务分析与评价的局限性造成的。饭店基本的财务比率有变现能力比率、资产管理比率、负债比率、盈利能力比率和发展能力比率等。变现能力是饭店产生现金的能力，它取决于可以在近期转变为现金的流动资产的多少，包括流动比率和速动比率。资产管理比率又称运营效率比率，是用来衡量饭店资产管理效率的财务比率，主要包括营业周期、存货周转率、应收账款周转率、流动资产周转率和总资产周转率等。负债比率是指债务和资产、所有者权益的关系，反映饭店偿付到期长期债务的能力，包括资产负债率、产权比率、有形净值债务率和已获利息倍数等。盈利能力是饭店赚取利润的能力，包括销售净利率、销售毛利率、资产净利率和净资产收益率等。衡量饭店发展程度的指标有营业收入增长指标、资产增长指标、资本扩张指标等。

　　饭店财务分析的应用有杜邦财务分析体系和沃尔评分法。上市饭店财务报告的分析包括招股说明书、上市公告、定期报告、临时公告、上市公司的财务比率。

　　□　主要概念和观念

　　▲　主要概念

　　财务分析　变现能力　流动比率　速动比率　资产管理比率　营业周期　存货周转率　应收账款周转率　负债比率　资产负债率　产权比率　已获利息倍数

　　▲　主要观念

　　杜邦财务分析体系　沃尔评分法

　　□　重点实务

　　财务比率的计算与分析

▶ 基本训练

　　□　知识训练

　　▲　复习题

　　1）财务分析的原则主要表现在哪几个方面？

　　2）杜邦分析体系的基本原理主要表现在哪几个方面？

　　▲　讨论题

　　1）沃尔评分法的步骤。

　　2）变现能力分析。

　　3）资产管理能力分析。

　　4）偿债能力分析。

　　5）盈利能力分析。

　　6）发展能力分析。

□ 能力训练

▲ 综合题

新世界饭店餐饮部2016年营业收入预算完成情况见表8-9。

表8-9 **新世界饭店餐饮部2016年营业收入预算完成情况**

项目	就餐人数（万人）		人均消费（元）		营业收入（万元）	
	预算	实际	预算	实际	预算	实际
中餐厅	24	30	12.50	11.00	300	330
西餐厅	13	14	88.50	82.00	150.50	1 148
合计	37	44			1 450.50	1 478

对新世界饭店餐饮部2016年营业收入预算完成情况进行分析，并结合就餐人数、人均消费变动对营业收入的影响，具体分析新世界饭店餐饮部2016年取得的业绩和存在的问题。

(1) 某饭店2015年年末流动资产1 980万元，其中存货690万元，流动负债1 000万元。要求计算该饭店的流动比率和速动比率。

(2) 某饭店2015年年末资产总额4 500万元，负债总额2 070万元。要求计算资产负债率和股东权益比率。

(3) 某饭店2015年年初应收账款为643.5万元，存货为580万元；年末应收账款为683.1万元，存货为690万元。全年赊销额为9 371.4万元，销货成本为4 190.4万元。要求计算应收账款周转率和存货周转率。

▲ 案例分析

利康饭店商品部应对降价的措施

背景与情境：利康饭店商品部某一种旅游纪念品2017年预计销售量可达100万件，平均售价为3 600元，全年可实现收入360 000万元，其单位产品平均变动成本为2 160元，固定成本为72 000万元，销售和管理费用预计为38 000万元。饭店2017年预计实现目标利润34 000万元。

我国饭店行业的竞争十分激烈，这使该饭店预计实现的目标利润受到较大的影响，该商品的价格降到3 350元。为挽回降价造成的损失，饭店拟采取两项措施：一是采取更有效的广告方式，从而使销量增加10%；二是实施一项技术培训计划，以提高工作效率，使单位变动成本降为2 020元。通过这些措施，饭店不但保证了目标利润的实现，而且还比预计增加了3 400万元。

问题：

1) 试分析确定降价以及饭店采取的措施对目标利润的影响。

2) 本案例给你带来的启示是什么？

分析要求：同第1章本题型的"分析要求"。

▲ 实训操作

【实训项目】饭店财务分析

【实训要求】通过本模块实训，使学生熟练掌握饭店财务报表分析的各种方法和技巧，能从复杂的报表资料中分析饭店的偿债能力、营运能力和获利能力，总体把握饭店的财务状况和经营成果，为饭店相关利益各方的财务决策提供有价值的信息。要求学生能够运用所学的财务分析知识，对饭店进行财务分析和评价，并撰写财务分析报告。

【实训步骤】

1) 教师提前两周布置所要分析的案例。

2) 学生认真阅读案例资料，并围绕案例收集有关资料。

3) 通过对案例资料和所收集资料的初步分析，计算相关指标，得出初步结论。

4) 分析讨论，得出进一步的结论。

5) 展开课堂讨论，进行课堂辩论。

6) 交案例报告。

7) 教师评论案例报告，并总结。

□ 善恶研判

财务分析的其他影响因素

背景与情境：在进行偿债能力分析时，有些饭店还关注下列两类因素：

1) 增加变现能力的因素

饭店流动资产的实际变现能力可能比财务报表项目反映的变现能力要好一些，这是由以下几个因素促成的：

（1）可动用的银行贷款指标。这是指银行已同意、饭店未办理贷款手续的银行贷款限额，可以随时增加饭店的现金，提高支付能力。这一数据不反映在报表中，必要时应在财务情况说明书中予以说明。

（2）准备很快变现的长期资产。由于某种原因，饭店可能将一些长期资产很快出售变为现金，增加短期偿债能力。一般情况下，饭店出售长期资产都是要经过慎重考虑的，饭店应根据短期利益和长期利益的辩证关系，正确决定出售长期资产的问题。

（3）偿债能力的声誉。如果饭店的长期偿债能力一贯很好，有一定的声誉，在短期偿债方面出现困难时，可以很快地通过发行债券和股票等办法解决资金的短缺问题，提高短期偿债能力。这个增加变现能力的因素，取决于饭店自身的信用声誉和当时的筹资环境。

2) 减少变现能力的因素

减少饭店流动资产变现能力的因素，未在财务报表中反映的主要有以下两种：

（1）未做记录的或有负债。这些或有负债，按照我国《企业会计准则》的规定并不作为负债登记入账，也不在报表中反映，包括售出产品可能发生的质量事故赔偿、尚未解决的税额争议可能出现的不利后果、诉讼案件和经济纠纷案可能败诉并需赔偿等。这些或有负债一旦成为事实上的负债，将会加重饭店的偿债负担。

（2）担保责任引起的负债。饭店有可能以自己的一些流动资产为他人提供担保，如为他人向金融机构借款提供担保，为他人购物担保或为他人履行有关经济责任提供担保等。这种担保有可能成为饭店的负债，增加偿债负担。

资料来源　刘锦辉. 财务管理学［M］. 上海：上海财经大学出版社，2010.

问题：饭店如何从行业自律的角度进行偿债能力分析？

研判要求：同第1章本题型的"研判要求"。

第9章 饭店财务管理专题

- ● **学习目标**
- 9.1 饭店的并购与破产
- 9.2 饭店的国际财务管理
- 9.3 饭店的内部财务审计
- ● **本章概要**
- ● **基本训练**

● **学习目标**

　　通过本章学习，你应该达到以下目标：

　　职业知识：学习和掌握饭店并购的特点、饭店并购的模式和程序、饭店破产清算中的财务问题、外汇风险等知识；能用其指导"饭店并购与破产"中的相关认知活动，规范其相关技能活动。

　　职业能力：用本章的专业知识正确解答"基本训练"中的综合题，训练与"饭店财务管理专题"相关的综合能力；运用本章专业知识研究相关案例，培养在"饭店财务管理专题"业务情境中的分析问题能力；通过"饭店并购危机和预防"实训操练，培养相关专业操作技能。

　　职业道德：结合本章教学内容，依照行业道德规范或标准，分析"美国KKR公司收购案"业务情境中企业或从业人员服务行为的善恶，强化职业道德素质。

引例：旅游局鼓励饭店兼并重组

背景与情境：

旅游局近日发布的《关于促进旅游饭店业持续健康发展的意见》（以下简称《意见》）指出，要积极创造条件，支持有条件、有实力的国内饭店集团"走出去"发展，拓展国际市场，提升国际竞争力。

在政府支持方面，《意见》称，要积极争取地方政府和有关部门对发展旅游饭店业的重视和支持，形成合力，推进旅游饭店业发展的新格局。对于符合旅游业发展趋势和市场要求的新建旅游饭店和饭店改造项目，要加大扶持力度，形成示范效应。

此外，推动落实宾馆饭店与一般工业饭店同等的用水、用电、用气价格政策；规范和减免旅游饭店的行政事业性收费，切实减轻饭店负担，促进饭店发展。

《意见》要求，在大力发展星级饭店的同时，兼顾经济型饭店、乡村饭店、精品特色饭店等不同业态的规划和发展。

《意见》还对旅游饭店业产业结构优化、标准体系完善、行业监管、行业协会建立等方面做出了指示。

此前，国务院发布《国务院关于加快发展旅游业的意见》，要求促进我国旅游饭店业持续健康发展。旅游局 26 日的这份意见是为贯彻落实国务院上述意见的具体细则。

资料来源　华靖蕾. 旅游局鼓励饭店兼并重组［EB/OL］.［2010-11-30］. http://www.17u.net/news/newsinfo_285428.html.

问题： 上述引例告诉我们什么？

案例说明： 饭店的兼并重组已是大势所趋。对于一个现代饭店管理者，其必须全面了解饭店并购与破产的相关内容，以适应变幻莫测的竞争环境。

9.1 饭店的并购与破产

19 世纪下半叶，科学技术取得巨大进步，大大促进了社会生产力的发展，为行业大规模并购创造了条件，各个行业中的许多饭店通过资本集中组成了规模巨大的垄断公司。

9.1.1 饭店的并购

并购又称收购、合并或兼并，是指一家饭店将另一家正在运营中的饭店纳入其集团，目的是借此来扩大市场占有率、进入其他行业或者将被并购的饭店分割出售以谋取经济利益。

1）饭店并购的特点

饭店的并购属于商品经济中的产权转让机制。饭店并购的活动主体是财产独立或相对独立的饭店法人，法人并购双方或多方均具有平等的法律地位，在市场上双方都是自主经营、自负盈亏的商品生产者和经营者，需按市场规则进行并购。饭店的并购是以产权的有偿转让为基本标志的，通常产权的转让使被并购饭店流向并购饭店。饭店的并购是市场竞争中的优胜劣汰，并购有利于具有优势的饭店迅速集中资产，实现资产的一体化，达到最佳的经营服务规模，以利于饭店的长远发展和饭店的国内国际市场竞争。

同步思考9-1

被并购的饭店不是破产，而是重新获得了生机，并且这种并购行为对社会产生的震荡较小，因而它是一些经营不景气、面对种种难以解决的困难的饭店值得选择的新生之路。根据饭店的实际情况，可采取不同的并购模式。

问题： 饭店并购的模式有哪些？

理解要点： 按出资方式的不同，饭店并购的模式有现金购买资产的并购模式、购买股票达到控制某饭店资产及经营权的并购模式、股票换取资产的并购模式和股票换取股票的并购模式四种。

按行业相互关系的不同，饭店并购的模式有横向并购模式、纵向并购模式和混合并购模式三种。

按有无中介机构的介入，饭店并购的模式有直接并购模式和间接并购模式两种。

按是否利用目标饭店本身资产来支付并购的资金，饭店并购的模式有杠杆并购模式和非杠杆并购模式两种。

按兼并行为是否取得目标饭店的合作，饭店并购的模式有友好收购模式、强迫接管兼并模式和跨国收购模式三种。

2）饭店并购的程序

饭店并购涉及经济、政策和法律等问题，各国的公司法及证券法都对饭店的并购程序进行了规定。为保证并购决策的科学性和正确性，必须遵循下列操作程序：第一，选择欲并购的对象，即目标饭店。第二，签订并购意向书。在意向书中表明并购双方的要求、意愿及诚意。它仅是双方的一种意向，不具有法律效力。第三，深入调查。购买方指派注册会计师、审计师对目标饭店进行实地调查，对目标饭店的财力、经营活动、行政事务做出客观真实的评价，并派出律师对目标饭店的账册（如关于信贷情况的摘要）和地方特许权（如土地、建筑物等关键资产）进行一次特别调查，对饭店员工雇用条件、工资状况、工会意见、饭店通常的退休资金来源与安排等进行了解，特别要注意是否有关键要约（如许可证、经销或专利许可等）。第四，初步谈判。主要讨论交易方式、补偿方式和数额、买方能够提供的特许条款和税收抵免范围等。第五，将调研情况、意向书和初步的情况报告董事会，由董事会对并购的有关条款做出决议。第六，进一步谈判。对双方有分歧的问题进行深入的讨论，以求达成共识，并作为合同的基础，着手拟定并购合同。第七，将拟定的合同交各自的董事会和股东大会讨论通过。第八，双方正式签订并购合同。第九，将合同分别呈报各自的政府主管部门登记备案。第十，实现并购，立即切实加强集团化饭店的管理。

3）饭店并购的财务评价

饭店并购在财务上的可行性，还需要借助资本预测的分析方法。虽然在并购过程中需要考虑的因素很多，并且各因素具有极大的不确定性，但其基本原理是一致的。饭店并购的财务评价基本包括以下三个方面：

（1）目标饭店的价值评估

目标饭店的价值评估实际上是对并购成本的确定。预期并购成本的高低，对于并购饭店未来的收益和风险都有重要的影响，甚至可以决定饭店是否进行并购。目标饭店的价值在很大程度上取决于未来持续经营的现金流量，特别是目标饭店与购买方整合以后产生的协同效应，使得整合后的现金流量总和大于各个部分的现金流量之和。

①目标饭店价值评估的基本原理。由于现代的资本预算都建立在贴现现金流量的基础

之上，因此在更为复杂的并购过程中应该采用贴现现金流量的分析方法。在运用贴现现金流量分析并购活动时，目标饭店价值的计算公式为：

$$V_0 = \sum_{t}^{n} [CF_t \div (1+i)^t] \qquad (9.1)$$

其中：CF_t为现金流量；i为贴现率；t为预测期。

②并购决策中现金流量的估算。在饭店并购的资本预测中，现金流出是指并购需要支付的现金，现金流入是指目标饭店向购买方支付的股利。股利变化的价值可根据股票的估价进行计算。

（2）饭店并购的出资规划

出资方式的选择受到并购饭店特征、股东利益和目标饭店的要求等多种因素的影响。并购饭店特征指并购饭店是上市公司还是非上市公司，如果是上市公司，则其在融资方式上具有很大的灵活性；如果是非上市公司，则一般只能用现金进行收购。并购饭店选择的出资方式不能损害现有股东的利益，还需要考虑目标饭店的股东、管理层的具体要求和目标饭店的财务结构、资本结构以及近期的股利水平等，饭店应该根据实际情况选择适合的出资方式。

饭店并购的出资规划可以采用现金收购、股票收购和综合证券收购等多种模式。现金收购是一种单纯的收购行为，它是饭店并购活动中最清楚且最迅速的一种支付方式。其在整个的支付方式中占比最高的原因是现金收购的估价简单易行、对卖方比较有利和使收购交易尽快完成。股票收购的主要特点是并购饭店不需要支付大量的现金，并购饭店的原股东在经营控制权方面占主导地位，同时采用股票收购方式还受到并购饭店的股权结构、每股收益和每股净资产的变化、资产负债率、当前的股利政策和市场规则的限制。综合证券收购是并购饭店对目标饭店提出收购要约，其出价有公司债券、认股权证、可转换债券和优先股股利等多种形式。

（3）饭店并购的融资规划

饭店在并购时应综合考虑筹资成本、政府税收、饭店风险、股利政策和资本结构等因素。其融资方式的一般顺序是：首先选择内部积累，因为这种方法具有筹资阻力小、保密性好、风险小、不必支付发行成本、可以为饭店保留更多的借款能力等优点；然后选择借贷和租赁方式，因为其具有筹资速度快、弹性大、发行成本低、保密性好等特点，是信用等级高的饭店进行并购融资的极好途径；最后考虑发行有价证券，饭店一般采用的债券发行顺序是一般债券、可转换债券、附有认股权证的债券、普通股股票或配股。各种渠道的筹资都有一个完整的综合决策过程，如有价证券筹资的综合决策过程是进行种类的决策、期限的决策、股利与债券利息的决策和发售技术的决策等。

同步案例9-1

东升集团兼并东虹饭店和东海宾馆

背景与情境： 东升集团于2001年成功兼并整合了东虹饭店和东海宾馆。这是一件民营饭店兼并国有饭店、东西部饭店互动合作的成功兼并整合案例。作为财务顾问的新疆东西部经济研究院对此进行了全面的分析，以求发掘出更多、更深层次的内涵，为今后更多饭店间的精诚合作、各种经济成分的有效融合，并由此诞生出一大批优秀乃至卓越的饭店提供有益的借鉴。

1）兼并整合实施背景

中共十五大确立了国企改制目标，十五届四中全会又提出"有进有退，有所为有所不为，国有饭店从一般竞争行业逐步退出"的战略。在这一重大战略的指导下，1999年，乌鲁木齐市委七届九次全委（扩大）会议召开后，出台了《乌鲁木齐市国有饭店改革试行办法》（市党发〔2000〕13号）及其补充修订意见，由此为民营饭店参与国企改制，开展资本运营，实现低成本扩张提供了空间。

在乌鲁木齐市，不仅绝大多数国有饭店都实施了改制，而且通过此次改制，组建为民营性质的公司制饭店或成为民营饭店的子公司，产权性质发生了根本性的转化。同时，原国有身份的职工也通过改制彻底转化了身份。这一轮改制范围广、层次深、力度大，其中民营饭店的积极参与功不可没。

成功参与国有饭店改制，不仅让新疆民营饭店得到了实惠，也让被兼并的国有饭店得到了新生。对政府来说，改制的推进既实现了国有资产从竞争性行业逐步退出的战略目标，又有力地促进了社会的稳定。

但是对民营饭店来说，如何整合兼并饭店是重中之重。在机会面前，认真分析可能存在的风险则显得更为重要。

乌鲁木齐市经贸委的报告中披露了民企参与国企改制中存在的一些问题。报告中指出，虽然改制初步达到了预想效果，但是由于利益格局的重新调整，依然涉及很多深层次的矛盾：

首先，有些改制饭店职工的思想观念仍然停留在计划经济时代。过去依赖政府，现在依赖兼并饭店，存在改制民企必须包揽一切的思想，有不满情绪就要求政府行政干预。很多人甚至不切实际地认为通过一次改制就应该解决几十年遗留下来的问题。

其次，社会保障体系和服务体系配套改革相对滞后。由于财力有限，目前医保体系还无法纳入所有饭店，使一些改制饭店承担了一定的医药费；离退休人员还未完全与饭店剥离进行社会化管理，改制饭店仍需负担部分费用；社会化服务体系不健全导致饭店改制时非经营性资产仍由改制饭店代管；另外，在饭店改制过程中，原饭店自谋职业人员进入社会后使失业率上升，就业压力增大。

在国有饭店改制过程中，政府最为看重的还是饭店和社会的稳定。虽然政府部门能够看到民营饭店在兼并国企过程中承载了很多负担，但是出于稳定的考虑，这样的负担仍被视为民企兼并国企应该付出的成本。国有饭店改制的成败标准是改制饭店的经营状况和饭店员工的安置问题。如果改制饭店经营仍然难以为继，继续亏损，饭店人员继续生活无着落，他们依然会回头找政府。

可以看出，民营饭店参与国企改制、兼并国有饭店存在着很大的风险，但为什么还要这样去做呢？

2）兼并整合的动机

东升集团注册资本为1 080万元，2000年经营资产总额达到5 630万元，职工563人，下属3个骨干饭店。其中，商贸城是由东虹饭店提供土地、东升集团投资兴建的，于1997年建成投入运营。该项目占地1 200平方米，建筑面积7 000多平方米，由东升集团经营。在市委、市政府的大力支持下，通过温州商贸城全体员工的共同努力，仅

1999年度上缴税金就达189万元，为社会提供了600多个就业岗位，取得了较好的经济效益和社会效益，也为东升集团在批发市场的开发经营方面积累了丰富的经验。

改革开放以来，浙江人尤其是温州人率先进入中国西部，为新疆的现代化建设，特别是搞活市场经济、搞活流通做出了卓越的贡献。仅在新疆的温州籍经营者已达8.2万人，浙江籍的经营者约13万人。以乌鲁木齐来说，华凌市场、商贸城、边疆宾馆、小西门、机电一条街等大型商品市场中的经营户、经营业主大多为浙江人。西部大开发加速了东西部经济的融合，具有很强的经济活力和经营头脑的浙江人抓住了这一千载难逢的历史机遇，加大了对新疆人流、物流、资金流的倾斜力度。但是，浙江籍客商一直处于各自为战的分散经营状态，没有形成规模化、集约化经营的优势，对新疆产业的提升和联动作用未被充分挖掘。

2000年东久集团公司以产业性投资方式进入新疆，与新疆本土化的东升集团公司强强联合，共同打造乌鲁木齐火车南站商贸圈，拟在原温州商贸城批发市场的基础上，通过大手笔的资本运作，获得稀缺资源——地产，扩大控制资本的规模，从而减少竞争对手。同时利用浙江人在批发市场开发经营方面积累的丰富经验，在火车南站商圈做到相当规模和具有知名度后，把浙江小商品生产基地逐步向新疆转移，形成商贸领先、产业联动的格局，促进新疆产业结构的调整和产业的升级换代，以实现饭店乃至当地经济的战略发展目标。

3）目标饭店的确定及兼并整合方式的选择

（1）目标饭店的确定

东虹饭店：账面资产4 407.23万元，其中土地2 400万元，占地面积约14 000平方米。在册职工260人，其中85%为长期固定职工；退休职工132人。1999年盈利24万元。

东海宾馆：账面资产4 326万元，其中一座18层的宾馆楼，有200多个标准间。在册职工189人，其中30%为长期固定工；无退休职工。1999年经营亏损96.3万元，银行负债6 485万元，停息挂账后尚欠5 100万元。

①选择兼并整合目标时，最主要看与饭店本身战略的相合性。从东升集团的战略目标可以很清楚地看到：地处乌鲁木齐火车南站核心地段的东虹饭店、东海宾馆、小商品专业批发市场必然成为其首选的兼并整合对象。

②兼并整合工作正式开始前，东升集团与东虹饭店、东海宾馆之间进行了长达半年多的洽谈。但由于某些负责人的观念问题，一直未能达成全面共识。

其间几经反复，通过东升集团及各中介机构的耐心细致的工作，终于使自治区、乌鲁木齐市党委和政府及相关部门的领导意识到：此次兼并整合，不仅能借助优势饭店带动、救活陷于困境中的亏损饭店，而且还能在短期内迅速扩张优势饭店的规模、及时扩大市场，使被落后饭店无效占用的有效资源得以重获新生，发挥出真正的优势来，这是一种积极解救困难饭店的最佳方法。于是，在各级政府的支持和东升集团的诚意感召下，东虹饭店、东海宾馆的经营者与职工的观念和态度逐渐转变过来，最终顺利签署了兼并协议。

（2）兼并整合方式的选择

承债式整体兼并整合，分立重组。以现金兼并方式，确保了国有资产的安全退出，产权一步到位，又可以真正促进民营经济的繁荣发展。具体的兼并整合措施为：

①东升集团承担东虹饭店、东海宾馆全部的债务，安置和接受全部在职职工和离退休职工，享有被并购方全部的资产。

②经资产评估后，被并购方如有净资产，可将其净资产全价购买或以职工配股的方式认购股权。

③并购方认购股份的经营性净资产是指在经资产评估后的总资产中除去债务、非经营资产、不良资产和由于并购方承担安置职工（包括接受离退休职工）按规定剥离的资产剩余的净资产。

④对兼并整合目标饭店的兼并成本与预期收益的评价。

A.按照兼并协议支付的兼并款为4 000万元。

B.整体改造的总投资为4 410万元。其中，建安工程费3 286万元；电气设备（电梯）等费用255万元；装修工程及其他配套设施等费用969万元。资金来源为东升集团自筹3 000万元，招商引资1 400万元。

C.预期收益。本项目当年销售收入6 285万元，每年上缴税费总计4 800万元。

D.社会效益。建成后可安排约4 000人就业，其中物业管理人员约300人。

4）兼并整合的实施及整合效果

（1）制订兼并整合计划，有步骤地分阶段进行。东升集团做的第一步就是邀请资产审计与评估、财务顾问等中介机构制订详尽的兼并整合计划，不断与被兼并整合方、各级政府及相关部门协调沟通，力求使兼并工作严谨、规范，不留后遗症。兼并整合重组后即成立了完全符合现代饭店制度的东升置业有限公司。

（2）观念更新先行，采取各种形式宣传现代饭店制度。饭店只有建立了真正意义上的现代饭店制度，而不只是流于形式，才能从根本上解决饭店经营管理中存在的种种弊端。因此东升集团结合自身的发展经验，从更新员工思想观念入手，通过东升集团饭店文化、东升集团饭店精神、饭店宗旨、饭店宣言及员工誓词等多种形式的宣传，让职工多方位、多层次地了解现代饭店制度，同时从抓组织结构和管理制度入手，对原饭店进行全方位、大刀阔斧的改革，精简机构、分流人员、理顺关系，进行管理运营机制的整合。让员工知道饭店和从前相比，最大的变化是在法人治理结构下靠制度管理，用制度管人。在东升集团原有的较为先进的管理制度的基础上，建立健全各项规章制度，在制度面前一律平等。

（3）改革劳动用工制度，实行竞争上岗，拉开分配档次。用人问题是每个饭店重组改制中都会遇到的难题。东升集团不回避矛盾，积极改革劳动用工制度，高度重视职工工作，严格遵照兼并协议的规定，对要求买断工龄的360名职工依法按时足额发给了经济补偿金；对留用的近50名职工，按照"人尽其才，才尽其用，满足岗位需求，优先安置"的用人原则，全部安排上岗工作；同时对留用职工实行工龄锁定政策，转换劳动关系，重新订立劳动合同，推进新的工资制度，提高职工工资水平。对内退的30多名职工给予了充分的利益保障。2001年，留用职工的平均月工资水平较兼并前提高了51%，比兼并协议的规定提高了37个百分点。通过竞争上岗、主业向其他产业分流、内退、待岗学习等多种途径，实现能者有其岗、适者有其位，逐步建立起具有本行业特色的"三高一低"管理机制（工作高效率、工资高弹性、贡献高奖励、成本低支出），拉开了分配档次，打破了大锅饭，消除了人浮于事的弊端，并充分调动了员工工作的积极性。

（4）饭店文化整合。通过本土化运作，营造亲和、凝聚的饭店文化氛围。作为外来饭店在新疆投资发展，东升集团秉承"德载重任、汇铸永恒"的饭店理念，把自己的文化优势积极地融入被兼并饭店，提升饭店文化的品位，推动饭店在新疆扎根发展。一方面，按照国际化战略、本土化运作的思路推行人才本土化，聘任了熟悉新疆文化的本地人才出任饭店总裁，大胆起用留用优秀干部，留用职工中的大部分干部被委以重任；另一方面，饭店十分重视党建工作，从内地聘用了具有丰富的饭店党建工作经验的干部，依照党章和组织程序出任饭店党总支书记，发挥党组织在饭店中的政治核心作用，做好饭店干部职工的思想政治工作，做好教育培养人的工作，同时，发挥党组织领导的工会、共青团、女工委等群众团体联系职工群众的桥梁纽带作用，实施"亲和力""凝聚力"工程，定期开展针对离退休干部和困难职工的慰问活动，积极参与"希望工程"建设，广泛关注社会福利事业，救助弱势群体，捐资助学扶贫。通过上述一系列细致有效的工作，使职工群众感受到饭店大家庭的温暖，有力地激发了他们积极参与饭店经济建设的工作热情，也在全社会树立了良好的饭店形象。

（5）从战略协同的高度上整合资源的开发利用，通过盘活存量资产、转换经营机制，提高资产价值和饭店经营效益。兼并整合完成后，首先，针对火车南站商贸圈商家云集、竞争激烈以及宾馆、饭店所属的小商品市场条件简陋、功能简单、环境混乱、业态粗放的现状，东升集团决定投资3.8亿元改造老市场，兴建国际广场，着力建设使用面积6万平方米，以小商品专业批发贸易为主干，融内外贸易商品展示、电子商务、物流仓储配送、涉外购物和宾馆餐饮服务于一体的现代化国际商贸城。一期工程现已破土动工，于2003年一季度投入使用。国际广场招商情况十分好，一期工程铺面目前已有90%租售完毕，曾经出现两小时成交额5 000万元的火爆场面。

其次，对紧临火车南站的东虹饭店市场投资80万元进行门面改造，同时采用目标责任制和绩效挂钩的经营机制。这些举措不仅使市场经营业态得到提升，而且有力地激活了市场效益潜力。2001年仅经营了半年多的东虹饭店，税后利润即从兼并前的年利润20万元提高到230万元，增长了10.5倍。

最后，对东海宾馆进行了整顿，调整了领导班子，配套了功能，落实了责权利机制，采取了一系列行之有效的市场营销措施，也取得了良好的经济效益。宾馆入住率已连续3个月突破80%。

东升集团盘活存量资产、转换经营机制的一系列举措，不仅大大提高了饭店的资产运作效益和经济效益，而且使饭店资本得到了有力扩张和大幅增值。截至2002年，东升集团的资产已经从兼并前的近5 000万元扩大到1.8亿元，资产负债率几乎为零。

5）兼并整合成功的因素分析

（1）浙新两地政府的高度重视。浙江省委办公厅的领导曾将此事向省委和时任省委书记的张德江同志汇报过，张德江同志在来疆考察期间将此作为新疆与浙江合作的示范项目，并看到这项工作的落实。同时得到自治区、乌鲁木齐市等各级政府的支持，在政府有关部门的支持、指导下开展工作。

（2）操作的规范、政策的灵活运用。东升集团认真学习有关的政策和法律法规，同时要按市场规律办事，从而使国企改组改造工作规范化。真正做到了兼顾三方面的利益——让国家满意，让大多数饭店员工满意，让新的饭店有更好的发展；妥善处理了债务问题、土地问题；在整体改造、饭店文化建设等方面做好了充分的准备，各项整合工作稳步有序地开展，效果显著。

（3）兼并整合重组后的市场招商工作有保证。东升集团充分发挥了浙江包括温州在新疆经商的13万人和与东部产地市场联系的优势，尤其是当今西部大开发及浙江产地市场萎缩之际，浙江的一些市场开发商已多次与温州商会联系，将浙江的市场西迁新疆，充分保证扩建后的商贸城的招商和持续发展。

（4）兼并整合及后续开发资金来源有保证。东升集团计划以10余年积累的自有资金和东久集团雄厚的资本作为支持。为了加快西进战略的实施，使东升集团置业轻装上阵，德力西集团将兼并东海宾馆、东虹饭店时所承担的4 800万元债务全部移交总部承担。

6）兼并整合成功的意义

（1）形成浙江人来疆投资发展的大本营和交流沟通平台。大量聚集有实力的浙江饭店和经营业主，有利于促进浙新经济互助与互动，鼓舞和吸引更多浙江的有识之士开发新疆、建设新疆，带动新疆相关产业的发展，大幅增加新疆国民经济总收入和财政收入，并为新疆地区提供更多的就业岗位。在此基础上，依托浙江人的经营实力和经营头脑，进一步将火车南站地区商贸城改建成现代化商贸市场，为乌鲁木齐建成现代化国际商贸城增光添彩。

（2）购并重组后，在温州商贸城形成一定规模和知名度的条件下，把浙江小商品生产基地逐步向新疆转移，构成商贸领先、产业联动的格局，以促进新疆产业结构的调整和产业的升级换代。

兼并整合的成功对浙江人投资新疆、开发新疆，同时对我国东部较发达省区加大对新疆开发的热情和投入力度起到示范作用，其战略意义是深远的。

（3）为饭店战略目标的实现打下良好的基础。东升集团兼并东海宾馆、东虹饭店，经过近1年的运作，由衷地感受到新疆各级党委和政府解放的思想观念、强有力的改革措施、高效务实的行政行为，以及全疆上下抢抓机遇、趁势而上的发展氛围；也深深地感受到新疆具有特殊战略意义的区位优势，开放包容的文化优势，以及巨大的市场潜力、无限的商机和广阔的发展空间。通过5年的努力，打造出一个以商贸地产为基础，以特色教育产业为旗帜，以宾馆、餐饮、旅游、客运等服务业为配套，以经营城市建设为长远发展方向，以人力资源和先进饭店文化为核心竞争优势，以可持续发展为最高经营理念的初具规模的优秀饭店，同时成为东部民企进军西部的典范。

（4）为民营饭店参与国有饭店改制树立了典范。在此次兼并结束后，东升集团又不断投身于新疆其他行业的国有饭店改革重组，尤其是与东升集团主业关联紧密、优势互补的产业，其中市场潜力大、发展势头好的产业将被优先选择；通过盘活存量资产、改革体制、转换经营机制、优化重组生产经营要素来谋求发展，为新疆安定团结、社会稳定做出应有的贡献。

资料来源 王先庆. 东升集团兼并东虹饭店和东海宾馆［EB/OL］.［2011-06-18］. http: //company. tianhenet.com.cn/2011/0618/8660_4.shtml.

问题： 请你总结一下东升集团兼并东虹饭店和东海宾馆的成功经验。

分析提示： 饭店在并购时应综合考虑筹资成本、政府税收、饭店风险、股利政策和资本结构等因素。

9.1.2 饭店的破产

1）饭店破产的含义

在市场经济条件下，饭店的经营都会面临财务上的困难，甚至引起破产。破产具有三种含义：

（1）技术性破产

技术性破产又称技术性的无力偿付，是指由于财务管理技术的失误造成饭店不能偿还到期债务的现象。此时饭店主要表现为资金缺乏流动性和变现能力差，但盈利能力还比较好，财务基础也比较健全。无力偿债主要是由于饭店外债较多，特别是短期债务较多，若饭店此时能够合理而及时地调整财务结构，就会很快渡过难关。但若解决不好，就会造成法律上的破产。

（2）事实性破产

事实性破产又称破产性的无力偿付，是指饭店因连年亏损，负债总额超过资产总额而不能清偿到期债务的现象。因为此时饭店资产不足，实际上已不可能清偿全部债务，故称为事实性破产。这种情况极有可能引起法律性破产。

（3）法律性破产

法律性破产是指饭店因不能偿还到期债务而被法院宣告破产。此时饭店的资产可能低于负债，但也可能等于或超过负债。因为对饭店的破产宣告是依法律确定的标准进行的，所以对破产清算后饭店实际能否清偿全部到期债务暂不考虑。

2）饭店破产的财务管理原则

破产财务管理不同于一般的财务管理，它所要处理的财务关系主要是破产饭店与其债权人之间的关系，管理的对象是达到破产界限的饭店，所以破产饭店的财务管理应遵循以下四项特殊原则：

（1）公平原则

公平原则是指在和解与整顿以及破产清算的过程中，要对所有的债权人一视同仁，按照法律和财产合同上规定的先后顺序，对各债权人的求偿权予以清偿。

（2）可行原则

可行原则是指在和解与整顿的过程中，饭店如果能够按时清偿债务，则认为和解与整顿可行；否则就认为不可行，应通过清算加以解决。

（3）守法原则

和解与整顿和破产清算都必须依法办事，如对破产财产、破产债权的界定和确认，对破产费用的支付与管理，对各种债权的清偿，都要按照《中华人民共和国破产法》（以下简称《破产法》）和有关法律处理。

（4）节约原则

一般来讲，和解与整顿要比破产清算节省费用，所以在可行原则的基础上，应尽量采用和解与整顿的方式来解决，在和解与整顿不可行时再采用破产清算，并尽量节约各种清算费用。

3）自愿和解的财务管理

如果债务人属于技术性破产，财务困难不是十分严重，而且能够恢复和偿还债务，债权人通常都愿意采取自愿和解的方式。

（1）自愿和解的程序

自愿和解一般要经过以下程序：当饭店出现不能及时偿还到期债务的时候，可由饭店或饭店的债权人提出和解。召开债权人会议，研究债务人的具体情况，讨论决定是否采用自愿和解的方式加以解决。如果认为和解可行，则成立相应的调查委员会，对债务人的情况进行调查，并写出评价报告。如果认为自愿和解不适宜，则移交法院采用正式的法律程序加以解决。在和解方案实施以前，债权人与债务人要进行一次会谈。由债权人会议推举4~5位债权较多的债权人和1~2位债权较少的债权人同饭店谈判，谈判的内容是确定调整饭店财务基础的方案。然后，签署并实施和解协议。

（2）自愿和解中需要处理的财务问题

在自愿和解中应尽量延长债务的到期日和争取最大数量的债权减免。饭店必须按展期和债权减免的规定清偿债务。经过展期和债权减免之后，饭店的债务有所减少，到期日有所推迟，但经过展期和债权减免后的债务必须按时偿还。

4）正式和解与整顿的财务管理

这是由法律来判定的，涉及许多法律程序。这种程序非常复杂，只有专门从事整顿工作的律师才能充分了解，但饭店的财务管理人员必须了解其基本程序。

（1）正式和解与整顿的程序

饭店若不能及时清偿债务，债权人应向法院提出申请。在受理破产案件之后的3个月内，破产饭店或其上级主管部门可以申请对该饭店进行整顿。整顿申请提出后，饭店应向债权人会议提出和解协议草案，草案上应说明饭店清偿债务的期限、数额及具体的整顿措施。债权人召开会议，决定是否同意和解与整顿。按照我国《破产法》的规定，债权人会议的决议必须由出席会议的有表决权的债权人半数通过，其所代表的债权必须占无财产担保债权总额的2/3以上。由于和解协议草案中一般都要求债权人做出适当的减免或延缓支付债务，因此只有当债权人会议通过和解协议草案时和解才能成立。如果和解协议草案未被债权人会议通过，那么法院就要宣布饭店破产，并予以清算。破产饭店和债权人达成和解协议后，应将和解协议提交法院，由法院做出最后的判定。一般而言，如果在达成和解协议的过程中没有其他的违约行为，法院都会认可。和解协议经法院认可后由法院公告，宣布中止破产程序。和解协议自公告之日起具有法律效力，饭店便开始进入整顿时期。整顿的期限不得超过2年。

饭店的整顿由上级主管部门负责主持，整顿方案应当经过饭店职工代表大会讨论，饭店的整顿情况应向饭店职工代表大会报告，并听取意见，整顿情况还应定期向债权人会议报告。在整顿期间，如果饭店不执行和解协议、财务状况继续恶化或严重损害债权人的利益，经法院裁定终结该饭店的整顿，宣告其破产。若饭店经过整顿以后能够按和解协议及时清偿债务，法院应当终止该饭店的破产程序并予以公告。但如果整顿期满饭店不能按和解协议清偿债务，法院应宣告饭店破产并依法进行清算。

（2）正式和解与整顿的财务问题

和解草案是一个非常重要的法律文件，编制得好，得到债权人的同意，饭店便可以进行和解整顿。如果编制得不好，在债权人会议上得不到通过，饭店便只能依法宣告破产。和解协议草案一般包括对债务的偿还数额、日期和步骤的具体说明，提出改善财务状况的具体方案和上级主管部门具体的支持意见等内容。

另外，破产饭店一般都存在管理混乱、资产破坏严重、销售收入减少、成本高居不下、产品质次价高等问题。为使整顿取得成效，在财务上必须努力争取上级主管部门的资金，或寻找信誉良好的饭店作担保向银行取得担保贷款，筹集一定数量的资金对营业用房和机器设备进行修理或更新、购置经营所需的流动资产、开发新产品和占领新市场，并以取得的资金偿还到期债务。

正式和解与整顿的优点是能够使饭店依法采取各种拯救措施，获得起死回生的机会；缺点是如果整顿无效，继续亏损，就会使债权人的利益受到更大的伤害。

5）破产清算的财务管理

如果达到破产界限的饭店不具备和解与整顿的基本条件，或和解与整顿被否决，则依法宣告该饭店破产，进行债权与债务的清算。

（1）破产清算的程序

破产清算由法院裁定，严格按法定程序进行。首先由法院依法宣告饭店破产，接着全面清查财产、债权和债务。如果饭店财产的变价收入清偿所有债务后还有剩余，那么清算组将剩余收入依法在所有者之间进行分配。破产清算程序终止时，清算组应在清算程序以后提出清算报告，并编制清算期内的收支表和各种财务账册，经由政府批准的会计师事务所验证，报审批部门批准后向饭店原登记机关申请解除登记，宣布饭店终止营业，自此饭店的法人资格正式终止。

同步思考9-2

问题：破产清算由什么机构裁定？

理解要点：破产清算由法院裁定。

（2）破产清算中的财务问题

破产清算所涉及的财务问题主要有四个方面：

一是破产财产的界定与变卖。破产财产是指破产人的所有财产中可供分配给破产债权人的财产。根据我国《破产法》的规定，破产财产包括宣告破产时破产饭店经营管理的全部财产、饭店宣告破产后至破产清算程序终止前所得的财产和应当由破产饭店支配的其他财产。破产财产被确定以后，一般都要变卖为货币资金，以便清偿债务。破产财产应采用公开拍卖的方式加以出卖。拍卖一般委托拍卖公司进行，也可由清算组聘专人负责，谁出价高就卖给谁。但破产财产中若有法律限制自由买卖的商品，如黄金等，应由政府主管部门和指定部门收购。破产财产中的整套设备或生产线，应尽量整体出卖，确实无法整体出卖的，方可分散出卖。

二是破产债权的界定和确认。破产债权是指在破产前宣告成立的，破产人享有的无财产担保债权。在界定和确认破产债权时，应遵循以下标准：破产宣告前成立的无财产担保的债权，以及放弃优先受偿权的有财产担保的债权为破产债权；破产宣告前未到期的债权，视为已到期债权，但应当减去未到期的利息；破产宣告前成立的有财产担保的债权，债权人有优先受偿的权利，这部分债权不能构成破产债权。但是有财产担保的债权，其数额超过担保品价款的，未受偿部分应作为破产债权；债权人对破产饭店负有债务的，其债权可在破产清算之前抵消，抵消部分不能算为破产债权；债权人未在法律规定的期限内向法院申报债权，视为自动放弃债权，被自动放弃的债权不能作为破产债权；债权人参加破产清算程序的费用，不能作为破产债权。

三是破产费用的确认与管理。破产费用是指在破产案件中为破产债权人的共同利益而支出的费用，包括破产财产的管理、变卖和分配所需要的费用（如聘任工作人员的费用），破产案件的诉讼费用，以及为债权人共同利益而在破产程序中支付的其他费用。应当尽量减少破产费用的支出。破产费用在破产财产中优先支付。当破产财产不足以支付破产费用时，清算组要向法院及时申报，由法院宣告破产终止。

四是破产财产的分配与清偿。在破产财产全部被确认和拍卖，破产债权全部被界定和确认，破产费用总额核算出来以后，清算组便可提出分配方案，并由债权人会议通过，经法院裁定后执行。破产财产在优先扣除破产费用之后，一般应按以下顺序清偿：首先支付破产饭店欠付职工的工资和劳动保险费用；然后支付破产饭店欠缴的各种税款；最后偿还各种破产债权。如果破产财产不足以清偿同一顺序的债权，则应按比例在各债权人之间进行分配，未得到清偿的债权不再清偿。

9.2　饭店的国际财务管理

随着饭店国际业务活动的迅速发展，饭店的财务管理人员应从全球的角度来组织和分析财务活动。饭店的国际财务管理活动要比国内的财务管理活动更为复杂，而且要面临外汇风险和政治风险等国内业务所没有的风险因素。

9.2.1　外汇风险

对于从事国际范围内经营活动的饭店而言，首先要解决的就是多种货币间交易的问题。从事各种货币交易的金融市场就是外汇市场，各种货币交易的价格就是外汇。

1）外汇风险的类型

外汇风险又称外汇涉险，是指汇率变动对饭店盈利能力、净现金流量和市场价值的潜在影响。根据汇率的变化对饭店的不同影响，外汇风险可以分为以下三种：

（1）折算风险

折算风险又称会计风险，是指国际饭店在将子公司以外币计价的财务报告转化成统一以母国货币计价的合并财务报表的转换过程中可能出现的股东权益的转变。折算风险并不影响饭店当期的现金流量，但可以给饭店带来账表上的损益，在进行财务分析时会导致各种财务比率发生变化。

（2）交易风险

交易风险是衡量在汇率变动以前发生的，而且在汇率变动时仍未清算的未到期债权债务价值的波动。跨国的赊买赊卖、远期外汇买卖或者以外币计价的借贷活动都会涉及交易风险，并影响饭店当期的现金流量和账面损益。

（3）经济风险

经济风险又称营运风险，是度量汇率变化对国际饭店未来可能获得的现金流量的净现值产生的影响。经济风险既可能给国际饭店的净现值带来收益，也可能带来损失，其影响的大小取决于汇率的变化对未来销售量、价格和成本的影响。

教学互动9-1

互动问题：饭店有多种外汇风险。

1）在饭店的多种外汇风险中，对哪一种风险的防范最重要？

2）经济风险可以进行定性评价还是定量评价？

要求：同【教学互动1-1】的"要求"。

2）外汇风险的管理

（1）折算风险的管理

在饭店的跨国经营中，要想对折算风险进行管理，首先要进行折算风险的识别。其计算方法可以根据基本折算方法的要求，把资产负债表或利润表的各个项目分别按变动前和变动后的汇率折算，然后汇总计算其折算损益；也可以只把与折算损益有关的风险资产和风险负债汇总，计算出净风险资产，然后乘以汇率贬值或升值的幅度，即得到折算损益。

为了防范折算风险，国际饭店通常采用资产负债表保值的方法。其原理是使饭店的合并资产负债表的外币风险资产与外币风险负债相等。若达到了这种状态，则汇率变化所引起的风险资产的价值变化就恰好抵消了风险负债的价值变化。

（2）交易风险的管理

交易风险的管理中一方面可以利用外汇远期、期货及期权市场对外汇风险进行套期保值。因为期权合同购入的是权利而不必承担义务，如果期权交易无利可图，则可放弃这种权利。对期权合同的买入方来讲，使用外币期权可以使保值成本成为确定的因素，不管汇率发生多大的变化，期权持有者的保值成本都不会超过期权的购买价格，即期权费。另一方面，可以重新安排资金转移的时机，其基本形式是提前与延迟。提前是指持有弱币并负有强币债务的饭店都希望在弱币贬值之前，尽早用弱币清偿强币债务。延迟是指持有强币并负有弱币债务的饭店会尽可能推迟对债务的清偿以节省硬通货。可见，提前与延迟可以消除部分交易风险。

（3）经济风险的管理

经济风险影响饭店的现金流量，并且最终影响饭店的价值。由于经济风险的作用是多方面的和长期的，所以经济风险的管理具有十分明显的技巧性。经济风险涉及经营和财务等多方面的相互影响，控制经济风险的最好办法是通过多角度经营，将有关各方面产生的差异相互抵消。

9.2.2 饭店国际融资管理

国际饭店因其跨国经营的业务需要，经常要在国际金融市场上筹措资金。在融资过程中会受到各国的政治气候、法律环境、经济条件以及文化背景等多种因素的影响，并且各因素的不确定性也较大，因此国际饭店的融资风险也较大。

1）饭店国际融资战略

国际饭店必须从全球战略的高度权衡各种可以利用的资金来源，从中择优并且合理组合，使之达到以下三大融资战略目标：

（1）总体融资成本最小化

由于各种因素的影响，国际资本市场分为众多的差异化市场，导致融资成本各异，从而为国际饭店实现融资成本最小化战略目标提供了机会。国际饭店以其内部一体化的组织能力和全球战略的信息网络能够及时、准确地把握这种机会。

（2）避免或降低融资风险

任何一种融资的安排都会对饭店整体的风险及融资来源产生影响。因此，无论是跨国饭店的母公司还是子公司都必须考虑风险的因素，并努力避免或降低融资风险。

（3）设定最优融资结构

在寻求低风险、低成本的资金来源时，国际饭店必须设立和确定最优的融资结构。国际饭店的融资结构主要是确定最佳的债务股本比率，其中包括如何确定国际饭店整体的资本结构以及各个子公司的资本结构。

2）饭店国际融资渠道

由于国际饭店所需资金不仅数量庞大，而且涉及众多的国家和诸多的币种，其融资渠道广泛而多样，主要有以下 4 个方面：

（1）来自国际饭店内部的资金

这是指母公司与子公司之间、子公司与子公司之间相互提供的资金。除了在国外子公司创建初期母公司需投入足够的股票股本以保持对该子公司的所有权或控制权外，有时母公司还以贷款的形式向国外子公司提供资金，因为汇回的利率可以免税。国际饭店的内部资金不仅包括未分配利润，还包括国际饭店内部积存的折旧资金。内部相互融通资金不需要支付融资费用，可以降低融资成本，因此其重要性日益突出。

（2）来自国际饭店母国的资金

国际饭店可以利用其与母国之间经济发展的密切联系从母国银行、非银行金融机构、有关政府组织、饭店甚至个人处获取资金。尤其是通过母国政府机构或经济组织获得的贸易信贷，会随着经济贸易保护而日益增多。

（3）来自国际饭店东道国的资金

这种资金是重要的补充来源。由于各国的经济状况与条件不同，因而国际饭店利用东道国资金的情况也因国别而异。发达的国家和地区由于经济基础较好和资本市场发育程度较高，因而资本相对充裕。但各国金融环境存在着一定的差异，国际饭店的融资渠道也有所不同，如美国以证券市场为主；德国以银行信贷为主；发展中的国家和地区由于经济发展相对落后，证券业务起步较晚，资本市场不很健全，因而通过资本市场筹措资金相当有限，主要以短期贷款为主。

（4）来自国外的资金

这主要是指从第三国或国际组织获取的资金。它是国际饭店筹措资金的主要渠道，包括向第三国或国际金融机构组织借款（如世界银行、亚洲开发银行、国际金融公司等）、向国际资本市场融资（其对象主要是一些大型跨国银行或国际银团）和在国际租赁市场上融资。

3）饭店国际融资方式

国际饭店在融资方式上带有十分明显的国际特色，具体包括 5 个方面：

（1）发行国际股票

随着世界经济的国际化，股票的发行已超越了国界的限制，出现了国际化趋势。国际饭店在国际和国外金融市场上发行股票具有迅速筹集外汇资金、提高饭店信誉和发挥饭店国际化经营优势等优点，但必须遵守国际惯例和有关国家的金融法规，因此发行程序比较复杂，发行费用也比较高。

（2）发行国际债券

国际债券可分为外国债权和欧洲债券两类。外国债券是指国际借款人（即债券发行人）在某一外国债券市场上发行的、以发行所在国的货币为面值的债券，如中国饭店在日本发行的日元债券。欧洲债券是指国际借款人在其本国以外的债券市场上发行的、不是以发行所在国的货币为面值的债券，如中国饭店在法国债券市场上发行的美元债券。目前欧洲债券市场上货币面值选用最多的是美元，其次是欧元、加拿大元和日元等。

（3）利用国际银行信贷

国际银行信贷是一国借款人向外国银行借入资金的信贷行为。超过1年的贷款要提供担保财产，而且一般采用银团贷款方式，以便分散风险，共享利润。

（4）利用国际贸易信贷

国际贸易信贷是指由供应商、金融机构或其他官方机构为国际贸易提供资金的一种信用行为。这种信贷有利于国际饭店迅速筹集资金，扩大经营规模。

（5）利用国际租赁

国际租赁是指一个从事经济活动的某单位，以支付租金为条件，在一定时期内向国外某单位租借物品使用的经济行为，是一种新兴的融资方式。通过国际租赁可以直接获得国外资产，较快地形成营业能力。

4）饭店国际融资管理的影响因素

国际饭店资金来源的多样性和融资方式的灵活性决定了国际饭店融资的复杂性。为降低资金成本、减少财务风险，必须进行深入细致的研究。国际饭店在融资中受到3个因素的影响：

（1）外汇风险

不断变动的汇率会给饭店外币融资带来汇率风险，所以不同货币单位及相关的风险是国际饭店在融资过程中需要注意的首要问题。

（2）资金市场分割

国外子公司可以直接参与当地的资金市场，并获得各种资金，从而为国际饭店开辟新的资金来源。国际饭店可以利用其多国融资的有利条件，选择最有利的资金来源，以达到资金成本最低的目的。国际饭店的这种资金来源的多向性，源于资金市场的分割。由于各国的融资条件存在明显的差异，国际饭店可以利用这种差异降低资金成本，减少财务风险。

（3）外汇管制

外汇管制是指一国政府通过法令形式对国际结算、外汇买卖以及汇率实行的限制。多数发展中国家都存在着外汇管制的问题。如果子公司东道国存在外汇管制，那么由于买卖外汇比较困难，汇率也不合理，会使子公司的外币融资受到影响，从而影响国际饭店融资战略目标的实现。

9.2.3 饭店国际投资管理

饭店的国际投资又称境外投资或跨国投资，是指国际饭店将其资本投放到母国之外以获取收益的经济行为。饭店的国际投资按其是否拥有对饭店的控制权和经营管理权分为对外直接投资和对外证券投资。

1）饭店国际投资管理的程序

由于饭店进行国际投资的风险较大，因此必须按科学的程序进行投资，具体包括以下4个步骤：

（1）根据本饭店的经营情况做出国际投资的决策

饭店应根据自身的经营特点和国际市场的状况，提出进行国际投资的设想。饭店进行国际投资的原因很多，如取得更多的利润、占领国际市场、保证原材料的供应和取得所在国的先进技术和管理经验等。

（2）认真研究分析并选择适合的国际投资方式

目前，国际投资方式一般有合资经营、合作经营、独资经营和证券投资等多种方式。每种投资方式都有不同的特点，这就需要认真地进行分析和研究，选择最适合本饭店的投资方式。

（3）选择适当的方法评价国际投资环境

国际投资环境又称国际投资气候，是指饭店在国外投资时所面临的特定经营条件。各国不同的政治、经济和社会文化条件都会对投资效应产生不同的影响，因此要以不同的方法对投资环境进行研究，选择投资环境较好的国家进行投资，降低投资风险和提高经济效益。

（4）利用国际上常用的投资决策指标对投资项目的经济效益进行评价

饭店可以采用国内投资的基本评价方法，但必须采用双重评价法，即先用子公司东道国的货币对子公司的投资项目进行评价，然后按一定的汇率折算成母公司所在国的货币，再从母公司的角度对投资项目的经济效益进行评价。因此，其可行性分析的过程要比单一的国内投资复杂得多。

2）饭店国际投资风险的评价与管理

（1）国际投资风险的评价

为了评估国外投资的政治风险，投资者需通过各种途径和方法收集有关国家的历史资料和现实情况，了解该国的国际关系、社会情况、国家政局、法律规定、政策变化、投资保护和民族矛盾等情况，分析政治风险的来源，预计可能遇到的政治风险类型。评估政治风险的主要方法是定性分析方法。评估经营风险可以采用定性与定量相结合的方法。如采用概率的方法来研究概率分布，通过对投资期望报酬率、标准离差和标准离差率的计算来衡量经营风险的大小。此外，在投资分析时还可将投资风险指标与投资收益率指标结合起来。根据饭店的经营能力确定可以接受的最低效益边界和最高风险边界。如果投资项目的效益指数低于最低效益边界或风险指数超过最高风险边界，则投资项目不可行。如果有几个投资项目，应选择效益指数较高、风险指数较低的项目；对于效益指数相同的项目，应选择风险指数较低的项目；对于风险指数相同的项目，应选择效益指数较高的项目；对效益指数较高、风险指数也较高的项目应慎重选择。

（2）国际投资风险的管理

首先，饭店要认真进行投资风险的科学论证。在投资前必须通过投资项目的可行性分析，从宏观和微观两个方面评价投资风险，从中选择出风险较小且效益较高的投资方案，并预先采取防范风险的措施。其次，饭店应参加国外的投资保险。目前所有主要投资者国家都有承保国外投资风险的服务。饭店按规定投保后，万一发生风险并给投资人造成损失，保险机构按合同支付保险金。这样的保险机构有美国的海外私人投资公司、英国的出口信贷保证部、日本通商产业省的海外投资保险班和中国人民保险公司等。一般承保的风险类型是所有权被剥夺、战争损失和移植风险等。再次，饭店要正确安排各方面的利益关系，如设法将东道国境内的子公司的原料市场与其他国家的市场连在一起，并使其带有无法避免的依赖性；饭店设法在国际上寻找利益相关者，尤其是利用筹资的机会把风险分散到东道国、其他第三国和国际金融机构等；选择利用当地各个不同利益集团分散风险。最后，饭店还应改善经营管理。国际饭店应采取多元化和分散化的经营来分散经营风险，同时还应密切关注国内外的市场变化，及时沟通经济信息，按市场的需要组织经营，正确制订和调整经营计划，保证经营的顺利进行。此外，饭店还可以通过签订长期合同，把原材料和商品的购销价格预先固定下来，以防止价格变动对利润产生影响。

9.2.4　饭店国际营运资金管理

由于国际性营运资金的管理涉及外汇问题，所以更加复杂，决策时需要考虑的因素更多。为了减少营运资金的风险、节约资金、转移成本和利息支出，国际饭店应当充分利用跨国经营的有利条件，实现对营运资金的最优管理。

1）饭店国际现金管理

（1）现金的集中管理

现金的集中管理是指国际饭店的现金由一个财务中心实施统一管理与控制。现金的集中地点通常是主要的金融中心或避税港国家。由于国际饭店跨国经营的特征和风险，大多数国际饭店采用集中管理的方式。这种方式具有节约资金的使用、加速资金的周转、便于集中进行短期投资、增加饭店的收益、利于从全局考虑问题、防止各子公司出现次优决策和避免外汇风险等优点。

（2）现金的组合管理

现金的组合管理是指国际饭店的现金在各种情况下进行分配的方法。现金可分配用于备用金、活期存款、定期存款和有价证券等，各种组合各有利弊，应合理分配。

> **同步思考9-3**
>
> 每个子公司的现金余额通常以所在国的货币形式持有，但由于通货膨胀或货币贬值，持有当地货币也可能遭受损失，应兑换成其他币种。
>
> **问题：** 你认为，现金持有的时间一般为多长？
>
> **理解要点：** 现金持有的时间可能长达数月，也可能只有几天或一天。

（3）现金的差额结算管理

现金的差额结算管理是指国际饭店内部各子公司之间或总公司与子公司之间的往来项目，把各自的应收应付账款相抵，用其净差额来进行实际结算的一种方法。其优点是可以减少往来结算中的资金流动，降低资金的转移成本，避免不必要的币种转换。

2）饭店国际应收账款管理

（1）货币支付币种的选择

在国际销售中，支付货币的币种一般有出口商货币、进口商货币和第三国货币三种选择。一般来讲，出口商愿意采用硬货币结算，进口商愿意采用软货币结算。经过双方的协商，用软货币出口要适当提价，而用硬货币出口应适当压价。有时为减少风险，也可采用软硬货币搭配成交的方式。

（2）收账时间的选择

收账时间的选择与支付货款币种的强度有关。若支付是以弱币进行的，则应在尽量短的时间内收回账款，以便减少外汇损失；反之亦然。

（3）利用政府代理避免坏账损失

政府代理是国家对出口商信贷实行的一种担保制度。一个国家扩大本国出口，对出口饭店赊销商品时，由国家设立的代理机构出面担保，当外国债务人拒绝付款时，国家有关机构要按承保的数额予以补偿。国际饭店可以利用这些担保制度减少应收账款的坏账损失。

3）饭店国际存货管理

（1）存货价格变动的采购策略

如果预测到某种存货的价格要上涨，那么饭店应提前进货，超额储备；反之亦然。

（2）货币币值变化的采购策略

如果存货主要是进口商品，在预测到本国货币将要贬值时，应当增加库存量，以达到降低成本、增强竞争优势的目的。

（3）不同国家成本差异的采购策略

由于各国经营环境不同，不同国家存货的购进成本、订货成本和储存成本都有一定的差异，这就要求国际饭店实行灵活的存货管理政策，如国际饭店可以利用某一特定国家低成本的好处，在一定的时期内将其经营过程、储存过程乃至订货过程都转移到那个国家去。

4）国际饭店税金管理

（1）国际饭店纳税管理的目标

国际饭店纳税管理的目标是合理降低总税赋，具体表现为：利用有关国家的税收优惠政策，实现最多的纳税减免；根据有关国家的税法、税收协定来避免国际饭店负担双重征税的情况；利用各种避税港来减少饭店所得税；利用内部转移价格把利润转移至低税国家和地区，以减少纳税总额；利用其他合理方法来减少所得税的支付等。

（2）世界现行税收制度

国际应纳税种分为所得税、流转税和财产税三类，其税收制度可以概括为三种：第一种是传统制度。这是指饭店所得税按单一税率征收，分配给股东的股利纳入个人所得，并按个人所得税税率计征，实行这种制度的国家有意大利、荷兰、西班牙、美国、瑞典以及多数英联邦国家和地区（英国除外）。第二种是分割税率制度。这是根据收益的处理情况采用不同的税率计征，即对未分配利润和已分配利润采用两种不同的税率，实行这种制度的国家有日本。第三种是税额转嫁制度。这是指对饭店利润按同一税率征收，但已纳税款中的部分可作为股东应纳个人所得税的减项予以扣除，实行这种制度的有法国、比利时。

同步思考9-4

问题：日本采用分割税率制度，对未分配利润和已分配利润的计征比例各为多少？

理解要点： 日本采用分割税率制度，对未分配利润按42%计征，对已分配利润按32%计征。

（3）国际双重课税

国际双重课税是指两个或两个以上的国家对同一课税客体同时课征两次或两次以上的税赋，它是各国对跨国纳税所得行使税收管辖权重叠的结果。其特征是：征税主体是多元的，即两个或两个以上的国家；纳税人是跨国界的，同时对两个或两个以上的国家负有纳税义务；课税对象或税源是单一的。其产生的原因是：各国税收管辖权存在差别性，不同国家的税收管辖权在同一跨国公司的相同所得上发生重复或交错，产生了国际双重课税；所得税在各国的普及化使国际经营必然面临国际双重课税的问题；国际饭店收益、所得的国际化。国际双重课税的产生违反了税收的公平原则，加重了跨国纳税人的负担，阻碍了国际商品、劳务、资本和技术等的合理流动和交流。因此，避免和尽可能消除国际双重课税成为饭店努力的方向。目前避免双重课税的途径主要有签订税务协定、税收抵免和免税三种。

同步业务9-1

浅议国际避税的若干问题

1）"国际避税"及其法律特征

国际避税是指跨国纳税人利用各国税法规定的差别，采取各种合法手段，跨越国境或税境以谋求最大限度地减轻其国际税收负担的行为。可从以下几个方面来理解国际避税的含义：

第一，国际避税的主体是跨国纳税人，即税法上规定的直接负有纳税义务的单位和个人。跨国纳税人为了减轻或解除税收负担，会事先经过周密的安排，对税法的缺陷及固有漏洞进行深入的了解，利用税法的不完善、不健全达到尽可能少纳税的目的。

第二，国际避税以不违反各国税法为前提。跨国纳税人虽然减轻或解除了税收负担，有效地避开了纳税义务，而这种行为又是在遵守税法、依法纳税的前提下进行的。

第三，国际避税的行为是跨越国境和税境的。这种行为的存在主要是由于各国税法的规定存在差别，跨国纳税人利用这种差别来规避税收。

第四，国际避税的目的是税收负担的最小化。从跨国纳税人的角度来看，避税主要是出于经济方面的考虑。跨国纳税人的利润额与纳税额是一种此消彼长的关系，这样纳税人就必然会设法使纳税额最小而使利润额最大。

从以上几个方面的法律定义及实践经验可以看出，国际避税行为有以下几个法律特征：

（1）国际避税是一种非违法行为。纳税人采用的避税手段是税收法规未明确禁止的，往往利用了某种合法的形式，并不直接触犯国家的有关税收法规。

（2）国家政府对于纳税人的避税行为只能采取修改与完善有关税收法规的措施，堵塞可能被纳税人再次利用的漏洞，而不能像对待逃税、偷税或抗税行为那样追究纳税人的法律责任，其根本原因就在于避税的非违法性。

（3）国际避税是纳税人主观故意采取的行为。纳税人为了避免或者减少税收负担，钻有关税收法规的空子，预先精心安排税收筹划，这与偷税、逃税行为有明显的区别。

（4）国际避税行为成功的客观前提。一是各国税法规定的差异，税率及征收依据和方法的不同；二是各国税法及有关法律方面的不完善、不健全和规章制度中存在缺陷，也就是说当税法规定漏洞过多或不够严密时，纳税人的避税愿望就可能通过利用这些税法的不足之处得以实现。

（5）国际避税行为成功的主观前提。跨国纳税人对各国政府征收税款的具体方法有很深的了解，同时具有一定的法律知识，能够掌握合法与非法的界限。

2）国际避税的本质及其与国际逃税的法律区别

国际避税的主体是跨国纳税人，其所规避的不仅仅是应纳税额的多少，从更深层次上讲是纳税义务的大小。纳税人如果具有税法规定的应税事实，则应据此事实依法纳税，亦即有了实际的纳税义务。当然，由于各个纳税人的应税事实不同，其实际纳税义务也不相同。而国际避税的本质就在于：当税收法律存在着一种可能，即纳税人能够对其纳税地位做出选择时，跨国纳税人在成为纳税人时就会做出使其税收负担最小的决策。这也就是说，国际避税行为实质上就是纳税人在履行强制性法律义务的前提下，运用税法及各国税法的差别和漏洞保护既得利益的手段。

国际避税和国际逃税是性质不同的概念。避税是指跨国纳税人利用各国税法的差别和漏洞，通过人或资产的国际流动或不流动，减轻或规避纳税义务的行为。逃税是指跨国纳税人利用国际税收管理合作的困难和漏洞，故意违反税收法规，采取种种隐蔽的、欺诈的手段，偷逃国家税收的行为。虽然避税与逃税的客观效果都是损害国家财政利益及扭曲公平税负，但两者又有着明显的区别：

（1）减轻纳税义务的行为所依托的条件不同。避税主要是以各国税法的差别和漏洞为依托；逃税主要是以各国税务合作的困难和漏洞为依托。

（2）运用的手段不同。避税一般是运用如转让定价、资本弱化、通过人或资产的移动等较公开的手段进行；逃税一般是通过欺骗、迷惑、不陈述、隐匿等较隐蔽且具有欺诈性质的手段进行。

（3）法律的判定与处理不同。对于避税行为，各国基于本国财政经济政策及法律标准，合法与违法的判定兼有之，但在处理上，一般是补税而不加以处罚；而对于逃税，各国都将其判定为违法行为，除补税外还要依法加以处罚。由此可见，避税与逃税是两个性质不同的概念。

3）国际避税产生的原因及其造成的后果

任何事物的出现总是有其内在原因和外在客观条件的，国际避税行为的产生也同样是内在和外在两种原因作用的结果。

内在原因主要是跨国纳税人追求利益最大化的强烈欲望。众所周知，税收是国家为了实现其职能，凭借国家权力，运用法律手段，无偿地征收实物或货币，以取得财政收入的一种形式。它具有无偿性、强制性、固定性的特征。所谓无偿性就是指国家征税的时候，既不向纳税人支付任何报酬，也不向纳税人提供任何服务或者特殊权利；并且税款一经征收，即转归国家所有和支配，而不再直接归还给纳税人。正如列宁所说："所谓赋税，就是国家不付任何报酬而向居民取得东西。"因此，从纳税人的角度来说，纳税使其"损失"了一部分收入，而没有得到相应的直接的"回报"，所以许多纳税人都有减轻自己纳税义务的愿望。为了实现这一愿望，跨国纳税人有两种不同的选择：避税或者逃税。在这两种方式中，国际避税不失为一种最可靠和保险的办法。因为逃税是违法的，要受到法律的制裁，而避税的相对风险就小得多，由于其非违法性，不会受到法律的严格制裁。

外在原因：第一，各国税收制度的差异，如各国税收管辖权运用的不同，征税客观依据的不同及税率水平、税率形式的不同。第二，随着全球区域性经济一体化的迅速发展，国际经济交往活动日益增加，各国的税收立法跟不上经济发展的步伐，难免出现一些能为跨国纳税人利用的漏洞或空隙。第三，各国避免国际双重征税办法的差异。不同的方法会使纳税人税负失衡，如国际上常用的免税法、抵免法以及饶让抵免法等。第四，各国征管水平及其他非税因素的差异。由于各国税务当局及其官员的征收管理水平不一，也会导致纳税人的税负不同，从而产生国际避税的可能。

无论国际避税产生的原因是什么，其后果是十分严重的，具体有以下四点：

（1）国际避税的最直接后果就是减少了政府的税收收入。不管是避税还是逃税都会使纳税人的税负减轻，同时也会使国家的税收收入相应减少。

（2）导致国际资本不正常流动。为逃避税收，跨国纳税人经常采取各种手段转移利润，从而导致国际资本流动秩序的混乱，进而影响一些国家外汇收支的平衡，妨害正常的国际经济合作与交往。

（3）避税导致纳税人之间的税负不公平。避税违背了"公平税负"的原则，不利于饭店间的公平竞争，久而久之会严重地扰乱国际正常的经济秩序，不利于国际经济持续稳定的发展。

（4）外资饭店的避税行为会对我国的投资环境产生不良影响。由于某些外商为了逃避税收将饭店利润转移到境外，导致外商来我国投资长期陷于亏损的假象。这种由于外商的避税行为导致的我国投资环境差、投资回报率低的负效应，不仅会削弱影响不明真相的外商来华投资的积极性，还会在政治上造成不良的影响。

4）纳税人进行国际避税的主要方式

（1）转让定价。转让定价是指多国饭店的联属饭店对相互之间销售货物、提供劳务、转让无形资产的价格和提供货款的利息进行制定。由于联属饭店之间的关系不同于一般独立饭店之间的关系，其价格不是在公平市场竞争中形成的，人为制定出来的价格往往不同于一般市场价格，联属饭店之间的这类销售称为转让，这种价格称为转让价格。其主要做法是：高税率国饭店向低税率国联属饭店转让制定低价，低税率国饭店向高税率国联属饭店转让制定高价，这样利润就从高税率国转移到低税率国。

（2）资本弱化。资本弱化又称资本隐藏、股份隐藏或收益抽取，是指跨国公司为减少税额，采用贷款方式替代劳务方式进行投资或者融资。由于各国对股息和利息的税收政策不同，当跨国公司选择跨国投资时，需确定新建饭店的资本结构，此时，它们会在贷款和发行股票之间进行选择，以达到税收负担最小化的目的。

（3）利用国际避税地避税。国际避税地也称避税港或避税乐园，是指一国为吸引外国资本流入、繁荣本国经济、弥补自身资本不足和改善国际收支情况，或引进外国先进技术以提高本国技术水平，在本国或确定范围内，允许外国人在此投资和从事各种经济贸易活动，对取得的收入或拥有的财产可以不纳税或只需支付很少税收的地区。避税最常见、最一般的手法就是跨国公司在国际避税地虚设经营机构或场所转移收入、利润，实现避税。

（4）滥用税收协定避税。国际税收协定是两个或两个以上主权国家为解决国际双重征税问题和调整国家间税收利益分配关系，本着对等原则，经由政府谈判所签订的一种书面协议。为达到消除国际双重征税的目的，缔约国间都要做出相应的约束和让步，从而形成缔约国居民适用的优惠条款。一些原本无资格享受某一特定税收协定优惠的非缔约国居民，采取各种巧妙的手法，如通过设置直接的导管公司、设置踏脚石导管公司、直接利用双边关系设置低股权控股公司而享受税收协定优惠，从而减轻其纳税义务。

（5）利用电子商务避税。电子商务是指交易双方利用国际互联网、局域网、饭店内部网进行商品和劳务的交易。目前全球大多数的饭店都先后进行电子商务活动，根据《2004年中国B2B电子商务研究报告》数据显示，到2004年年底全球电子商务交易总额已经达到了2.7万亿美元。电子商务活动具有交易无国籍、无地域性，交易人员隐蔽性，交易商品来源模糊性，交易电子货币化，交易场所虚拟化，交易信息载体数字化，无形化等特征，而这些特征使得国际税收中传统的居民定义、常设机构、属地管辖权等概念无法对其进行有效约束，无法准确区分销售货物、提供劳务或是转让特许权，因而电子商务的迅速发展既推动了世界经济的发展，同时也给世界各国政府当局提出了国际反避税的新课题。

5）反避税的法律措施

（1）针对转让定价避税的法律措施。根据正常交易原则，各国制定的管制转让定价税制针对关联饭店内部进行的贷款、提供劳务、租赁、技术转让和货物销售等各种交易往来，规定了一系列确定评判其公平市场交易价格的标准和方法，主要有：①可比非受控价格法，也称为不被控制价格法，即比照没有任何人为控制因素地卖给无关联买主的价格来确定。②再销售价格法。如果没有可比照价格，就以关联交易的买方将购进的货物再销售给无关联关系的第三方时的销售价格扣除合理的购销差价来确定。③成本加利润法。如果没有可比照价格，而且购进货物通过加工有了一定的附加值，已不再适用再销售价格法时，则以制造成本加上合理毛利，按正规的会计核算办法计算组成价格来确定。④其他合理方法。如果上述三种方法均不能使用时，税务机关有权决定采用其他合理替代方法。

（2）针对资本弱化避税的法律措施。①正常交易法。在确定贷款或募股资金的特征时，要看关联方的贷款条件是否与非关联方的贷款条件相同，如不同，则关联方的贷款可能被视为隐藏的募股，要按有关法规对利息征税。②固定比率法。规定法定的债务与资本的比率，凡超过法定比率的贷款或利率不符合正常交易原则的可疑贷款利息不允许税前扣除，视同股息进行征税。

（3）针对利用国际避税地避税的法律措施。鉴于跨国纳税人利用避税港进行国际避税，主要是通过在当地设立基地公司，虚构避税港营业以转移和累积利润，各国对这类避税行为的法律管制措施可分为三种类型：第一类是制定法律阻止纳税人在避税港设立基地公司；第二类是通过禁止非正常的利润转移来阻止基地公司的设立；第三类则是取消境内股东在基地公司的未分配股息所得的延期纳税待遇，以打击纳税人在避税港设立基地公司积累利润的积极性。

（4）针对滥用税收协定避税的法律措施。在管制跨国纳税人滥用税收协定方面，目前大多数国家主要是通过在对外签订的税收协定中设置有关反滥用税收协定条款的方式来阻止第三国居民设立的导管公司享受优惠待遇，或者是运用国内税法中的禁止滥用税法、实质优于形式等一般性反避税法律原则，在具体案件中否定各种中介性质的导管公司适用税收协定的资格。

（5）针对利用电子商务避税的法律措施。利用电子商务避税是一种新兴的国际避税方式，究其本质主要还是利用转让定价、避税港、资本弱化等形式。但由于电子商务有如下特点：①消费者可以匿名；②制造商容易隐匿其住所；③税务当局读不到信息无法判断电子贸易情况；④电子商务交易本身也容易隐藏。所以对反避税工作提出了新的要求，随着电子商务在国际上的广泛运用，我国政府在研究制定电子商务税收制度的同时，应针对电子商务活动中可能存在的各种避税手法，制定符合国际规范的反避税条款，以适应我国全方位反避税的需要。

资料来源 佚名. 浅议国际避税的若干问题 [EB/OL]. [2011-03-02]. http://china.findlaw.cn/info/jingjifa/gjmyf/lunwen/209701_2.html.

9.3 饭店的内部财务审计

饭店的内部财务审计是指在饭店内部设置独立的审计机构和专职的审计人员，并在国家政策法规的指导下，运用一定的方法，按照一定的程序，对饭店财务活动的合法性、合理性和有效性进行审核、鉴证和评价，并提出措施和建议的一种经济监督活动，是饭店财务管理的重要职能。

9.3.1 饭店内部财务审计的作用和任务

1）饭店内部财务审计的作用

实行饭店内部财务审计对提高管理水平和实现盈利具有十分重要的作用，具体包括三方面内容：

（1）贯彻国家的财经法纪

通过饭店内部财务审计，可有效地检查饭店财务收支的合法性，使国家的财经法纪得以贯彻执行。

（2）提供正确的决策信息

通过饭店内部财务审计，可以保证会计核算资料的正确性和真实性，为财务报表的使用者做出正确的决策提供信息保证。

（3）健全内部控制制度

通过饭店内部财务审计，可以发现财务管理制度建设中存在的问题，以便更好地建立健全内部控制制度，强化饭店的管理，提高饭店的经济效益。

2）饭店内部财务审计的任务

（1）审查会计资料的正确性、真实性和完整性

会计资料包括会计凭证、会计账簿和会计报表等。会计工作的特点之一是每项经济业务的记录都必须有合法的原始凭证为依据，因而都必须是真实的和客观的。由于对会计资料有统一的处理方法，因而计算的结果应该是正确的和完整的。饭店要审查其财务收支是否合法、合理和有效，必须建立在会计资料正确、真实和完整的基础之上，因此这是财务审计的首要任务。

（2）审查财务收支的合法性

饭店作为独立核算、自负盈亏的现代饭店主体，以饭店财富最大化为财务目标，但该目标的实现必须建立在遵守国家财经法纪和法规制度的基础之上。只有这样，才能保证财务收支的合法性，维护财经法纪的严肃性。

（3）审查饭店预算和计划的编制执行情况

饭店实行预算管理是提高经营管理水平的客观需要。财务审计通过对预算编制前、实施中和完成后的审查，保证了预算数据的可靠性、方案的合理性和采取措施的切实性，并对预算执行中任意变更预算、偏离预算的现象和虚假、浮夸、隐瞒、歪曲真相等违法行为予以揭露，使预算执行结果能够真实地反映饭店的经营业绩，为进一步改善预算管理和准确评估各部门的工作业绩创造条件。

9.3.2　饭店内部财务审计的机构设置及其控制制度

1）饭店内部财务审计的机构设置

按照我国的有关规定，大中型饭店应设立内部审计机构和审计人员。饭店的内部审计应做到客观和公正，有较高的组织地位并能独立行使职能，不参与饭店其他职能部门的管理工作。鉴于审计工作的独特作用，其对审计人员的素质要求是十分严格的，具体来说包括三个方面：

（1）遵守行为规范

饭店的财务审计人员要遵守职业行为规范，如实事求是、客观公正、廉洁奉公、忠于职守、谦虚谨慎和严守机密等。

（2）掌握知识技能

饭店的财务审计人员要具备从事内部审计所必需的知识和技能，如财会知识、基本的查账技能和运算技能、经济管理知识、经济政策法规、各项财会制度、综合分析问题和解决问题的能力等。

（3）善于交往沟通

饭店的财务审计人员在实施审计的过程中，需要与饭店各个方面和层次的人打交道。审计工作能否顺利地进行，与饭店内部审计人员的交往沟通能力息息相关。善于沟通的审计人员往往得到更多支持，从而加快审计工作的进行并且取得较好的效果。

2）饭店内部财务审计的控制制度

内部控制制度是实行内部财务审计的基础，其主体是经济单位，客体是经济单位的经济活动，方式是健全合理的组织机构。

（1）建立内部控制制度的作用

建立内部控制制度不仅可以保证会计资料的正确性、可靠性和完整性，为信息使用者做出正确决策提供依据，而且可以保护财产物资的安全完整和有效地监督国家财经法纪的执行情况。内部控制制度的完善性决定了饭店所提供资料的真实性和正确性。完善的内部控制制度及其有效的贯彻执行，可以为审计工作的高效率实施奠定基础，使内部审计达到事半功倍的效果。

（2）建立内部控制制度的原则

建立内部控制制度的原则具体包括业务牵制原则、钱账分管原则、定期核对原则和提高效率原则四个方面。业务牵制原则指同一业务由不同的人员按一定的程序来完成，这一程序可以归纳为授权、审批、执行和记录四个过程。通过严格的程序和明确的职责分工，达到有效控制的目的。钱账分管原则指在饭店的经营中现金的收付、物资的进出、账目的记录应由不同的人员来承担，从而起到相互制约和监督的作用。定期核对原则指饭店应定期进行账、证、卡、表、物等的核对和复审，以便保证它们之间的对应关系正确无误，防止错漏现象的发生。提高效率原则指在保证监督控制有效性的前提下合理安排控制的环节和程序，以达到节约人工和提高效率的目的。

（3）建立内部控制制度的内容

建立内部控制制度的内容具体包括内部牵制制度、内部稽核与核对制度和凭证流程制度三个方面。内部牵制制度是一种自验系统，它是会计内部控制制度的主要内容。饭店内部牵制制度的建立和健全，不仅可以及时发现差错，还可以降低单独作弊的机会，从而为饭店财务审计工作的顺利进行奠定良好的基础。内部稽核与核对制度是对会计资料和会计工作质量的审核，以保证账目的准确性，并通过对账制度保证各项数据的正确性。凭证流程制度是将凭证复写一式数份，随着经济业务处理程序在有关人员之间按顺序传递，并按规定签名盖章的过程。凭证流程制度既是内部控制制度的主要表现形式，也是内部控制制度的重要组成部分。财务审计的起点应从对凭证流程的审核开始。

同步思考 9-5

问题：财务审计为什么从对凭证流程的审核开始？

理解要点：实现对财务活动全过程的审核。

9.3.3 饭店审计的内容

1）饭店的财产审计

（1）资金审计

饭店资金的流动性很强，如果监督管理不严，很容易产生违法乱纪行为。资金审计的内容包括现金收付审计、库存现金余额审计和银行存款审计三个方面。现金收付审计一方面要审查现金收付的合理性；另一方面要审查现金收付的真实性，了解现金收付行为的发生是否真实，如发票的图章、字迹、收件戳记等。国家对库存现金的余额实行定额管理，通过对饭店现金余额全面、彻底地清查，了解饭店库存现金数与库存现金日记账的余额是否相符，是否存在多留现金的现象，若存在应及时纠正，以避免发生盗失现象。饭店的审计人员还应审查银行存款支票是否指定专人保管和签发，有无签发无指定用途的空白支票或无存款保证的空头支票，有无将银行账号外借的现象；审查某一时日的银行存款余额与库存现金日记账余额是否相符，从而了解现金和银行存款有无余缺、借支、挪用和贪污盗窃等情况；审查银行存款收付业务的合法性，对每项业务原始凭证所列的交易事项的内容进行审查，对记账凭证的编制进行审查，以了解其是否符合财经法规的要求和财务制度的制定。

（2）库存审计

饭店库存审计主要是审查饭店在存货的采购、保管、使用上的合理性，揭示保管中的损失和浪费现象，并查明原因和予以纠正。库存审计的内容包括四个方面：一是审查存货取得和使用的真实性和合法性，即饭店的审计人员应了解存货的采购是否按计划进行，库存物资的数量与账目是否相符，发出材料的计价方法是否合理；二是审查在用品领发手续的健全性，即饭店的审计人员应了解在用品是否做到指定专人领取和专人审批，各种在用品的交回、报废、以旧换新是否都有详细的记录，定期盘点制度及盘盈盘亏的处理程序是否健全；三是审查存货控制制度的有效性，即饭店的审计人员应了解在采购、验收、入库、领用直到报废处理等全过程中凭证的传递程序是否严密，有无漏洞，仓库保管账是否定期与存货实物进行核对，仓库和财会部门是否经常或定期核对账目；四是审查会计处理方法的正确性，即饭店的审计人员应了解会计处理方法是否正确，是否符合会计和财务制度的规定，是否存在假账真算、掩盖材料的真实用途和乱摊成本费用的现象。

（3）固定资产审计

饭店固定资产的数量较多，并且分布在不同的营业部门和管理部门，因此对固定资产进行审计是十分重要的。固定资产审计的内容包括四个方面：一是审查固定资产的分类及计价情况，即饭店的审计人员应审查固定资产与低值易耗品的划分是否符合规定，有无相互混淆的现象，审查不同来源的固定资产计价是否正确，审查折旧额的计算是否符合国家的规定，是否有多提或少提的现象；二是审查固定资产的增减变动情况，即饭店的审计人员应审查固定资产的增减变动情况是否合理，增加的手续费和各类单据是否齐全，报废的固定资产鉴定及审批手续是否完整，有无名为报废实为销售的舞弊行为，报废固定资产清理程序是否合法，残值是否入账等；三是审查固定资产的维护保养情况，即饭店的审计人员应审查固定资产的维护保养制度是否健全，有无因保养不善而造成毁损的现象，审查固定资产的实有量与账、卡是否相符，若不相符应查明原因；四是审查固定资产的出租及租入的手续情况，即饭店的审计人员应审查固定资产的出租及租入的手续是否合法，有无合同，审查固定资产由于出租或租入而发生的收付行为是否合理，收付金额的计算是否正确，是否存在凭私人关系将固定资产低价转让的现象。

同步思考 9-6

问题： 本月增加的固定资产当月是否计提折旧？

理解要点： 当月不计提折旧，从次月开始计提折旧。

2）饭店的财务收支审计

（1）收入审计

饭店的经营项目较多，收款点多且分散，这给收入审计带来一定的难度，但饭店收入的多少直接影响利润的高低，因此必须克服困难，实施严格的审查。收入审计的内容包括三个方面：一是审查营业收入账目的完整性，即饭店的审计人员应审查各营业点收款制度和手续是否健全，收款凭证的填制是否正确，有无疏漏或只收款不计收入的现象，对客人账单的计算是否正确，有无账单与客人姓名及房号不相符的现象，审查收款点交来的货币是否逐笔与账目核对，是否逐日结清；二是审查结算纪律及其程序的严密性，即饭店的审计人员应审查饭店是否遵守结算纪律和程序，对客人的信用状况是否定期检查，对长期挂账、年年结转而不清偿的应收账款是否及时查明原因并予以解决，审查应付账款和预付账款的款项是否已付，对给予的折扣优惠是否有明确的批准权限；三是审查核算营业收入的准确性，即饭店的审计人员应审查饭店是否按照权责发生制的原则核算营业收入，有无为逃避税收而隐匿营业收入的情况，审查当期的营业收入是否都按规定入账。

（2）支出审计

饭店的支出审计主要是对饭店成本费用的支出情况进行审查，具体内容包括三个方面：一是审查成本费用的合法性，即饭店的审计人员应审查饭店各部门的成本费用开支是否符合国家规定的开支范围和开支标准，是否有乱摊成本和多列费用的现象；二是审查成本费用的合理性，即饭店的审计人员应审查饭店成本费用的控制程序是否健全，对原材料和物资的采购、验收、付款是否有相关人员的签字，审查各项应付款是否按规定的期限支付，对财产盘亏、毁损等情况是否及时照章处理；三是审查成本费用的准确性，即饭店的审计人员应审查各类成本费用的计算是否正确，前后的计算方法是否一致，是否坚持按权责发生制进行核算。

3）饭店的经济效益审计

饭店的经济效益审计是对饭店财务收支的效益性进行审查和评价，通过对经济效益实现前、实现中和实现后进行审计，从而对其合法性、真实性和有效性进行评价。

总之，通过科学的管理和严格的审计，可以及时发现饭店在内部控制与管理上存在的薄弱环节，从而可以有目的地提出纠改措施，以不断提高饭店的经济效益，更好地适应新形势，满足饭店业蓬勃发展的需要。

▶ 本章概要

□ 内容提要

并购是指一家饭店将另一家正在运营中的饭店纳入其集团，其目的是扩大市场占有率、进入其他行业或者将被并购的饭店分割出售以谋取经济利益。按出资方式的不同，饭店并购的模式有现金购买资产的并购模式、购买股票达到控制某饭店资产及经营权的并购模式、股票换取资产的并购模式和股票换取股票的并购模式四种；按行业相互关系的不同，饭店并购的模式有横向并购模式、纵向并购模式和混合并购模式三种；按有无中介机构的介入，饭店并购的模式有直接收购模式和间接收购模式两种；按是否利用目标饭店本身资产来支付并购的资金，饭店并购的模式有杠杆并购模式和非杠杆并购模式两种；按兼并行为是否取得目标饭店的合作，饭店并购的模式有友好收购模式、强迫接管兼并模式和跨国收购模式三种。并购程序为选择要并购的对象、签订并购意向书、深入调查、初步谈判、将调研情况及意向书和初步的情况向董事会报告、进一步谈判、将拟定的合同交由各自的董事会和股东大会讨论通过、双方正式签订并购合同、将合同分别呈报各自的政府主管部门登记备案、实现并购等。饭店并购的财务评价基本包括目标饭店的价值评估、饭店并购的出资规划和饭店并购的融资规划三个方面。饭店破产具有技术性破产、事实性破产和法律性破产三种含义。饭店破产的财务管理原则有公平原则、可行原则、守法原则和节约原则。如果债务人属于技术性破产，财务困难不是十分严重，而且能够恢复和偿还债务，债权人通常都愿意采取自愿和解的方式。

饭店的国际财务管理活动要比国内的财务管理活动更为复杂，而且还要面临外汇风险和政治风险等国内业务所没有的风险因素。外汇风险又称外汇涉险，是指汇率变动对饭店盈利能力、净现金流量和市场价值的潜在影响。根据汇率的变化对饭店的不同影响，外汇风险可以分为折算风险、交易风险和经济风险三种。国际饭店必须从全球战略的高度权衡各种可以利用的资金来源，从中择优并且合理组合，使之达到总体融资成本最小化、避免或降低融资风险、设定最优融资结构三大融资战略目标。饭店的国际融资渠道主要来自国际饭店内部的资金、国际饭店母国的资金、国际饭店东道国的资金和国外的资金。国际饭店的融资方式有发行国际股票、发行国际债券、利用国际银行信贷、利用国际贸易信贷和利用国际租赁。饭店国际融资管理的影响因素包括外汇风险、资金市场分割和外汇管制。饭店的国际投资按其是否拥有对饭店的控制权和经营管理权分为对外直接投资和对外证券投资。饭店国际投资管理的程序是：根据本饭店的经营情况做出国际投资的决策；进行认真的研究和分析并选择适合的国际投资方式；选择适当的方法评价国际投资环境；利用国际上常用的投资决策指标对投资项目的经济效益进行评价。国际饭店应当充分利用跨国经营的有利条件，实现对营运资金的最优管理。饭店国际现金管理包括现金的集中管理、现金的组合管理和现金的差额结算管理。饭店国际应收账款管理包括货币支付币种的选择、收账时间的选择和利用政府代理避免坏账损失。饭店国际存货管理包括存货价格变动的采购策略、货币币值变化的采购策略、不同国家成本差异的采购策略。饭店国际税金管理包括国际饭店纳税管理的目标、世界现行税收制度、国际双重课税。

饭店的内部财务审计是指在饭店内部设置独立的审计机构和专职的审计人员，并在国家政策法规的指导下，运用一定的方法，按照一定的程序，对饭店财务活动的合法性、合理性及其有效性进行审核、鉴证和评价，并提出措施和建议的一种经济监督活动，是饭店财务管理的重要职能。饭店内部财务审计的作用有贯彻国家的财经法纪，提供正确的决策信息，健全内部控制制度。饭店内部财务审计的任务包括审查会计资料的正确性、真实性和完整性；审查财务收支的合法性；审查饭店预算和计划的编制执行情况。饭店内部财务审计的机构设置对审计人员的素质要求是遵守行为规范、掌握知识技能、善于交往沟通。饭店审计的内容包括资金、库存、固定资产等财产审计；财务收支审计和经济效益审计。

□ 主要概念和观念
▲ 主要概念
并购 技术性破产 事实性破产 法律性破产
▲ 主要观念
外汇风险 折算风险 交易风险 经济风险
□ 重点实务
饭店分析的控制方法

基本训练

□ 知识训练
▲ 复习题
1）饭店并购的财务评价主要有哪几个方面？
2）饭店破产的财务管理原则主要有哪几个方面？
3）饭店国际融资方式主要有哪几种？
4）饭店内部财务审计的作用主要表现在哪几个方面？
5）饭店内部财务审计的任务主要表现在哪几个方面？
6）对审计人员的素质要求主要有哪几个方面？
□ 能力训练
▲ 综合题
请你说出下列国家的现行税收制度：荷兰、西班牙、法国、瑞典、德国、挪威、日

本、美国、意大利、比利时。

▲ 案例分析

美国母公司财务经理的观点

背景与情境： 美国的一家饭店在法国设立全资子公司，法国子公司主要经营葡萄酒，在当地采购商品，并雇用当地的人员进行经营。为了便于管理，这家美国饭店规定，所有子公司的商品销售都以美元计价。美国经济持续走强，因通货膨胀的影响，欧元出现贬值。因此，美国母公司的财务经理拟缩减经营规模。他以雄辩的数据来说明美国母公司在法国的投资会随欧元的贬值而蒙受损失，美国母公司在法国的投资会蒙受损失的对比见表9-1。

表9-1　　　　　　　　**美国母公司在法国投资会蒙受损失的对比表**

单位：百万欧元（EUR）/百万美元（USD）

项目	当前汇率	预期汇率
销售额	2 000	2 000
销售成本	（1 500）	（1 500）
折旧	（200）	（200）
税前利润	300	300
所得税（税率为40%）	（120）	（120）
税后利润	180	180
折旧	（200）	（200）
现金流量	（380）	（380）
现金流量（USD）	38	31.67

根据他的计算，尽管法国子公司的经营规模不变，但是欧元的贬值使法国子公司损失了6.33百万美元，因此母公司对其投资将是得不偿失的。而法国子公司的总经理则认为，随着法郎的贬值，法国子公司的产品将更加具有成本竞争优势，因此不仅不能缩减规模，还应进一步扩大法国子公司的经营规模，这样才有利于跨国公司的整体利益最大化，他认为母公司的财务人员混淆了不同的外汇风险概念。

问题：

1）若你是法国子公司的财务经理，请提出支持投资的观点。

2）若你是跨国公司的总裁，应如何做出决定？

分析要求： 同第1章本题型的"分析要求"。

▲ 实训操练

【实训项目】饭店并购的危机及预防

【实训要求】通过本模块实训，使学生熟练掌握饭店并购可能出现的危机和防范措施，了解饭店并购风险的种类和饭店并购风险产生的后果，并提出合理的防范并购风险的措施。

【实训步骤】

1）教师提前两周布置所要分析的案例。

2）学生认真阅读案例资料，并围绕案例收集有关资料。

3）通过对案例资料和所收集资料的初步分析，算出相关指标，得出初步的结论。

4）分析讨论，得出进一步的结论。

5）展开课堂讨论，进行课堂辩论。

6）提交案例报告。

7）教师评论案例报告，并总结。

□ 善恶研判

美国KKR公司收购案

背景与情境： 美国KKR公司是世界有名的专做杠杆收购的公司。该公司向外大量举债，专门收购运营业绩欠佳但很有发展潜力的公司。对于拥有众多资产而又经营不善的公司，KKR公司介入后，通常将其部分资产出售，整顿后再以高价卖出。1988年，KKR公司以250亿美元收购纳比斯克（RJR）公司。当时，RJR公司股价一直偏低，主要是因为该公司下属多家烟草公司被吸烟人要求损害赔偿，从而使投资人对该公司失去了信心。该公司最高执行主管打算以MBO加上LBO的方式并购，要约收购价格为每股75美元（当时市价为每股55美元），其资金以银行贷款及发行"垃圾债券"偿付。该主管打算在收购以后出售一些资产来偿债，且已接洽过潜在买主。但此消息传出后，KKR公司立即出价每股90美元参与收购竞争，于是RJR股东及董事会宣布重新择期竞标。之后KKR公司首先将要约价格升至每股94美元，RJR公司最高执行主管接着提出每股100美元竞价，KKR公司又出价每股106美元，并且承诺不出售原公司大部分业务，并为员工提供更大的福利与保障。最后，KKR公司以每股109美元中标，成交总金额为250亿美元。此收购案例中，KKR公司仅出资15亿美元，50%~70%的收购资金为两家投资银行及银行集团的贷款，其余则为发行"垃圾债券"。

资料来源 刘锦辉. 财务管理学［M］. 上海：上海财经大学出版社，2010.

问题： 请你从职业操守的角度分析KKR公司收购RJR公司是否成功。

研判要求： 同第1章本题型的"研判要求"。

综合实训

综合实训一

投资项目全过程管理

1）综合实训教学目的与要求

财务管理综合实训是在模块专项实训的基础上，对各个模块实训内容的进一步综合。通过综合实训，使学生对饭店财务管理的基本理论、基本知识和基本方法有一个全面系统的掌握，对饭店实际财务管理工作的流程有一个总体的把握，并能够综合运用所学的财务管理知识进行实际财务管理操作，将理论与实际相结合，以提高他们的综合分析问题、解决问题的能力以及组织、协调能力和团队精神，通过实训培养他们的创新思维、创新精神和创新能力。要求学生能够在教师的指导下，分工协作共同完成整个综合实训任务，并提交综合实训作业。

2）综合实训教学地点与形式

（1）综合实训教学地点：模拟实验室、实训基地。

（2）综合实训教学形式：模拟实验、案例分析、课程设计、现场教学、见习指导等。

3）"项目投资全过程管理"综合实训——教学内容

（1）项目财务预测与可行性分析。

（2）项目投资方案的决策。

（3）项目筹资方案的决策。

（4）项目财务预算的编制。

（5）项目营运过程的控制与管理。

（6）项目分配方案的决策。

（7）项目财务分析与评价。

4）综合实训教学准备

（1）知识准备：需要对财务管理课程知识进行系统掌握。

（2）组织准备：任课教师提前布置实训任务，并进行分组，确立小组长，由小组长在教师指导下进行组员分工；确定课程实训的组织形式（指导教师可根据情况选择使用）。

①分组实训方式：投资方组、投资方财务顾问组、接受投资方组、接受投资方财务顾问组、评估组。

②分工协作实训方式：将全班同学按照实训内容的不同阶段进行分组，共同完成全部内容。如在预测与可行性分析阶段，将全班同学分成几个组，同时开展预测与可行性分析，然后大家讨论选择出最优结果再进行下一阶段的实训，后面各阶段按照同样的方式依次进行。

实训资料准备：不作统一规定，由各小组自己准备。

（3）实训教师指导方法：启发式的间接指导法，即给予实训全程监控、方法指导、问题解决和结果评价；PPT演示法；实训基地现场教学法。

5）综合实训步骤

（1）实训准备。

（2）实训操作。

①财务预测与项目可行性分析。

②项目融资方案设计。

③项目投资方案设计。

④项目预算编制。

⑤项目运行的控制方案设计。

⑥利润分配方案设计。

⑦财务分析报告。

（3）实训考核。

（4）实训总结。

综合实训二

计算训练

某公司拟与甲公司合作生产A产品，通过调查研究提出以下方案：

1）设备投资：设备买价400万元，预计可使用4年，报废时无残值收入，按税法要求该类设备折旧年限为5年，使用直线法计提折旧，残值率为10%，计划在2017年5月1日购进并立即投入使用。

2）厂房装修：装修费用预计10万元，直接计入当期费用，年末抵税。

3）占用一套即将出售的旧厂房，扣除税法规定的折旧之后的账面价值为100万元，目前变现价值为20万元（变现损失在年末抵税），按照税法规定，该厂房还可以使用5年，税法预计残值为10万元，按照直线法计提折旧。饭店预计该厂房还可以使用5年，5年后的残值变现收入为8万元。

4）收入和成本预计：预计第一年营业收入为300万元，第一年营业成本（不含装修费用）为200万元。营业收入和营业成本以后每年递减10%。该项目的实施会导致该饭店其他同类产品的收益每年减少10万元。如果该公司不上该项目，甲公司会立即与其他饭店合作。

5）项目所需的经营性流动资产占当年营业收入的比例为10%，其中有40%通过经营性流动负债提供资金来源，需要的净营运资金在年初投入，多余的净营运资金在年初收回，项目结束时收回剩余的净营运资金。

6）所得税税率为25%。

7）折现率为10%。

要求：

1）计算各年需要的净营运资金、各年初收回的净营运资金和第4年年末收回的净营运资金。

2）计算各年的折旧额。

3）计算第4年年末固定资产报废的现金净流量。

4）计算第2~4年各年的税后营业利润。

5）计算项目各年度现金净流量。

6）用净现值法评价该饭店应否投资该项目。

附录 系数表

一、复利终值系数表（FVIF表）

n\i（%）	1	2	3	4	5	6	7
1	1.010	1.020	1.030	1.040	1.050	1.060	1.070
2	1.020	1.040	1.061	1.082	1.103	1.124	1.145
3	1.030	1.061	1.093	1.125	1.158	1.191	1.225
4	1.041	1.082	1.126	1.170	1.216	1.262	1.311
5	1.051	1.104	1.159	1.217	1.276	1.338	1.403
6	1.062	1.126	1.194	1.265	1.340	1.419	1.501
7	1.072	1.149	1.230	1.316	1.407	1.504	1.606
8	1.083	1.172	1.267	1.369	1.477	1.594	1.718
9	1.094	1.195	1.305	1.423	1.551	1.689	1.838
10	1.105	1.219	1.344	1.480	1.629	1.791	1.967
11	1.116	1.243	1.384	1.539	1.710	1.898	2.105
12	1.127	1.268	1.426	1.601	1.796	2.012	2.252
13	1.138	1.294	1.469	1.665	1.886	2.113	2.410
14	1.149	1.319	1.513	1.732	1.980	2.261	2.579
15	1.161	1.346	1.558	1.801	2.079	2.397	2.759
16	1.173	1.373	1.605	1.873	2.183	2.540	2.952
17	1.184	1.400	1.653	1.948	2.292	2.693	3.159
18	1.196	1.428	1.702	2.206	2.407	2.854	3.380
19	1.208	1.457	1.754	2.107	2.527	3.026	3.617
20	1.220	1.486	1.806	2.191	2.653	3.207	3.870
25	1.282	1.641	2.094	2.666	3.386	4.292	5.427
30	1.348	1.811	2.427	3.243	4.322	5.743	7.612
40	1.489	2.208	3.262	4.801	7.040	10.286	14.974
50	1.645	2.692	4.384	7.107	11.467	18.420	29.457

n\i（%）	8	9	10	11	12	13	14
1	1.080	1.090	1.100	1.110	1.120	1.130	1.140
2	1.166	1.188	1.210	1.232	1.254	1.277	1.300
3	1.260	1.295	1.331	1.368	1.405	1.443	1.482
4	1.360	1.412	1.464	1.518	1.574	1.630	1.689
5	1.469	1.539	1.611	1.685	1.762	1.842	1.925
6	1.587	1.677	1.772	1.870	1.974	2.082	2.195
7	1.714	1.828	1.949	2.076	2.211	2.353	2.502
8	1.851	1.993	2.144	2.305	2.476	2.658	2.853
9	1.999	2.172	2.358	2.558	2.773	3.004	3.252
10	2.159	2.367	2.594	2.839	3.106	3.395	3.707
11	2.332	2.580	2.853	3.152	3.479	3.836	4.226
12	2.518	2.813	3.138	3.498	3.896	4.335	4.818
13	2.720	3.066	3.452	3.883	4.363	4.898	5.492
14	2.937	3.342	3.797	4.310	4.887	5.535	6.261
15	3.172	3.642	4.177	4.785	5.474	6.254	7.138
16	3.426	3.970	4.595	5.311	6.130	7.067	8.137
17	3.700	4.328	5.054	5.895	6.866	7.986	9.276
18	3.996	4.717	5.560	6.544	7.690	9.024	10.576
19	4.316	5.142	6.116	7.263	8.613	10.197	12.056
20	4.661	5.604	6.727	8.062	9.646	11.523	13.743
25	6.848	8.623	10.835	13.585	17.000	21.231	26.462
30	10.063	13.268	17.449	22.892	29.960	39.116	50.950
40	21.725	31.409	45.259	65.001	93.051	132.78	188.88
50	46.902	74.358	117.39	184.57	289.00	450.74	700.23

n\i（%）	15	16	17	18	19	20	25	30
1	1.150	1.160	1.170	1.180	1.190	1.200	1.250	1.300
2	1.323	1.346	1.369	1.392	1.416	1.440	1.563	1.690
3	1.521	1.561	1.602	1.643	1.685	1.728	1.953	2.197
4	1.749	1.811	1.874	1.939	2.005	2.074	2.441	2.856
5	2.011	2.100	2.192	2.288	2.386	2.488	3.052	3.713
6	2.313	2.436	2.565	2.700	2.840	2.986	3.815	4.827
7	2.660	2.826	3.001	3.185	3.379	3.583	4.768	6.276
8	3.059	3.278	3.511	3.759	4.021	4.300	5.960	8.157
9	3.518	3.803	4.108	4.435	4.785	5.160	7.451	10.604
10	4.046	4.411	4.807	5.234	5.696	6.192	9.313	13.786
11	4.652	5.117	5.624	6.176	6.777	7.430	11.642	17.922
12	5.350	5.936	6.580	7.288	8.064	8.916	14.552	23.298
13	6.153	6.886	7.699	8.599	9.596	10.699	18.190	30.288
14	7.076	7.988	9.007	10.147	11.420	12.839	22.737	39.374
15	8.137	9.266	10.539	11.974	13.590	15.407	25.422	51.186
16	9.358	10.748	12.330	14.129	16.172	18.488	38.527	66.542
17	10.761	12.468	14.426	16.672	19.244	22.186	44.409	86.504
18	12.375	14.463	16.879	19.673	22.091	26.623	55.511	112.46
19	14.232	16.777	19.748	23.214	27.252	31.948	69.389	146.19
20	16.367	19.461	23.106	27.393	32.429	38.338	86.736	190.05
25	32.919	40.874	50.658	62.669	77.388	95.396	264.70	705.64
30	66.212	85.850	111.07	143.37	184.68	237.38	807.79	2 620.0
40	267.86	378.72	533.87	750.38	1 051.7	1 469.8	7 523.2	36 119
50	1 083.7	1 670.7	2 566.2	3 927.4	5 988.9	9 100.4	70 065	497 929

二、复利现值系数表（PVIF表）

n\i（%）	1	2	3	4	5	6	7	8
1	0.990	0.980	0.971	0.962	0.952	0.943	0.935	0.926
2	0.980	0.961	0.943	0.925	0.907	0.890	0.873	0.857
3	0.971	0.942	0.915	0.889	0.684	0.840	0.816	0.794
4	0.961	0.924	0.888	0.855	0.823	0.792	0.763	0.735
5	0.951	0.906	0.863	0.822	0.784	0.747	0.713	0.681
6	0.942	0.888	0.837	0.790	0.746	0.705	0.666	0.630
7	0.933	0.871	0.813	0.760	0.711	0.665	0.623	0.583
8	0.923	0.853	0.789	0.731	0.677	0.627	0.582	0.540
9	0.914	0.837	0.766	0.703	0.645	0.592	0.544	0.500
10	0.905	0.820	0.744	0.676	0.614	0.558	0.508	0.463
11	0.896	0.804	0.722	0.650	0.585	0.527	0.475	0.429
12	0.887	0.788	0.701	0.625	0.557	0.497	0.444	0.397
13	0.879	0.773	0.681	0.601	0.530	0.469	0.415	0.368
14	0.870	0.758	0.661	0.577	0.505	0.442	0.388	0.340
15	0.861	0.743	0.642	0.555	0.481	0.417	0.362	0.315
16	0.853	0.728	0.623	0.534	0.458	0.394	0.339	0.292
17	0.844	0.714	0.605	0.513	0.436	0.371	0.317	0.270
18	0.836	0.700	0.587	0.494	0.416	0.350	0.296	0.250
19	0.828	0.686	0.570	0.475	0.396	0.331	0.277	0.232
20	0.820	0.673	0.554	0.456	0.377	0.312	0.258	0.215
25	0.780	0.610	0.478	0.375	0.295	0.233	0.184	0.146
30	0.742	0.552	0.412	0.308	0.231	0.174	0.131	0.099
40	0.672	0.453	0.307	0.208	0.142	0.097	0.067	0.046
50	0.608	0.372	0.228	0.141	0.087	0.054	0.034	0.021

续表

n\i（%）	9	10	11	12	13	14	15	16
1	0.917	0.909	0.901	0.893	0.885	0.877	0.870	0.862
2	0.842	0.826	0.812	0.797	0.783	0.769	0.756	0.743
3	0.772	0.751	0.731	0.712	0.693	0.675	0.658	0.641
4	0.708	0.683	0.659	0.636	0.613	0.592	0.572	0.552
5	0.650	0.621	0.593	0.567	0.543	0.519	0.497	0.476
6	0.596	0.564	0.535	0.507	0.480	0.456	0.432	0.410
7	0.547	0.513	0.482	0.452	0.425	0.400	0.376	0.354
8	0.502	0.467	0.434	0.404	0.376	0.351	0.327	0.305
9	0.460	0.424	0.391	0.361	0.333	0.300	0.284	0.263
10	0.422	0.386	0.352	0.322	0.295	0.270	0.247	0.227
11	0.388	0.350	0.317	0.287	0.261	0.237	0.215	0.195
12	0.356	0.319	0.286	0.257	0.231	0.208	0.187	0.168
13	0.326	0.290	0.258	0.229	0.204	0.182	0.163	0.145
14	0.299	0.263	0.232	0.205	0.181	0.160	0.141	0.125
15	0.275	0.239	0.209	0.183	0.160	0.140	0.123	0.108
16	0.252	0.218	0.188	0.163	0.141	0.123	0.107	0.093
17	0.231	0.198	0.170	0.146	0.125	0.108	0.093	0.080
18	0.212	0.180	0.153	0.130	0.111	0.095	0.081	0.069
19	0.194	0.164	0.138	0.116	0.098	0.083	0.070	0.060
20	0.178	0.149	0.124	0.104	0.087	0.073	0.061	0.051
25	0.116	0.092	0.074	0.059	0.047	0.038	0.030	0.024
30	0.075	0.057	0.044	0.033	0.026	0.020	0.015	0.012
40	0.032	0.022	0.015	0.011	0.008	0.005	0.004	0.003
50	0.013	0.009	0.005	0.003	0.002	0.001	0.001	0.001

n\i（%）	17	18	19	20	25	30	40	50
1	0.855	0.847	0.840	0.833	0.800	0.769	0.714	0.667
2	0.731	0.718	0.706	0.694	0.640	0.592	0.510	0.444
3	0.624	0.609	0.593	0.482	0.512	0.455	0.364	0.296
4	0.534	0.516	0.499	0.402	0.410	0.350	0.260	0.198
5	0.456	0.437	0.419	0.335	0.320	0.269	0.186	0.132
6	0.390	0.370	0.352	0.279	0.262	0.207	0.133	0.088
7	0.333	0.314	0.296	0.233	0.210	0.159	0.095	0.059
8	0.285	0.266	0.249	0.194	0.168	0.123	0.068	0.039
9	0.243	0.225	0.209	0.162	0.134	0.094	0.048	0.026
10	0.208	0.191	0.176	0.135	0.107	0.073	0.035	0.017
11	0.178	0.162	0.148	0.112	0.086	0.056	0.025	0.012
12	0.152	0.137	0.124	0.093	0.069	0.043	0.018	0.008
13	0.130	0.116	0.104	0.078	0.055	0.033	0.013	0.005
14	0.111	0.099	0.088	0.065	0.044	0.025	0.009	0.003
15	0.095	0.084	0.074	0.054	0.035	0.020	0.006	0.002
16	0.081	0.071	0.062	0.045	0.028	0.015	0.005	0.002
17	0.069	0.060	0.052	0.038	0.023	0.012	0.003	0.001
18	0.059	0.051	0.044	0.031	0.018	0.009	0.002	0.001
19	0.051	0.043	0.037	0.026	0.014	0.007	0.002	0
20	0.043	0.037	0.031	0.010	0.012	0.005	0.001	0
25	0.020	0.016	0.013	0.004	0.004	0.001	0	0
30	0.009	0.007	0.005	0.001	0.001	0	0	0
40	0.002	0.001	0.001	0	0	0	0	0
50	0	0	0	0	0	0	0	0

三、年金终值系数表（FVIFA表）

n\i（%）	1	2	3	4	5	6	7
1	1.000	1.000	1.000	1.000	1.000	1.000	1.000
2	2.010	2.020	2.030	2.040	2.050	2.060	2.070
3	3.030	3.060	3.091	3.122	3.153	3.184	3.215
4	4.060	4.122	4.184	4.246	4.310	4.375	4.440
5	5.101	5.204	5.309	5.416	5.526	5.637	5.751
6	6.152	6.308	6.468	6.633	6.802	6.975	7.153
7	7.214	7.434	7.662	7.898	8.142	8.394	8.654
8	8.286	8.583	8.892	9.214	9.549	9.897	10.260
9	9.369	9.755	10.159	10.583	11.027	11.491	11.978
10	10.462	10.950	11.464	12.006	12.578	13.181	13.816
11	11.567	12.169	12.808	13.486	14.207	14.972	15.784
12	12.683	13.412	14.192	15.026	15.917	16.870	17.888
13	13.809	14.680	15.618	16.627	17.713	18.882	20.141
14	14.947	15.974	17.086	18.292	19.599	21.015	22.550
15	16.097	17.293	8.599	20.024	21.579	23.276	25.129
16	17.258	18.639	20.157	21.825	23.657	25.673	27.888
17	18.430	20.012	21.762	23.698	25.840	28.213	30.840
18	19.615	21.412	23.414	25.645	28.132	30.906	33.999
19	20.811	22.841	25.117	27.671	30.539	33.760	37.379
20	22.019	24.297	26.870	29.778	33.066	36.786	40.995
25	28.243	32.030	36.459	41.646	47.727	54.865	63.249
30	34.785	40.588	47.575	56.085	66.439	79.058	94.461
40	48.886	60.402	75.401	95.026	120.80	154.76	199.64
50	64.463	84.579	112.80	152.67	209.35	290.34	406.53

n\i（%）	8	9	10	11	12	13	14
1	1.000	1.000	1.000	1.000	1.000	1.000	1.000
2	2.080	2.090	2.100	2.110	2.120	2.130	2.140
3	3.246	3.278	3.310	3.342	3.374	3.407	3.440
4	4.506	4.573	4.641	4.710	4.779	4.850	4.921
5	5.867	5.985	6.105	6.228	6.353	6.480	6.610
6	7.336	7.523	7.716	7.913	8.115	8.323	8.536
7	8.923	9.200	9.487	9.783	10.089	10.405	10.730
8	10.637	11.028	11.436	11.859	12.300	12.757	13.233
9	12.488	13.021	13.579	14.164	14.776	15.416	16.085
10	14.487	15.193	15.937	16.722	17.549	18.420	19.337
11	16.645	17.560	18.531	19.561	20.655	21.814	23.045
12	18.977	20.141	21.384	22.713	24.133	25.650	27.271
13	21.495	22.953	24.523	26.212	28.029	29.985	32.089
14	24.215	26.019	27.975	30.095	32.393	34.883	37.581
15	27.152	29.361	31.772	34.405	37.280	40.417	43.842
16	30.324	33.003	35.950	39.190	42.753	46.672	50.980
17	33.750	36.974	40.545	44.501	48.884	53.739	59.118
18	37.450	41.301	45.599	50.396	55.750	61.725	68.394
19	41.446	46.018	51.159	56.939	63.440	70.749	78.969
20	45.762	51.160	57.275	64.203	72.052	80.947	91.025
25	73.106	84.701	98.347	114.41	133.33	155.62	181.87
30	113.28	136.31	164.49	199.02	241.33	293.20	356.79
40	259.06	337.89	442.59	581.83	767.09	1 013.7	1 342.0
50	573.77	815.08	1 163.9	1 668.8	2 400.0	3 459.5	4 994.5

续表

n\i（%）	15	16	17	18	19	20	25	30
1	1.000	1.000	1.000	1.000	1.000	1.000	1.000	1.000
2	2.150	2.160	2.170	2.180	2.190	2.200	2.250	2.300
3	3.473	3.506	3.539	3.572	3.606	3.640	3.813	3.990
4	4.993	5.066	5.141	5.215	5.291	5.368	5.766	6.187
5	6.742	6.877	7.014	7.154	7.297	7.442	8.207	9.043
6	8.754	8.977	9.207	9.442	9.683	9.930	11.259	12.756
7	11.067	11.414	11.772	12.142	12.523	12.916	15.073	17.583
8	13.727	14.240	14.773	15.327	15.902	16.499	19.842	23.858
9	16.786	17.519	18.285	19.086	19.923	20.799	25.802	32.015
10	20.304	21.321	22.393	23.521	24.701	25.959	33.253	42.619
11	24.349	25.733	27.200	28.755	30.404	32.150	42.566	56.405
12	29.002	30.850	32.824	34.931	37.180	39.581	54.208	74.327
13	34.352	36.786	39.404	42.219	45.244	48.497	68.760	97.625
14	40.505	43.672	47.103	50.818	54.841	59.196	86.949	127.91
15	47.580	51.660	56.110	60.965	66.261	72.035	109.69	167.29
16	55.717	60.925	66.649	72.939	79.850	87.442	138.11	218.47
17	65.075	71.673	78.979	87.068	96.022	105.93	173.64	285.01
18	75.836	84.141	93.406	103.74	115.27	128.12	218.05	371.52
19	88.212	98.603	110.29	123.41	138.17	154.74	273.56	483.97
20	102.44	115.38	130.03	146.63	165.42	186.69	342.95	630.17
25	212.79	249.21	292.11	342.60	402.04	471.98	1 054.8	2 348.8
30	434.75	530.31	647.44	790.95	966.70	1 181.9	3 227.2	8 730.0
40	1 779.1	2 360.8	3 134.5	4 163.2	5 519.8	7 343.9	30 089	120 393
50	7 217.7	10 436.0	15 090.0	21 813.0	31 515.0	45 497.0	280 256	165 976

四、年金现值系数表（PVIFA表）

n\i（%）	1	2	3	4	5	6	7	8
1	0.990	0.980	0.971	0.962	0.952	0.943	0.935	0.926
2	1.970	1.942	1.913	1.886	1.859	1.833	1.808	1.783
3	2.941	2.884	2.829	2.775	2.723	2.673	2.624	2.577
4	3.902	3.808	3.717	3.630	3.546	3.465	3.387	3.312
5	4.853	4.713	4.580	4.452	4.329	4.212	4.100	3.993
6	5.795	5.601	5.417	5.242	5.076	4.917	4.767	4.623
7	6.728	6.472	6.230	6.002	5.786	5.582	5.389	5.206
8	7.652	7.325	7.020	6.733	6.463	6.210	5.971	5.747
9	8.566	8.162	7.786	7.435	7.108	6.802	6.515	6.247
10	9.471	8.983	8.530	8.111	7.722	7.360	7.024	6.710
11	10.368	9.787	9.253	8.760	8.306	7.887	7.499	7.139
12	11.255	10.575	9.954	9.385	8.863	8.384	7.943	7.536
13	12.134	11.348	10.635	9.986	9.394	8.853	8.358	7.904
14	13.004	12.106	11.296	10.563	9.899	9.295	8.745	8.244
15	13.865	12.849	11.938	11.118	10.380	9.712	9.108	8.559
16	14.718	13.578	12.561	11.652	10.838	10.106	9.447	8.851
17	15.562	14.292	13.166	12.166	11.274	10.477	9.763	9.122
18	16.398	14.992	13.754	12.659	11.690	10.828	10.059	9.372
19	17.226	15.678	14.324	13.134	12.085	11.158	10.336	9.604
20	18.046	16.351	14.877	13.590	12.462	11.470	10.594	9.818
25	22.023	19.523	17.413	15.622	14.094	12.783	11.654	10.675
30	25.808	22.396	19.600	17.292	15.372	13.765	12.409	11.258
40	32.835	27.355	23.115	19.793	17.159	15.046	13.332	11.925
50	39.196	31.424	25.730	21.482	18.256	15.762	13.801	12.233

n\i（%）	9	10	11	12	13	14	15	16
1	0.917	0.909	0.901	0.893	0.885	0.877	0.870	0.862
2	1.759	1.736	1.713	1.690	1.668	1.647	1.626	1.605
3	2.531	2.487	2.444	2.402	2.361	2.322	2.283	2.246
4	3.240	3.170	3.102	3.037	2.974	2.914	2.855	2.798
5	3.890	3.791	3.696	3.605	3.517	3.433	3.352	3.274
6	4.486	4.355	4.231	4.111	3.998	3.889	3.784	3.685
7	5.033	4.868	4.712	4.564	4.423	4.288	4.160	4.039
8	5.535	5.335	5.146	4.968	4.799	4.639	4.487	4.344
9	5.995	5.759	5.537	5.328	5.132	4.946	4.472	4.607
10	6.418	6.145	5.889	5.650	5.426	5.216	5.019	4.833
11	6.805	6.495	6.207	5.938	5.687	5.453	5.234	5.029
12	7.161	6.814	6.492	6.194	5.918	5.660	5.421	5.197
13	7.487	7.103	6.750	6.424	6.122	5.842	5.583	5.342
14	7.786	7.367	6.982	6.628	6.302	6.002	5.724	5.468
15	8.061	7.606	7.191	6.811	6.462	6.142	5.847	5.575
16	8.313	7.824	7.379	6.974	6.604	6.265	5.954	5.668
17	8.544	8.022	7.549	7.102	6.729	6.373	6.047	5.749
18	8.756	8.201	7.702	7.250	6.840	6.467	6.128	5.818
19	8.950	8.365	7.839	7.366	6.938	6.550	6.198	5.877
20	9.129	8.514	7.963	7.469	7.025	6.623	6.259	5.929
25	9.823	9.077	8.422	7.843	7.330	6.873	6.464	6.097
30	10.274	9.427	8.694	8.055	7.496	7.003	6.566	6.177
40	10.757	9.779	8.951	8.244	7.634	7.105	6.642	6.233
50	10.962	9.915	9.042	8.304	7.675	7.133	6.661	6.246

n\i（%）	17	18	19	20	25	30	40	50
1	0.855	0.847	0.840	0.833	0.800	0.769	0.714	0.667
2	1.585	1.566	1.547	1.528	1.440	1.361	1.224	1.111
3	2.210	2.174	2.140	2.106	1.952	1.816	1.589	1.407
4	2.743	2.690	2.639	2.589	2.362	2.166	1.849	1.605
5	3.199	3.127	3.058	2.991	2.689	2.436	2.035	1.737
6	3.589	3.498	3.410	3.326	2.951	2.643	2.168	1.824
7	3.922	3.812	3.700	3.606	3.161	2.802	2.263	1.883
8	4.207	4.078	3.954	3.837	3.329	2.925	2.331	1.922
9	4.451	4.303	4.163	4.031	3.463	3.019	2.379	1.948
10	4.659	4.494	4.339	4.192	3.571	3.092	2.414	1.965
11	4.836	4.656	4.486	4.327	3.656	3.147	2.438	1.977
12	4.988	4.793	4.611	4.439	3.725	3.190	2.456	1.985
13	5.118	4.910	4.715	4.533	3.780	3.223	2.469	1.990
14	5.229	5.008	4.802	4.611	3.824	3.249	2.478	1.993
15	5.324	5.092	4.876	4.675	3.859	3.268	2.484	1.995
16	5.405	5.162	4.938	4.730	3.887	3.283	2.489	1.997
17	5.475	5.222	4.988	4.775	3.910	3.295	2.492	1.998
18	5.534	5.273	5.033	4.812	3.928	3.304	2.494	1.999
19	5.584	5.316	5.070	4.843	3.942	3.311	2.496	1.999
20	5.628	5.353	5.101	4.870	3.954	3.316	2.497	1.999
25	5.766	5.467	5.195	4.948	3.985	3.329	2.499	2.000
30	5.829	5.517	5.235	4.979	3.995	3.332	2.500	2.000
40	5.871	5.548	5.258	4.997	3.999	3.333	2.500	2.000
50	5.880	5.554	5.262	4.999	4.000	3.333	2.500	2.000

主要参考书目

［1］李红. 财务管理学［M］. 西安：西安电子科技大学出版社，2016.

［2］李红. 饭店财务管理简明教程［M］. 上海：上海财经大学出版社，2008.

［3］师萍. 旅游饭店财务管理［M］. 4版. 北京：旅游教育出版社，2012.

［4］杨志慧. 财务管理［M］. 上海：立信会计出版社，2011.

［5］刘锦辉. 财务管理学［M］. 上海：上海财经大学出版社，2010.

［6］覃江华. 酒店财务管理［M］. 北京：中国林业出版社，2011.

［7］贺湘军. 酒店财务管理实务［M］. 北京：清华大学出版社，2013.

［8］段九利，刘方乐. 旅游财务管理理论与实务［M］. 2版. 北京：清华大学出版社，2011.